AIDE-MÉMOIRE

POUR

SERVIR A L'HISTOIRE

DE L'AGENAIS

PAR

A. DE BELLECOMBE

COMPLÉTÉ PAR DES NOTICES EMPRUNTÉES A DIVERS AUTEURS

ET ÉDITÉ

PAR G. THOLIN

ARCHIVISTE DÉPARTEMENTAL DE LOT-ET-GARONNE

AUCH

IMPRIMERIE LÉONCE COCHARAUX

RUE DE LORRAINE

1899

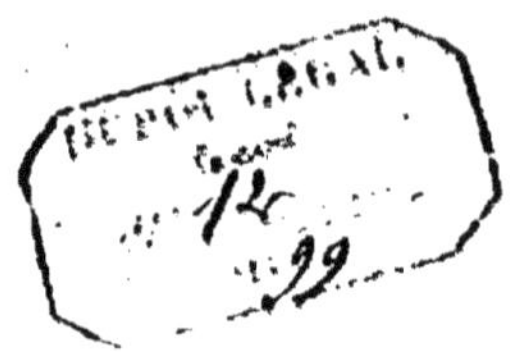

AIDE-MÉMOIRE

POUR SERVIR

A L'HISTOIRE DE L'AGENAIS

AIDE-MÉMOIRE

POUR

SERVIR A L'HISTOIRE

DE L'AGENAIS

PAR

C. DE BELLECOMBE

COMPLÉTÉ PAR DES NOTICES EMPRUNTÉES A DIVERS AUTEURS

ET ÉDITÉ

PAR G. THOLIN

ARCHIVISTE DÉPARTEMENTAL DE LOT-ET-GARONNE

AUCH

IMPRIMERIE LÉONCE COCHARAUX

RUE DE LORRAINE

1899

INTRODUCTION.

Les bibliothèques des hommes d'étude se composent de deux parties distinctes : le fonds littéraire pour les lectures; le fonds des ouvrages spéciaux qui servent d'instruments de travail, ceux que l'on ne lit pas mais que l'on consulte à l'occasion.

Si l'on a quelque sujet à traiter, particulièrement pour l'histoire, il importe de connaître toutes les sources, d'être au courant de tout ce qui a été publié : chronologie, biographie, bibliographie, généalogies, géographie historique, etc. On évite de la sorte les erreurs, les répétitions de travaux déjà faits; on peut embrasser l'ensemble du sujet. Il faut donc commencer ses recherches dans les bibliothèques. On les poursuit dans les dépôts d'Archives, afin de former un dossier aussi complet que possible de tout ce qui peut être inédit, de tout ce qui constituera la partie la plus intéressante de l'ouvrage. Mais, tandis qu'on fait cet assemblage de documents, au moment de la rédaction des fiches, les difficultés restent encore nombreuses.

Je suppose qu'il s'agisse d'une monographie communale; il faudra savoir tout d'abord quelle était la condition ancienne du territoire, s'il formait une juridiction, de quoi se composait cette juridiction et si elle a varié comme limites. Il faut aussi préciser quelle était sa condition au point de vue ecclésiastique, au point de vue féodal. C'est de la géographie historique; les éléments en sont dispersés dans un certain nombre d'ouvrages, dont quelques-uns sont très rares.

Quand on en viendra à traiter de la période révolutionnaire, il faudra connaître le régime transitoire entre la création du département primitif et sa constitution actuelle. Il y a eu chez nous : des divisions en neuf districts, qui ont duré cinq ans; des divisions en soixante-treize cantons, qui ont duré onze ans. Or, rien n'a été publié de complet jusqu'à ce jour sur la première organisation du Lot-et-Garonne.

Pour le détail, on sera bien souvent embarrassé. Dans nombre de pièces, on trouvera mentionnés l'évêque d'Agen, le sénéchal d'Agenais, le grand sénéchal, ou le gouverneur, ou l'intendant de Guienne et pas de noms. Il faut donc, pour identifier ces personnages, posséder des listes chronologiques d'évêques, de sénéchaux, etc.

Mais ces listes, souvent incomplètes, sont dispersées dans cinq ou six ouvrages différents. Il en est même qui n'existent qu'à l'état d'ébauches. Ne sera-t-on pas surpris d'apprendre que la liste complète des gouverneurs et lieutenants généraux en Guienne n'avait pas encore été dressée, et qu'un obligeant collaborateur a bien voulu en faire une qui ajoutera de l'inédit à ce petit livre?

Il peut se rencontrer des pièces non datées dans lesquelles figurent le nom d'un grand personnage et ses titres. Pour dater approximativement ces pièces, il faut encore recourir aux listes.

Je ne saurais dire combien de milliers de fois, au cours de la rédaction des *Inventaires sommaires*, je me suis heurté à ces difficultés. Malgré les ressources que peut offrir la bibliothèque spéciale des Archives, fort riche, mais non point complète, je n'arrivais pas toujours à préciser comme je l'aurais voulu, et la perte de temps causée par les recherches était toujours trop grande. Il manque aux bibliothèques de nos hommes d'étude un *Aide-Mémoire*, un volume à consulter comme un dictionnaire, renfermant les principales notions touchant à la géographie historique, et le plus grand nombre possible de séries chronologiques des personnages qui ont joué un rôle dans l'Agenais.

M. A. de Bellecombe a justement constitué pour son usage personnel un *Aide-Mémoire* de ce genre, tantôt transcrivant des pages entières d'ouvrages rares, tantôt dressant lui-même des listes, d'abord très incomplètes, auxquelles il ajoutait, au fur et à mesure, les noms que lui révélait l'étude de nouveaux documents.

L'idée est excellente; l'exécution est imparfaite, attendu que l'auteur ne destinait pas ses notes à la publicité ou qu'il n'y a pas mis la dernière main. Je répète que ces cahiers étaient rédigés pour lui servir à lui exclusivement. On ne saurait les imprimer sans les compléter.

D'ailleurs, tandis que M. de Bellecombe, résidant surtout à Paris, accumulait peu à peu, durant quarante ans, des notes destinées à l'histoire de l'Agenais, il est arrivé que des spécialistes du Lot-et-Garonne s'attachaient à des sujets limités qu'ils traitaient à fond. Citons quelques exemples.

M. de Bellecombe avait réuni des notes biographiques sur les auteurs agenais. Notre confrère si regretté, M. Jules Andrieu, a fait sur ce sujet un ouvrage que l'on peut dire définitif. Ses trois gros volumes annulent les quelques centaines de pages écrites par M. de Bellecombe sur nos auteurs régionaux.

Il était intéressant de rappeler le souvenir de tous les députés de l'Agenais aux anciens États généraux et aux Assemblées modernes; il était utile de relever les noms de ces représentants du pays. M. de Bellecombe a entrevu, le premier, l'importance du sujet; ses manuscrits, déjà anciens, en font foi. Mais, en 1876, notre excellent ami M. Philippe Lauzun a publié une liste fort complète de ces grands personnages dans la *Revue de l'Agenais* et en tirage à part.

Une liste des sénéchaux de l'Agenais, en partie élaborée par nos auteurs du XVIIIe siècle, figurait dans l'*Histoire ancienne et moderne du département de Lot-et-Garonne*, de Saint-Amans. M. de Bellecombe l'avait transcrite dans ses cahiers pour la compléter. M. Jules Andrieu faisait concurremment le même travail et a donné une liste des sénéchaux à la fin de son *Histoire de l'Agenais*. Cette même liste est actuellement reprise et sera encore rectifiée et complétée par M. Jules Momméja.

Il en est de même pour un certain nombre de notices rédigées par M. de Bellecombe. Fallait-il pour cela renoncer à en tirer parti ? Nous ne l'avons pas pensé. Son idée était excellente de constituer un *Aide-Mémoire*, de mettre dans un petit livre le résumé d'une bibliothèque d'ouvrages de sources pour l'histoire de l'Agenais. Comme un livre de ce genre ne peut être original que pour une faible partie, nous n'hésitons point à emprunter à divers auteurs tout ce qui peut compléter les manuscrits de M. de Bellecombe. Lui-même n'aurait pas agi autrement, s'il avait dû mettre son ouvrage au net pour le livrer aux imprimeurs. Nous avons à signaler parmi ceux qui nous ont permis d'emprunter leurs travaux ou qui nous ont fourni soit des travaux inédits, soit des suppléments : MM. Dast Le Vacher de Boisville, abbé Tauzin, Jules Momméja, de Bourrousse de Laffore, O. Fallières. Nous les prions de vouloir bien agréer tous nos remerciements.

Chaque chapitre, ou plutôt chaque notice de l'*Aide-Mémoire* sera accompagnée de quelques indications sur les sources.

L'ouvrage sera divisé en trois parties :

1° *Chronologie agenaise et listes chronologiques;*

2° *Géographie agenaise et statistique;*

3° *Les fastes de l'Agenais.*

Cette troisième partie, à laquelle nous laissons le titre que lui a donné M. de Bellecombe, se compose principalement de listes des personnages illustres ou notables issus de l'Agenais.

G. THOLIN.

AIDE-MÉMOIRE

POUR SERVIR A

L'HISTOIRE DE L'AGENAIS

PREMIÈRE PARTIE.

CHRONOLOGIE ET LISTES CHRONOLOGIQUES.

I.

CHRONOLOGIE AGENAISE.

DANS plusieurs passages de ses livres et de ses manuscrits, M. de Bellecombe avoue sa passion pour la chronologie. Il y a de lui deux essais de chronologie agenaise, dont le dernier, élaboré peu avant sa mort, est resté inachevé. Ces notes pourront être consultées avec fruit, mais on ne saurait les publier sans leur faire subir une revision et leur donner une forme définitive. Pour cela, comme pour la plupart des sujets réunis dans ce petit livre, M. de Bellecombe constituait pour lui un aide-mémoire et rien de plus.

En fait de chronologie, il faut un volume ou trois pages. Nous donnons trois pages, indiquant tout juste les changements politiques.

On trouvera d'ailleurs dans les diverses histoires de l'Agenais de bons éléments de chronologie. — G. T.

Période gauloise.

An 56 av. J.-C.

Campagne de Crassus, lieutenant de César, contre les Sotiates. En allant assiéger l'oppidum de ce peuple, qui était Sos ou Lectoure, Crassus dut traverser l'Agenais, qui était alors le pays des Nitiobriges ou Nitiobroges.

Période romaine. (An 52 av. J.-C.-412.)

An 52 av. J.-C.

Teutomatus, fils d'Ollovicon et roi des Nitiobroges, s'étant déclaré contre les Romains, est vaincu par eux. Soumission des Nitiobroges après la chute d'Alise.

An 27 ap. J.-C.

Les Nitiobroges sont unis à l'Aquitaine, alors prolongée jusqu'à la Loire.

IIIe siècle.

En 276, invasion des Barbares. L'Agenais, alors riche, peuplé de villas, est complètement dévasté.

IVe siècle.

Diffusion du catholicisme. Martyre de saint Vincent, de sainte Foy, de saint Caprais.

L'hérésie arienne se répand en Agenais. Elle est combattue par saint Phébade. premier évêque connu d'Agen.

Ve siècle.

En 407, invasion des Vandales.

Période wisigothique (413-507).

Période mérovingienne (507-630).

Période des rois mérovingiens de Toulouse et d'Aquitaine (630-637).

Période des ducs indépendants de Toulouse et d'Aquitaine (637-768).

Période carolingienne (768-781).

Période des rois carolingiens de Toulouse et d'Aquitaine, des comtes bénéficiaires de Toulouse, des comtes de Périgord et d'Angoulême.

Invasions normandes (781-900).

Période des ducs de Gascogne (900-1070).

Période des comtes de Poitiers, ducs d'Aquitaine (1070-1137).

Réunion à la couronne de France (1137-1152).

Période des ducs d'Aquitaine, rois d'Angleterre (1152-1196).

Période des comtes de Toulouse, ducs de Narbonne (1196-1271).

Période des rois de France (1271-1279).

Par le traité d'Amiens (1279), l'Agenais est cédé au roi d'Angleterre.

Période des rois d'Angleterre (1279-1323).

En 1303, Philippe le Bel confirme les droits du roi d'Angleterre sur l'Agenais.

En 1323, l'Agenais est repris sur les Anglais.

Période des rois de France (1323-1360).

L'Agenais est cédé aux rois d'Angleterre par le traité de Brétigny (1360).

Période des rois d'Angleterre (1360-1369).

En 1369, l'Agenais se révolte contre les Anglais et se soumet au roi de France.

Période des rois de France (1369-1789).

A partir de l'année 1369, en dépit des alternatives de la guerre de Cent ans, de conquêtes partielles des Anglais (jusqu'à l'année 1453), l'Agenais ne cessa pas de faire partie du domaine de France; mais, de l'année 1469 à l'année 1789, il y eut parfois des engagistes, à savoir :

Charles, duc de Guienne, frère de Louis XI (1469). C'est, il semble, à partir de cette époque que l'Agenais fut détaché du Languedoc et rattaché à la Guienne;

Éléonore, veuve de François Ier, et, par intermittences, Marguerite d'Autriche de Parme (1547-1558);

Marie, infante de Portugal (1558);

Marguerite, reine de Navarre (1578-1615), avec une intermittence à partir du 19 décembre 1585;

La duchesse et les ducs d'Aiguillon (1642-1789).

II.

LES ÉVÊQUES D'AGEN.

Une liste des évêques d'Agen doit nécessairement figurer dans un *Aide-mémoire* sur l'Agenais. M. de Bellecombe en a dressé une; elle se rapproche beaucoup de celle de l'*Ordo*, que nous prenons en conséquence comme type. Les notes de M. de Bellecombe sont reproduites au bas des pages.

Dans un ouvrage publié en 1885, *Les Évêques d'Agen, essai historique,* M. l'abbé P. Combes ne comptait pas moins de treize catalogues chronologiques des évêques d'Agen. En voici un quatorzième.

Ces listes comparées se réduisent à un type. En somme, il ne devrait y avoir qu'une liste, si les auteurs avaient pris la peine de documenter leurs répertoires, même de la façon la plus sommaire. Il y a certainement beaucoup à ajouter à la *Gallia christiana:* on peut en donner pour preuve la découverte de deux évêques du haut Moyen âge, Flavardus et Asodoaldus, faite par M. le chanoine Hébrard (1).

La question des origines, c'est-à-dire du prétendu épiscopat de saint Caprais, qui, depuis trois siècles a soulevé tant de discussions, n'est point résolue. Les actes de sainte Foy, qui seuls font connaître saint Caprais, n'ont pas été jusqu'à ce jour l'objet d'une critique sérieuse. Notons que M. l'abbé Duchesne, dans un *Mémoire sur l'origine des diocèses épiscopaux dans l'ancienne Gaule* (2), considère saint Phébade comme le premier évêque d'Agen.

Les histoires de nos évêques, par Labénazie et Argenton,

(1) *Un ancien évêque d'Agen inconnu jusqu'à nos jours.* RECUEIL DES TRAVAUX DE LA SOCIÉTÉ D'AG., SC. ET ARTS D'AGEN, 2e série, t. VIII, p. 1; — *Encore un évêque d'Agen inconnu jusqu'à nos jours,* ID., t. XII, 1re partie, p. 17.

(2) *Mémoires de la Société nationale des Antiquaires de France,* 1889, 5e série, t. X.

restées en partie inédites, par M. l'abbé Barrère *(Hist. relig. et monum. du diocèse d'Agen),* donnent assurément des précisions, mais elles sont incomplètes et manquent de couleur. Il y a loin des évêques militants du XIIIe siècle aux seigneurs italiens, fastueux, lettrés, artistes, tolérants peut-être, qui se succédèrent à Agen dans la chaire épiscopale au XVe et au XVIe siècle. Le ligueur Villars; au XVIIe siècle, Claude Joly, le grand réformateur des abus, sont des personnages fort intéressants qu'il faudrait mettre dans leur jour. On y arrivera en procédant par monographies.

Nous avons déjà d'excellents travaux sur nos évêques du XVIIIe siècle. En ce qui touche Mascaron, la bibliographie est très chargée, à défaut de biographie définitive.

Le successeur de Mascaron, non moins illustre peut-être, nous est enfin connu (1).

Mgr de Chabannes, qui succéda à Hébert, doit être le sujet d'une étude dans le superbe ouvrage que M. le comte de Chabannes consacre à sa famille.

Le dernier des évêques grands seigneurs, Mgr d'Usson de Bonnac, dont le palais épiscopal est devenu la préfecture, mériterait mieux que les courtes notices qui se rapportent à lui dans nos histoires ecclésiastiques.

Pour faire apprécier nos anciens évêques, il reste donc beaucoup à faire. La liste même toute simple reproduite ici n'est même pas définitive.

M. de Bellecombe l'a fait suivre d'une liste des archidiacres d'Agen et vicaires généraux du diocèse qui paraît nouvelle. Nous la donnons telle quelle. Son auteur savait mieux que personne qu'elle était incomplète. Il eut mieux valu peut-être distinguer les archidiacres majeurs des vicaires généraux. La publication de cet essai n'en rendra pas moins des services en provoquant des additions et rectifications. — G. T.

(1) *Vie de M. Hébert, évêque, comte d'Agen*, par l'abbé DURENGUES. Agen, imp. et lith. Agenaises, 1898, g[r] and in-8°, 125 p. (Extrait de la *Revue de l'Agenais*.)

Catalogue chronologique des Évêques d'Agen.

	ÉVÊQUES.	ÉPOQUES historiques.	ANNÉES de leur épiscopat. Commencement.	Fin.
1	Saint Caprais	»	»	303
*	Saint Vincent (1)	313	»	»
*	Auxibius	»	»	»
2	Saint Phébade	»	348	400
3	Saint Dulcide	»	400	450
*	Lupus	»	»	»
4	Bébien	549	»	»
5	Polémius	573	»	»
6	Sugillarius	580	»	»
7	Antidius	585	»	»
8	Flavardus	615	»	»
9	Asodoaldus	628	»	»
10	Sallustius	629	»	»
11	Sébastianus	642	»	»
12	Siboaldus	670	»	»
13	Concordius	850	»	»
14	Gombaud	977	»	»
15	Arnaud Ier	982	»	»
16	Hugues	»	1000	»
17	Sanctius	»	»	»
*	Simon Ier	»	»	»
*	Arénat	»	»	»
18	Adebert	»	»	»
19	Arnaud II de Beauville (2)	»	»	»
*	Bernard Ier de Beauville	1049	»	»

(1) Les astérisques * désignent les évêques douteux.
(2) 1012. — Le premier évêque qui fit battre monnaie.

ÉVÊQUES.	Époques historiques.	ANNÉES de leur épiscopat. Commencement.	Fin.
* Osius	»	»	»
20 Régino	»	»	»
21 Guillaume Ier (1)	1061-1068	»	»
22 Arnaud III	»	»	»
23 Donald	1080	»	»
24 Élie Ier	»	»	1083
25 Simon II	»	1083	1101
26 Géraud Ier	»	1101	»
27 Isarad	»	»	1105
28 Gausbert	»	1105	1118
29 Aldebert (2)	»	1118	1128
30 Raymond-Bernard du Fossat (3)	»	1128	1149
31 Élie II de Castillon (4)	»	1149	1182
32 Pierre Ier	1180	»	»
33 Bertrand de Béceyras (5)	»	1182	1209
34 Arnaud IV de Rovinha (6)	»	1209	1228
35 Arnaud V	»	1228	1231
36 Géraud II (7)	»	1231	1232
37 Raoul de Peyrines (8)	»	1232	1235
38 Arnaud VI de Galard (9)	»	1235	1245
39 Pierre II de Reims (10)	»	1245	1248
40 Guillaume II, patr. de Jérusalem	»	1248	1263

(1) 1060.
(2) Fondateur du prieuré de Sainte-Livrade.
(3) 1127. — Abbé de Saint-Sever du Cap, de la maison des seigneurs de Madaillan, fondateur du couvent du Paravis, mort le 7 mars 1149.
(4) Chanoine de Bordeaux, fondateur du prieuré de Saint-Pierre de Nogaret.
(5) Chanoine de Bordeaux.
(6) En 1214, Vigouroux de Barthonne est nommé évêque par les Albigeois. Il fut brûlé vif en 1232.
(7) Doyen de l'église de Paris.
(8) 1233. — Ou de Pins, des seigneurs de Monheurt, abbé d'Igny et de Clairvaux, puis archevêque de Lyon en 1235.
(9) Mort le 14 septembre 1245.
(10) Principal des Dominicains.

ÉVÊQUES.	Époques historiques.	ANNÉES de leur épiscopat.	
		Commencement.	Fin.
41 Guillaume III (1)	»	1263	1264
42 Pierre III Jerlandi (2)	»	1264	1271
43 Arnaud VII de Goth (3)	»	1271	1281
44 Jean Ier Jerlandi (4)	»	1281	1291
45 Bertrand II de Goth (5)	»	1291	1313
46 Bernard II de Fargis (6-7)	»	1306	1306
47 Amanieu de Fargis (8)	»	1313	1357
48 Déodat de Rodbald	»	1357	1364
49 Raymond II de Salg, patriarche d'Antioche (9)	»	1364	1375
50 Richard	1367	»	»
51 Jean II Belvéti	»	1375	1378
52 Jean III	»	1379	1382
53 Simon III de Cramaux, card. (10)	»	1382	1383
54 Jean IV	»	1383	1397
55 Bernard III	»	1398	1398
56 Imbert de Saint-Laurent	»	1398	1438
57 Jean V de Borgia (11)	»	1438	1460
58 Pierre IV de Bérard (12)	»	1460	1477

(1) Évêque de Lydda.

(2) Mort le 28 juillet 1271.

(3) Mort le 10 février 1281.

(4) Parent de Pierre II, mort le 20 septembre 1291.

(5) En 1291, Pierre III de La Chapelle de Taillefer, né à Limoges, évêque de Carcassonne en 1292, archevêque de Toulouse en 1298, cardinal en 1305, mort en 1312. — En 1292, Bertrand II de Goth, neveu d'Arnaud V et oncle du pape Clément V, évêque de Langres en 1306, revient à Agen en 1307 et meurt le 5 mai 1313.

(6) Bernard de Fargis ne fit que paraitre sur le siège d'Agen, et Bertrand de Goth revint après l'avoir quitté une première fois.

(7) Neveu du pape Clément V, archevêque de Rouen la même année.

(8) Frère du précédent, mort le 26 mai 1357.

(9) Raymond administra le diocèse d'Agen, avant la fin de Déodat.

(10) Archevêque de Reims en 1383, patriarche d'Alexandrie, etc.

(11) Démissionnaire en 1461.

(12) 1461. — Des seigneurs de Lafox, mort le 21 juillet 1477.

ÉVÊQUES.	ÉPOQUES historiques.	ANNÉES de leur épiscopat. Commencement.	Fin.
59 Jean VI de Monchenu (1-2). . . .	»	1477	1478
60 Galéas de la Rovère (3)	»	1478	1487
61 Léonard de la Rovère, card. (4) .	»	1487	1519
62 Antoine de la Rovère (5).	»	1519	1538
63 Jean VII de Lorraine, card. (6) .	»	1538	1550
64 Mathieu Bandello (7).	»	1550	1555
65 Janus de Frégose (8).	»	1555	1586
66 Pierre V Donauld (9).	»	1586	1587
67 Nicolas de Villars (10)	»	1587	1608
68 Claude Ier de Gélas (11)	»	1608	1631
69 Gaspard de Daillon du Lude (12).	»	1631	1635
70 Barthélemy d'Elbène (13)	»	1636	1663
71 Claude II Joly (14).	»	1664	1678

(1) Jean de Monchenu, nommé au siège d'Agen, n'osa pas prendre possession.

(2) 1477. — Pierre V du Bosco, chantre d'Agen, renonce en faveur de Jean de Monchenu qui n'est pas reconnu par le pape.

(3) Évêque de Coutances, neveu du pape Sixte IV.

(4) De Savone, autre neveu de Sixte IV, cardinal en 1505, grand pénitencier de l'Église romaine, évêque de Lucques en 1507, mort à Rome le 28 septembre 1520.

(5) 1518. — Prévôt de Turin, mort à Turin en 1538.

(6) Cardinal, évêque de Metz et archevêque de Narbonne, mort le 10 mai 1550.

(7) De Castelmore, dans le Milanais, écrivain, prieur des Dominicains, fut curé de Cabalsaut, se démit de l'évêché d'Agen en 1555, mort à Bazens en 1555.

(8) Fils de César Frégose, de Gênes, abbé de Fontfroide, mort le 16 octobre 1586.

(9) Bénédictin, nommé évêque de Mirepoix la même année.

(10) De Lyon, conseiller au Parlement de Paris et trésorier de la Sainte-Chapelle, mort le 12 décembre 1608.

(11) Neveu et vicaire général du précédent, conseiller d'État, trésorier de la Sainte-Chapelle, mort le 26 décembre 1630.

(12) Fils de François, comte de Lude, archevêque d'Albi en 1635, mort le 24 juillet 1676.

(13) Prieur de Saint-Caprais et abbé de Hautvilliers près Reims, mort le 4 mars 1663, à Agen.

(14) De Verdun, trésorier de Saint-Nicolas-des-Champs, à Paris, évêque de Saint-Pol de Léon, mort à Agen, le 21 octobre 1678.

ÉVÊQUES.	Époques historiques.	ANNÉES de leur épiscopat. Commencement.	Fin.
72 Jules de Mascaron (1)	»	1679	1703
73 François Hébert (2)	»	1703	1728
74 Jean VIII d'Yse-de-Saléon (3) . .	»	1729	1735
75 Joseph-Gasp. de Gilbert de Chabannes (4).	»	1735	1767
76 Jean IX Louis d'Usson de Bonnac (5).	»	1767	1802
77 Jean X Jacoupy (6).	»	1802	1840
78 Jean XI Aimé de Levezou de Vesins (7).	»	1841	1867
79 Hector-Albert Chaulet d'Outremont (8).	»	1871	1874
80 Jean XII Émile Fonteneau (9) .	»	1875	1885
81 Charles Cœuret-Varin (10). . . .	»	1885	»

(1) De Marseille, fils de Pierre, avocat, et de Madeleine d'Espéré. Évêque de Tulle, célèbre orateur, mort à Agen, le 20 novembre 1703.

(2) De Tours, curé de Versailles, mort à Paris, le 20 août 1728.

(3) Évêque de Digne, depuis évêque de Rodez, en 1735, archevêque de Vienne, mort le 10 février 1751.

(4) De Clermont, prieur de Sorbonne, mort le 26 juillet 1767.

(5) Né à Soleure, en 1734, fils de Jean-Louis d'Usson de Bonnac, ambassadeur en Suisse, et de Françoise-Madeleine de Gontaud-Biron, chassé en 1791, mort à Paris, le 1er mars 1821. — En 1791, André Constant, né à Saint-Mégrin, près Saintes, en 1736, prieur des Dominicains et professeur de théologie à Bordeaux, fut élu évêque constitutionnel, démissionnaire en 1801, mort à Paris, le 7 juin 1811.

(6) Né à Saint-Martin de Ribérac, le 28 avril 1761, démissionnaire en 1840, mort le 27 mai 1848.

(7) Né à Milhau, le 25 août 1793, sous-préfet de Milhau en 1829, vicaire général de Bordeaux, mort à Agen, le 11 avril 1867.

(8) Né à Tours, le 27 février 1825, chanoine de Tours, nommé évêque du Mans en 1874, mort en 1883.

(9) Né à Bordeaux, le 14 août 1825, vicaire général de Bordeaux, nommé archevêque d'Albi en 1884.

(10) Né à Bordeaux, le 22 août 1838, vicaire général d'Agen en 1880.

Archidiacres majeurs d'Agen et vicaires généraux du diocèse.

» — Saint Vincent, martyrisé vers l'an 250.
» — Saint Dulcide, depuis évêque d'Agen.
1052. — Saint Guillaume, depuis évêque en 1061.
1105. — Hugues Ier.
1118. — Guillaume, prieur du Mas-d'Agenais.
1125. — Arnaud de Saint-Marcien.
1142. — Arnaud de La Tour.
1160. — Hugues II.
1201. — Raymond de Rabastens.
1235. — Odon de Luser.
1247. — Raymond de Milhau.
1271. — Guillaume de Novarille ou Neuville.
1292. — Jean de Forget.
1295. — Guillabert de la Croix.
1301. — Arnaud de Mota.
1305. — Gailhard de Prayssas.
1364. — Jean Lemoyne, neveu de Clément VI.

(Lacune d'un demi-siècle environ.)

1402. — Élie de Serris.
1461. — Philippe de Bérard, parent de l'évêque Pierre.
1476. — Jean Massy.
1479. — Bernard de Chasteignier.
1480. — Jean Grasses.
1484. — Christophe, député aux États généraux.
1502. — Bertrand de Castaing.
1507. — Imbert de Circy, noyé en 1513.
1513. — Vincent Bilhonis.
» — Dominique Cazabonne, curé d'Aiguillon.
1514. — Jean de Rochette, neveu de Jules II.
1516. — Antoine de Rochette, son neveu.
1538. — Jean Vallier, depuis évêque de Grasse.

1569. — Étienne de Cunolio.
1571. — Bernard de Lacombe.
1588. — Claude de Gélas, depuis évêque d'Agen.
1600. — Pierre Charron.
1607. — Pierre de Villars, depuis archevêque de Vienne.
1608. — Balthazar Barbier de Lasserre.
1609. — Pierre Saulveur, mort en 1643.
1614. — Balthazar de Gélas, neveu de l'évêque Claude.
1636. — N... Roussel, mort en 1674.
1654. — Claude Hopil, de Paris, neveu de Claude Joly.
1659. — Jean Soldadié.
1664. — Guillaume Boissonade, évêque de Bazas en 1668.
1679. — Vital Laurens.
1704. — Jean Sabouroux, chanoine de Saint-Caprais.
» — Armand-Joseph de Sevin, chanoine de l'église cathédrale Saint-Étienne.
» — Henri-François-Xavier de Belzunce de Castelmoron, depuis évêque de Marseille.
» — André Hébert, frère de l'évêque François.
1705. — Emmanuel de La Vieuville, du diocèse de Paris.
1734. — Joseph Ducros.
1740. — Hugues de Lasserre, de Montagnac, mort en 1743.
1750. — François de Narbonne-Lara, abbé de Pessan, depuis évêque de Gap et d'Évreux.
1753. — Jean-Bernard de Passelaigue, abbé de Pérignac.
1775. — Boys, docteur de Sorbonne.
1802. — Armand-Joseph de Rangouze-Beauregard, démissionnaire en 1809.
1802. — Jean-Frix Roux.
1809. — Raymond de Fabry, démissionnaire en 1820.
1821. — Gabriel-Jérôme Trincaud de Latour.
1830. — Valentin-Étienne Chambret.
1837. — Jacques Taillié, mort en 1862.
1840. — Antoine Liaubon.
1841. — Étienne Mouran.
1841. — Jean-Baptiste Carney.

1844. — Jacques Souèges, mort en 1848.
1848. — Sénigon, curé de Tonneins, mort en 1853.
» — Jean-Baptiste-Emmanuel de Vivie.
1853. — François Casse, par intérim.
1854. — Jean-Baptiste Lamothe.
» — Louis Bordes, mort en 1875.
» — Jean-Pierre-Édouard Manec, mort en 1880.
187.. — Philibert Termoz.
1874. — Pierre Hébrard, administrateur du diocèse en 1875.
1880. — Charles-Évariste-Joseph Cœuret-Varin, de Bordeaux, évêque d'Agen en 1885.
1881. — Joseph Rumeau, né à Tournon, le 11 janvier 1849, évêque d'Angers en 1898.

III.

SÉNÉCHAUX DE GUIENNE.

Les manuscrits de M. de Bellecombe offrent peu d'indications sur les sénéchaux de Guienne. Une première liste de ces personnages a été dressée par M. l'abbé Tauzin, principalement d'après les *Acta et fœdera*, de Rymer, les *Rolles gascons*, de Thomas Carte, et autres documents anglais (1). Cette liste, documentée, peut servir de modèle pour les travaux de ce genre. Si nos auteurs agenais avaient procédé d'après cette méthode, ce n'est point treize listes des évêques d'Agen que nous aurions à citer, mais bien une seule.

Comme les érudits sérieux, M. l'abbé Tauzin, après avoir publié, en 1891, le résultat de ses premières recherches, s'est préoccupé aussitôt de compléter cette nomenclature. Nous ne saurions assez le remercier d'avoir bien voulu nous donner la primeur de la nouvelle liste fort augmentée. La suite des sénéchaux de Guienne, souvent renouvelés, est, comme on le verra, si bien établie, que ce travail semble définitif.

Et nous nous empressons de publier à la suite les listes des sénéchaux des Lannes et des lieutenants du Roi en Gascogne, dressées par le même auteur, avec le même soin. — G. T.

Liste des Sénéchaux anglais de Gascogne.

Les circonscriptions désignées au XIIIe siècle sous le nom de sénéchaussées étaient de simples divisions administra-

(1) *Revue de Gascogne*, t. XXXII, p. 351.

tives et non point des divisions politiques proprement dites.

Le sénéchal était le premier des cinq grands officiers de la couronne. Véritable vice-roi, il gouvernait la province sous sa propre responsabilité. Les officiers inférieurs étaient tous dans sa main, mais il n'était pas souverain. « Contre « lui on pouvait recourir, soit au Conseil royal de Gascogne, « soit à la Cour de souverain ressort, soit au Roi lui-« même (1). »

Il était chargé : 1° de la garde du pays, veillant à la tranquillité de la province en temps ordinaire, afin que celle-ci demeurât constamment fidèle au prince, qui en retirait ainsi honneur et profit *(ad fidem et commodum et honorem ipsius domini nostri regis)* (2); levant les milices féodales, qu'un capitaneus conduisait à la guerre; 2° de l'établissement de l'impôt, perçu ensuite par les bayles et les prévôts qui en rendaient compte au connétable de Bordeaux, à la fois percepteur, trésorier, payeur et comptable, en un mot administrateur général des finances; 3° d'administrer la justice, soit directement, soit comme tribunal d'appel.

Pour les cas qui lui étaient soumis directement, il tenait, assisté d'un juge-mage, des assises ambulatoires à Bordeaux, Bazas, Saint-Sever et Dax. On en appelait à lui des sentences des prévôts, des bayles et des sénéchaux secondaires. Lors de la prépondérance du droit écrit sur le droit féodal, il délégua ses pouvoirs pour le fait de justice à un juge de droit écrit appelé juge de Gascogne, qui présida en son nom, à Bordeaux, la cour de Gascogne. C'est devant ce magistrat que furent portés les appels (3), et son importance devint considérable lorsque, à partir de 1347, la cour de Gascogne fut reconnue compétente pour juger au contentieux les conflits survenus entre les tribunaux civils et les tribunaux ecclésiastiques (4).

(1) L. Cadier, *La Sénéchaussée des Lannes sous Charles VII*, p. 14.
(2) Rymer, *Fœdera*, t. I, pars 1, p. 85, col. 2.
(3) *Arch. hist. de la Gironde*, IX, p. 81.
(4) Livre des Bouillons, f° 96, r°.

1170. — Raoul de la Faye. — (De Lurbe, *Chronique bordeloise*, p. 10.)

1174 (26 mai). — Henri de Thouberville (1). — (Rymer, *Fœdera*, t. I, pars 1, p. 12, col. 2.)

1190. — Hélie de Celle. (Rymer, V, 1, p. 80, col. 2; Du Buisson, *Hist. mon. S^{ti} Severii II*, VII, v, p. 205.)

1195-1198. — Godefroy de Celle. — (Rymer, I, 1, p. 34, col. 1; *Gall. Christ.*, t. II inst., col. 287; *Arch. hist. de la Gironde*, IV, p. 72.)

1202 (4 février). — R. de Turnham. — (Rymer, I, 1, p. 41, col. 1).

1213 (22 août). — Savary de Mauléon (2). — (Marca, *Hist. de Béarn*, VI, XVII, V, p. 522.)

1214 (20 novembre). — Raynaud de Pons. — (Rymer, I, 1, p. 64, col. 2.)

1217 (28 mars). — Guillaume de Gebennis (ou Amanieu), archevêque de Bordeaux (3). — (Rymer, I, 1, p. 72, col. 2.)

1218. — Savary de Mauléon. — (Louvet, d'après Duchesne, pp. 8 et 9; Brissaud, *Les Anglais en Guyenne*, p. 4.)

1220 (avril). — Geoffroy de Nevill. — (Rymer, I, 1, p. 80, col. 2.)

1220 (16 septembre). — Philippe Uletot. — (Rymer, I, 1, p. 83, col. 2.)

(1) MARCA (VI, VIII, IV, p. 492; VI, XXIII, I, p. 571) l'appelle Trubetal ou Trepeville. Il mourut le 21 décembre 1239 (Matth. de Paris, III, p. 624.)

(2) Il était fils de Raoul de Mauléon, en Poitou. Geoffroy de Nevill, chambellan, l'avait réconcilié avec le Roi (RYMER, I, 1, p. 157, col. 1). Le concile de Lavaur le signalait en 1213 comme un ennemi de l'église (MARCA, VI, XVII, V, p. 522). Il mourut en 1233. (Lay. du Trésor, n° 3.607. — *Hist. litt.*, XVIII, p. 691.)

(3) Le Roi lui confia la garde du pays, « ne voulant pas empêcher le séné« chal Renaud de Pons (Reginald de Pontibus) de faire le pèlerinage de « Terre-Sainte ». Mais, à moins qu'il ne le fît deux fois, ce qui est peu probable, il ne paraît pas que le personnage intéressé fût très pressé de mettre à profit la liberté qui lui était accordée, car nous le voyons partir pour la Terre-Sainte en 1239 (RYMER, I, 1, p. 157, col. 2), après sa seconde administration et sans doute en expiation des méfaits qui lui étaient imputés.

1221. — Henri de Viven (Hugo de Vivona) (1). — (Rymer, I, 1, p. 85, col. 1; Shyrley, *Royal letters,* II append.; Tholin, *Chartes d'Agen,* p. 30.)

1223. — Savary de Mauléon. — (*Arch. hist. de la Saintonge,* V, p. 22.)

1226-1231. — Henri de Thouberville (2). — (Rymer, I, 1, p. 78, col. 2; Litt. clausæ 27, Henr. III, memb. 7; *Rôles gascons,* publiés par Fr. Michel et Bémont, t. I, n° 1437; *Gall. Christ.,* II inst., col. 289; *Cart. Sylvæ maj.,* fol. 158; Shyrley, *Royal letters,* II, append.)

1235. — Raynaud de Pons (3). — (*Gall. christ.,* II inst. col. 290; *Cart. Sylvæ maj.,* fol. 126; *Man. du P. du Laura,* p. 140.)

1236. — Guillaume Longuépée. — (Rymer, I, 1, p. 157, col. 2.)

1237-1238. — Hubert Huse (Hœse) (4). — (Pat. 21, Henr. III, memb. 6; Shyrley, *Royal letters,* II append.)

(1) En prêtant serment au Roi, il lui livra pour otage Hugues, son neveu. (Rymer, I, 1, p. 85, col. 2.)

(2) Le Roi ordonna une enquête sur son administration, en 1336. (*Gall. christ.* II, preuves, col 289 et suiv.; — *Archives hist. de la Gironde,* III, p. 110 et suivantes.) Le 16 février 1235, il était venu avec des troupes nombreuses au secours de Pierre Mauclerc, duc de Bretagne, en révolte contre Saint-Louis. (Rymer, I, 1, p. 116, col. 2.)

(3) Pour faire vivre ses routiers, il exigeait des albergades, des quêtes et autres redevances qui ne lui étaient pas dues. (*Cart. min. Sylvæ maj.,* fol. 126; — *Gall. christ.,* t. II, Instr. p. 290.) On lui reprochait aussi d'autoriser les guerres privées, qui étaient l'un des plus grands fléaux de la Gascogne, et de prendre parti pour l'un des combattants. Les paroisses d'Entre-Deux-Mers, en partie ruinées par ses exactions, portèrent leurs réclamations au Roi. (Baurein, *Variétés Bordeloises,* t. I, pp 311-315.)

(4) Il fut chargé d'une enquête sur les excès des bayles et des prévôts qui, encouragés par l'exemple des sénéchaux, avaient grevé les gens du Roi, de Marencin (Mareneyn), de Maremme (Maritima) et de Laluque (La Leuka, département des Landes), d'albergades, de procurations et de services contraires aux coutumes locales. Il décida qu'on s'en tiendrait aux deux albergades dues chaque année à deux de ses chevaliers, et à un fantassin; que les redevances annuelles et les quêtes seraient payées à la Saint-Michel entre les mains du sénéchal ou du bayle, et que les coutumes légitimement octroyées et approuvées pour ces terres seraient remises en vigueur. (Pat. 46 Henr. III, memb. 6. — 27 décembre 1238.)

1240 (juin). — Navarre de Miossens, év. de Dax (1). — (*Liv. rouge de Dax*, fol. 24; *Liv. noir*, 2 part., fol. xxxix.)

1240. — Amauri de Saint-Amant (2). — (Rymer, I, 1, p. 136, col. 2.)

1241. — Jean de Havering. — (*Rot. Vasc.*, 17 Edw. I, memb. 11, n° 23; *Cat. des Rôles gascons*, t. I, p. 27.)

1242 (7 juillet). — Rostein (Rustan) Delsoler (3). — (Pat. 26, Henr. III, memb. 3, *Rôles gascons*, n° 29.)

1242 (25-29 juillet). — Hubert Huse (4). — (Pat. 26, Henr. III, memb. 3, *Rôles gascons*, n° 199; memb. 12, *Rôles gascons*, n° 345.)

1242 (1er août-10 novembre). — Rostein Delsoler (5). — (Pat. 27, Henr. III, memb. 26, *Rôles gascons*, n° 617; memb. 25, *Rôles gascons*, n° 648.)

1242. — Jean Mansel (6). — (Pat. 27, Henr. III, memb. 25, *Rôles gascons*, n° 651.)

1242. — Hebert, fils de Mathieu (7). — (Pat. 27, Henr. III, memb. 25, *Rôles gascons*, n° 659.)

(1) On lit dans l'acte d'affranchissement de Ramon de Vic par Ramon Arnaud, vicomte de Tartas : « Questo cause fo feite en presentie et en la « mang de Navar de Miussens, per la gracie de Diu abesque Dax, lore senes- « caut de nos senhor lo rey d'Angleterre ». La charte porte « mil ccx », mais Navarre n'ayant été évêque qu'en 1239, c'est mil ccxl. qu'il faut lire.

(2) Il dévasta le diocèse d'Aire, et le concile d'Auch (4 février 1240) fut provoqué par les mauvais traitements qu'il faisait subir aux clercs.

(3) Il fut d'abord lieutenant de Hubert Huse. (Tholin, *Charles d'Agen*, p. 51.)

(4) Le 25 juillet, le Roi lui attribua deux cents marcs pour ses émoluments jusqu'au samedi après la Saint-Jacques. (Pat. 26, H. III, memb. 3, *R. g.*, n° 199.)

(5) Le 10 novembre, il rendit la sénéchaussée au Roi, qui la garda dans sa main. (Pat. 27, H. III, memb. 25, *R. g.*, n° 648.)

(6) Le Roi lui confia, par intérim, la garde de sa terre de Gascogne (Pat. 27, H. III, memb. 25, *R. g.*, n° 651) et lui assigna jusqu'à six livres sterlings pour l'expédition de ses affaires. (Pat. 27, H. III, memb. 25, *R. g.*, n° 656.) C'est à lui que les habitants de Dax furent invités à prêter serment. (15 déc. 1242, Pat. 26, H. III, memb. 22, *R. g.*, n° 70[illegible].)

(7) Il était sénéchal de Gascogne le 8 juin 1242 (Pat. 27, H. III, memb. 9, *R. g.*, n° 1000); il est encore cité à ce titre le 10 novembre 1242. (Pat. 27, H. III, memb. 25, *R. g.*, n° 659.) Qu'on ne s'étonne pas de voir les sénéchaux se succéder si rapidement; c'était l'année qui suivit le désastre de Taillebourg; Henri III, démoralisé par sa défaite, multipliait les ordres et les contre-ordres, suivant que les Français semblaient se rapprocher de la Garonne ou s'en éloigner, et se préoccupait de faire partout face au péril.

1243 (26 février). — Jean Mansel (1). — (Pat. 27, Henr. III, memb. 2, *Rôles gascons*, n° 1331.)

1243 (15 avril). — Jean fils Geoffroy (2). — (Pat. 27, Henr. III, memb. 12, *Rôles gascons*, n° 936.)

1243 (17 juin). — Nicolas de Molis (3). — (Pat. 27, Henr. III, memb. 8, *Rôles gascons*, n° 1009; Rymer, I, I, p. 148, col. 1; Marca, VII, II, VI, p. 583; Matth. de Paris, IV, p. 244.)

1243 (30 octobre)-1244. — Rostein Delsoler. — (Clausæ 27, Henr. III, memb. 14, *Rôles gascons*, n° 1246.)

1245 (16 juillet). — Guillaume de Boeil (La Buella). — (Pat. 27, Henr. III, memb. 3; Marca, VII, III, I, p. 584.)

1247 (21 novembre). — Drogon de Barentin. — (Pat. 32, Henr. III, memb. 2; Ms. P. du Laura, p. 232; Cirot de La Ville, *Hist. de la G. Sauve*, t. II, p. 196.)

1248 (26 février). — Richard de Gray (4). — (Pat. 32, Henr. III, memb. 9; Balasque et Dulaurens, *Études historiques sur la ville de Bayonne*, t. II, p. 147.)

1248 (7 septembre). — Drogon de Barentin. — (Pat. 32, Henr. III, memb. 2.)

1249 (28 décembre). — Raoul de Havering (5). — (Shirley, *Royal letters*, t. II, p. 56.)

(1) Le Roi le nomma sénéchal *quamdiu nobis placuerit* le 4 février 1233. (Pat. 27, H. III, memb. 17, *R. g.*, n° 819; — memb. 2, *R. g.*, n° 1331.)

(2) Le Roi l'établit sénéchal de Gascogne pendant son séjour en ce pays (Pat. 27, H. III, memb. 12, *R. g.*, n° 936), avec permission de se retirer aussitôt après le départ du monarque, sans même que son successeur fût nommé.

(3) Le Roi lui assigna mille marcs sterlings par an, mais il était responsable des redevances et revenus du duché (23 juin, Pat. 27, H. III, memb. 8, *R. g.*, n° 1034). Il lui donna la permission de se démettre de sa charge après un an, s'il le désirait (memb. 8, *R. g.*, n° 1166), et voulut que Jacques, son fils, fût élevé avec le prince Edward. (Clausæ 27, H. III, *R. g.*, n° 1434.)

(4) Il fut nommé pour deux ans; mais, incapable de rétablir la paix dans le duché, il céda la place à Simon de Leicester, lieutenant du Roi. La lutte entre le pouvoir civil et religieux était si vive, qu'en 1248 l'archevêque d'Auch ne pouvait plus visiter sa province à cause des inimitiés qu'il s'était attirées en défendant les droits de l'Église. (Bulle d'Innocent IV à l'arch. d'Auch, Bibl. nat., Moreau, 1197, f° 96.)

(5) Il est appelé Richard dans une lettre du 27 décembre 1249. (Clausæ 34, H. III, memb. 18, *R. g.*, n° 2709.)

1253. — Guillaume de Boeil. — (Clausæ 37, Henr. III, memb. 18, *Rôles gascons*, n° 2826.)

1253 (17 mars). — Drogon de Barentin (1). — (Pat. 37, Henr. III, memb. 14.)

1253 (18 mars). — Pierre de Bordeaux (2). — (Pat. 37, Henr. III, memb. 14.)

1253 (24 août). — Jean de Gray. — (Pat. 37, Henr. III, memb. 20, *Rôles gascons*, n°s 2067 et 2064; Bréquigny, X, fol. 137.)

1253 (4 octobre). — Richard de Gray (3). — (Pat. 37, Henr. III, memb. 20, *Rôles gascons*, n° 2107.)

1254 (27 mars). — Robert Waleraundi (4). — (Clausæ 38, Henr. III, memb. 4, n° 2475.)

1254 (21 juin). — Drogon de Barentin (5). — (Clausæ 38, Henr. III, memb. 4, *Rôles gascons*, n° 3357.)

1254 (27 août). — Étienne Bauzan (6). — (Clausæ 38, Henr. III, memb. 1, *Rôles gascons*, n° 3313; memb. 3, *Rôles gascons*, n° 3695; *Arch. hist. de la Gironde*, IV, 21; Bibl. nat., Moreau, vol. 634, p. 106.)

1254 (12 décembre). — Jean fils Geoffroy. — (Pat. 39, Henr. III, memb. 88.)

1255 (30 septembre) (7)-1257 (11 octobre). — Étienne

(1) Nommé en même temps que Pierre de Bordeaux, beau-père d'Amanieu VI d'Albret, *de eadem senescalia in simul eis concessa.*

(2) Il est encore cité le 23 et le 26 mai (Clausæ 37, H. III, memb. 12 dors.; — Pat. 37, H. III, memb. 10). Le 13 janvier 1254, le Roi lui faisait payer cinq cents livres pour ses gages, *quando ultimo fuit senescallus Regis Wasconie.* (Claus. 38, H. III, memb. 12, *R. g.*, n° 2271.)

(3) Il remplace son frère Jean, *propter infirmitatem.* Depuis Drogon de Barentin (1248), les sénéchaux dépendaient du lieutenant du Roi, Simon de Leicester.

(4) *Senescalum nostrum.* Le Roi lui promit *custodiam et maritagium prime puelle que nobis acciderit in regno nostro*, dont l'héritage vaudrait deux cents livres par an.

(5) Le 21 juin 1254, le Roi lui défendit de saisir ou laisser saisir homme ni femme de la sénéchaussée, sans un ordre spécial de sa part.

(6) Il est aussi appelé Baucan. (Pat. Edw. Princ. 39, H. III, memb. 8, *R. g.*, n° 4141.)

(7) Rymer dit le 17 août.

Longuépée (1); (Ms. de Wolfenbüttel, n° 306; Pat. 39, Henr. III, memb. 5, *Rôles gascons*, n° 4558; Delpit, *Not. et extr. des man.*, XIV, pp. 433 et 450; Baurens, *Var. Bord.*, III, p. 258.)

1235 (30 septembre). — Pierre de Bordeaux (2). — (Pat, 39, Henr. III, memb. 5, *Rôles gascons*, n° 4557.)

1257 (30 septembre). — Geoffroy de Luzignan (3). — (Rymer, I, II, p. 41, col. 1.)

1259 (11 novembre). — Drogon de Barentin (4). — (Pat. Edw. princ. 44, Henr. III; Early Chancery Roll, n° 73, memb. 5, n° 3; Rymer, I, II, p. 58, col. 2.)

1260 (novembre). — Roger de Leyburne (5). — (Pat. 44, Henr. III, memb. 2, *Rôles gascons*, n° 17.)

1261 (14 septembre). — Étienne Longuépée. — (Rymer, I, II, p. 63, col. 2.)

1261 (19 décembre)-1264 (avril). — Henri de Courances (de Cusanciis). — (*Arch. hist. de la Gir.*, III, pp. 9 et 11; Livre des Bouillons, fol. 373; Arch. de Bayonne, AA, I, p. 66.)

1264. — Pierre de Bordeaux, lieutenant du sénéchal. — (Arch. de Dax, *Livre rouge*, fol. 19; *Livre noir*, 2 part., fol. 31.)

1266. — Thomas d'Yperague (Ippegrave). — (Ms. de Wolfenbüttel, n° 354; Marca, VII, XII, IX, p. 616.)

1267. — Jean de Grilly (Grailli). — (Shyrley, *Royal letters*, II, appendice.)

(1) Fils de Guillaume, comte de Salisbury.

(2) Lieutenant du sénéchal : *Gerenti vices senescalli nostri in Wasconia.* (Pat. Edw. Princ., 39, H. III, memb. 5, *R. g.*, n° 4557.)

(3) Ce sénéchal fut destitué le 12 juillet 1258. (RYMER, I, II, p. 41, col. 1.) Le Roi avait interdit à Edward, duc d'Aquitaine, depuis 1254, de nommer sans son aveu le sénéchal et les gouverneurs des châteaux (28 juin 1258. — Pat. 42, H. III, memb. 5.)

(4) Il fut nommé le 6 novembre pour un an, à partir du 11 novembre, aux gages de mille livres bordelaises, avec ordre d'entretenir dix soldats et servants pour sa sauvegarde.

(5) Il avait acheté pour le Roi cent dix tonneaux de vin.

1268. — Thomas d'Ippegrave (1). — (Delpit, *Not. et ext. des man.*, XIV, pp. 397, 421.)

1269. — Fortaner de Casanova (2). — (*Arch. hist. de la Gir.*, III, p. 16.)

1270. — Luc de Tany (3). — (Du Buisson, *Hist. mon. S[ti] Severii*, I, III, p. 256.)

1271. — Hugues de Thouberville. — (Rymer, I, II, p. 126, col. 2.)

1272 (5 juin 1277). — Luc de Tany (4). — (Rymer, I, II, p. 123, col. 1; Marca, VII, XVIII, pp. 685-689; Du Buisson, I, III, VII, p. 273.)

1277 (20 novembre)-1279 (28 avril). — Jean de Grailli (5).

(1) Cité en octobre et en novembre 1268.

(2) Ou Cazenave; cité le 30 octobre. Il était sénéchal intérimaire seulement.

(3) Il est appelé Tanis, Fany, Chanap, Thany.

(4) Prétendant appliquer le droit de régale à toutes les églises vacantes de la province d'Auch, il avait envahi les biens des églises de Dax, de Bazas et d'Auch; au grand dommage de ces évêchés comme au péril de son âme, il les consacrait au service du Roi. (RYMER, I, II, p. 136, col. 2.) Le pape Grégoire X écrivit à Edward Ier pour lui demander de défendre à son représentant de s'emparer ainsi des biens des églises pendant la vacance des siéges. (20 août 1274. — RYMER, I, II, p. 142, col. 1.) Edward ne voulut pas désavouer son sénéchal. Le siége étant vacant depuis trois ans, en octobre 1275, les chanoines de Dax firent transmettre leurs réclamations à Philippe le Hardi par le vicaire général Amanieu de Pomiers (de Pomeriis, Champollion Figeac, *Doc. inéd. sur l'Hist. de France*, t. I, p. 182; — RYMER, I, II, p. 150, col. 2). Dans une lettre collective, le chapitre de Dax, les abbés de Sorde, Divielle, Arthous et Cagnotte (Camescæ), le prieur de Pontons, ceux des hôpitaux de Saint-Esprit de Dax et de Bayonne demandèrent à Edward Ier de faire restituer les biens de la mense épiscopale, usurpés par le sénéchal. (Décembre 1275. — RYMER, I, II, p. 151, col. 2.)

(5) Ce fut un des persécuteurs les plus acharnés de l'Eglise en ce moment du grand antagonisme entre les tribunaux civils et ecclésiastiques. D'accord avec la noblesse et les représentants des communes, il défendit de citer un laïque devant l'officialité, sous peine de soixante-cinq sols d'amende pour ceux qui auraient enfreint cette défense. De plus, tout avocat qui voulait être autorisé à plaider devant un tribunal séculier devait jurer de ne jamais porter les causes qu'il défendrait de ce tribunal devant la juridiction ecclésiastique. Il prétendait aussi « en les soumettant à l'action des juges laïques, « soustraire au for ecclésiastique ceux qui avaient pris la croix et même les « clercs, alors que, de par le droit et la coutume, ceux-ci étaient en pouvoir « d'amener leurs adversaires devant les tribunaux ecclésiastiques ». (*Liv. des Bouillons*, f° 113 r°.) Ces procédés provoquèrent une protestation des évêques de la province d'Auch, se plaignant que le sénéchal se montrait rebelle à tous les bons conseils qui lui venaient d'Angleterre : « Plus fortement le

— (Rymer, I, II, p. 164, col. 1; p. 178, col. 2; (*Rot. Vasc.*, 7 Edw. I, memb. 3, n° 8; *Catalogue des Rôles gascons*, t. I, p. 9.)

1279 (octobre). — Fortaner de Cazenave. — (Marca, VII, XXIII, I, p. 648.)

1279 (18 novembre). — Bertrand de Créton (Créon). — (*Rot. Vasc.*, 7 Edw. I, memb. 1, n° 13; *Cat. des Rôles gascons*, t. I, p. 9.)

1280 (18 août). — Jean de Grailli. — (Rymer, I, II, p. 188, col. 2; *Rot. Vasc.*, 8 Edw. I, memb. 12, n° 18; *Cat. des Rôles gascons*, t. I, p. 11.)

1283 (18 octobre). — Jean de Vaux (de Vallibus) (1). — (*Rot. Vasc.*, 11 Edw. I, memb. 1, n° 12; *Cat. des Rôles gascons*, t. I, p. 15.)

1289. — Othon de Grandisson. — (Marca, VII, XXVIII, VIII, p. 669.)

1290-1294. — Jean de Havering. — (Rymer, I, III, p. 91, col. 2; *Rot. Vasc.*, Edw. I, memb. 3, n° 9; *Cat. des Rôles gascons*, t. I, p. 19.)

1294. — Jean de Bourlat (Burlac) (2). — (Arch. de Dax, livre noir, 2 part., fol. c; Cauna, *Arm. des Landes*, t. II, p. 160; Balasque et Dulaurens, t. II, p. 525.)

1294 (1er juillet)-1300. — John de S. John (3). — Rymer,

« Roi lui recommandait de ne pas molester les clercs, et plus il déployait « contre eux de sévérité. Il citait les évêques et les chapitres devant les « cours séculières et s'emparait des biens des églises ». Celle de Bazas avait été plus particulièrement maltraitée. Toutefois, par respect pour la majesté royale, les prélats consentirent à ne pas appliquer encore au sénéchal et à ses serviteurs les canons édictés contre les envahisseurs des domaines ecclésiastiques. (4 février 1279. — RYMER, I, II, p. 177, col. 1.) Le Roi dut céder devant ces réclamations et retira le sénéchal.

(1) Peut-être de Batz.

(2) Il fut sénéchal de Philippe le Bel pendant la *saisine* féodale du duché de Guyenne, qui commença le 5 février 1294. (*Tables chron.*, VII, 369, 637. — *Spicilegium*, VIII, 661. — *Olim*, II, 9.) Il fallut un ordre formel d'Edward pour amener les bordelais à prêter serment au roi de France. (*Livre des Bouillons*, f° 107 r°.)

(3) Avec pouvoir absolu de destituer et de remplacer tous les officiers civils, judiciaires et militaires. A la tête de sept cents chevaliers et de cinq

I, III, p. 133, col. 1; I, IV, p. 4, col. 2; *Rol. Vasc.*, 22 Edw. I, memb. 7, n° 10; *Cat. des Rôles gascons*, t. I, p. 31.)

1301. — Bertrand Jourdain de l'Isle. — (Arch. de Dax, *Livre rouge*, p. 57; *Livre noir*, 2e partie, fol. CII.)

1302. — Amauri de Créon (Almeric Credon.) — (Arch. de Capbreton, FF, f° 53, et fol. 158 v°.)

1303-1305. — Jean de Hastingues (de Avingis) (1). — (Rymer, I, IV, p. 23, col. 2; II, I, p. 12, col. 2.)

1305-1308. — Jean de Havering (2); — (Rymer, I, IV, p. 38, col. 2; p. 55, col. 2; p. 68, col. 1; p. 72, col 2.)

1308 (12 mars)-1309. — Guidon Ferre. — (Rymer, I, IV, p. 107, col. 1; p. 113, col. 2; *Rol. Vasc.*, 2 Edw. II, memb. 25, n° 8; Du Buisson, t. I, III, V, p. 257.)

1309 (6 octobre). — Jean de Havering. — (Rymer, I, IV, p. 158, col. 1.)

1310 (1er janvier). — Jean de Hastingues. — (Rymer, I, IV, p. 164, col. 1.)

1311. — Jean de Bretagne, comte de Richemont. — (Rymer, I, IV, p. 171, col. 1.)

1312 (24 janvier ou 16 février) (3), (28 septembre 1312). —

mille fantassins, il fut complètement battu par Robert d'Artois qui, alors occupé au siège de Bonnegarde (canton d'Amou, Landes), surprit les Anglais aux environs de Bayonne. (D. VAISSETE, VI, XXVIII, n° 47, p. 271; — MARCA, VIII, XXVIII, VI, p. 790; — BALASQUE et DULAURENS, II, pp. 533-554.)

(1) En lui concédant des coutumes, il imposa son nom à la bastide de Auria-Mala, aujourd'hui Hastingues (canton de Peyrehorade, Landes). Sous son administration, le second concile de Nogaro (1303) revendiqua la liberté de la juridiction ecclésiastique. (LABBE, *Collect. Canc.*, t. XI, col. 1750, can. 9, 12, 13, 14, 16.)

(2) N'est-ce pas, avec une orthographe différente, le même personnage que le précédent? Par les services rendus à l'Église et par les soins donnés à son administration, il mérita la haute protection du pape Clément V qui, en 1307, le recommandait à la bienveillance du Roi. (RYMER, II, I, p. 150, col. 1; — *Reg. Vatic.* CIX, lettre 662; CX, lettre 473.)

(3) La première date est celle donnée par Rymer et la seconde par Thomas Carte, dans son *Catalogue des Rôles gascons, normands et français*, conservés dans les Archives de Londres (Paris, 1743, 2 vol. in-fol.); cette observation trouvera ailleurs son application.

Jean de Ferrers (Ferrariis) (1). — (Rymer, I, IV, p. 206, col. 2; II, I, p. 3 col. 1; *Rol. Vasc.*, 5 Edw. II, memb. 6, n° 22; *Cat. des Rôles gascons*, t. I, p. 40.)

1312 (28 octobre)-1313 (3 février). — Étienne Ferioli (2). — (Rymer, II, I, p. 17, col. 1; *Rol. Vasc.*, 5 Edw. II, memb. 17, n° 10; *Rôles gascons*, p. 42.)

1313 (27 juin). — Assinius de Gayllard (3). — (Rymer, II, I, p. 68, col. 1; *Rol. Vasc.*, 5 Edw. II, memb. 4, n° 2; *Cat. des Rôles gascons*, p. 41.)

1313 (3 juillet)-1316. — Amauri de Créon (4). — (Rymer, II, I, p. 44, col. 2; *Rol. Vasc.*, 5, Edw. II, memb. 11, n° 14; *Cat. des Rôles gascons*, t. I, p. 41; *Livre des Bouillons*, f° 98 v°.)

1316 (16 juillet). — Gilbert Peeche. — (Rymer, II, I,

(1) Amanieu VI d'Albret, qui devait être son principal conseiller pour conserver intacts les droits du Roi et l'état du duché (14 avril 1312. — Rol. vasc. 5, Edw. II, memb. 3, n° 30; — *Cal. des Rôles gascons*, t. I, p. 40), ayant acquis du prieur de Nérac la seigneurie de cette ville, s'opposa à ce que le sénéchal s'en emparât (Arch. des B.-Pyr. E. 20), ainsi qu'Edward II en avait donné l'ordre. Condamné par la cour de Gascogne, il fit appel au roi de France et convoqua ses alliés (Bib. nat., Doat, CXC, fol. 160) pour résister au sénéchal qui, suivi des seigneurs de Chalosse et de Tursan (Landes), menant avec lui plus de quatre mille soldats, promena la dévastation sur ses terres. Effrayé de cette lutte, Edward chargea Guy Ferre, le juge Guillaume et Thomas de Cantebrige d'informer sur cette affaire. (RYMER, II, I, p. 12, col. 2.) Le pape Clément V, auquel Amanieu avait fait part de sa situation, l'engagea à se réconcilier avec le sénéchal (10 août) et envoya ses chapelains, Hugues Géraud et frère Guillaume Pierre, pour faciliter leur entente. (Arch. des B.-Pyr., E. 22.) Edward avait cité les adversaires à son tribunal pour juger lui même le différend (19 août); mais les gascons préférèrent en appeler à Philippe le Bel. Jean de Ferrariis mourut au cours des débats, car Philippe se plaignit que, malgré sa défense, le corps eût été emporté hors du royaume avant que la sentence eût été prononcée. (20 septembre 1312, Arch. des B.-Pyr., E. 22.)

(2) Adhémar de Valence, comte de Pembrock, reçut commission de le révoquer le 3 février 1313. (RYMER, II, I, 27, col. 2.)

(3) Il remplit les fonctions de sénéchal par intérim et comme lieutenant. Actionné devant la justice française par quatre bourgeois de Dax qui lui reprochaient les plus grands excès de pouvoir par son intervention dans les affaires locales, il fut condamné au bannissement perpétuel par le sénéchal de Périgord et gracié peu après. (*Trésor des Chartes*, JJ. 49. n° 53.)

(4) Comme il prenait l'administration dans un temps si difficile et si agité, aux gages ordinaires de deux mille livres, Edward II voulut bien ajouter un don de cinq mille livres tournois, mais à condition qu'Amauri se rendrait à ses frais au Parlement, chaque fois que sa présence y serait nécessaire.

p. 126, col. 4; *Rot. Vasc.*, 10 Edw. II, memb. 12; *Rôles gascons*, p. 50; *Reg. Vat.*, CIX, epist. 294-298; CX, epist. 401-403.)

1317 (3 novembre)-1319 (2 novembre). — Antoine Pessaigne (Pissaigne) de Janua (1). — (Rymer, II, 1, p. 137, col. 2; *Reg. Vat.*, CIX, epist. 480, 640; CX, epist. 380; *Rot. Vasc.*, 11 Edw. II, memb. 16, n° 4; *Cat. des Rôles gascons*, t. I, p. 51.)

1319 (6 novembre). — Amanieu de Fossat (2). — (Rymer, II, 1, p. 184, col. 1; *Rot. Vasc.*, 11 Edw. II, memb. 5, n° 7; *Rôles gascons*, p. 53.)

1319 (20 novembre). — Guillaume de Montaigut (3). —

(1) Marchand génois (de Génoa ou Janua) fort habile, il avait capté la confiance du Roi, qui l'appelait « son cher négociant », *Dilecto mercatori nostro* (RYMER, II, 1, p. 38, col. 2), envoyait par son entremise le denier de Saint-Pierre à Jean XXII, en s'excusant du retard qu'il avait mis à remplir ce devoir. (RINALDI, *Contin. de Baronius ad annum*, 1316, n° 31.) Profitant des embarras financiers du monarque, il promit de lui assurer un emprunt de vingt mille livres sterlings (RYMER, II, 1, p. 137, col. 1), et, à ces conditions, Edward le nomma sénéchal de Gascogne aux gages de deux mille livres tournois, sans compter les dépenses de voyage, un don de cinq mille livres, etc. Son administration fut des plus désastreuses. Malgré l'intervention du pape Jean XXII, il poursuivit avec acharnement Jourdain de l'Isle alors en lutte avec Alexandre de Caumont, son coseigneur de Sainte-Bazeille. (*Reg. Vat.*, CIX, ep. 480, 550, 591, etc.; — RYMER, II, 1, p. 151.) Il abusa tellement des pouvoirs qui lui étaient confiés, que le Roi, cédant enfin aux réclamations des Gascons, lui intima l'ordre de remettre le gouvernement du duché à Amanieu de Fossat et de se rendre en Angleterre pour se justifier. (17 novembre 1319. — RYMER, II, 1, p. 184, col. 1.) Au lieu d'obéir, Antoine gagna les terres françaises, d'où il réclama à son ancien souverain des sommes considérables; il prétendait que ce prince lui en était redevable, tandis qu'Edward, qui lui reprochait de s'être éloigné sans rendre ses comptes, disait qu'il demeurait son débiteur tant pour sa charge de sénéchal que pour les autres qu'il avait exercées. (RYMER, II, 1, p. 10, col. 2.) Après être resté quelque temps au service des Français, Antoine reparut en Angleterre sous Edward III. Il a laissé parmi nous un souvenir de son passage en imposant le nom de sa patrie à une bastide construite de concert avec Pierre de Castelnau, *quæ Janua perpetuo ab omnibus appellaretur*. (RYMER, II, 1, p. 4, col. 1; — *Cat. des rôles gascons*, t. I, p. 31.) Le nom a persévéré et Janua est devenue Genoa, Geaune (département des Landes).

(2) Il avait rempli les fonctions de sénéchal par intérim, pendant l'absence d'Antoine de Pessaigne.

(3) En même temps qu'il lui transmettait l'ordre de réparer les fortifications de ses châteaux dans cette contrée (6 décembre 1319. — *Rot. Vasc.*, 12 Edw. II, memb. 4, n° 14; — *Cat. des rôles gascons*, p. 53), il lui donna le

(Rymer II, 1, p. 163, col. 1; *Rot. Vasc.*, 12 Edw. II, memb. 5, n° 9; *Cat. des Rôles gascons*, t. I, p. 53.)

1320 (28 février). — Maurice Berkeleye. — (Rymer, II, 1, p. 192, col. 1; *Rot. Vasc.*, 13 Edw. II, memb. 12, n° 11; *Cat. des Rôles gascons*, p. 55.)

1321 (22 juillet). — Amauri de Créon. — (Rymer, II, II, p. 35, col. 1; *Rot. Vasc.*, 14 Edw. II, memb. 7, n° 14; *Rôles gascons*, p. 56.)

1322 (14 avril ou 26 mai). — Foulque Lestrange. — (Rymer, II, II, p. 45, col. 2; *Rot. Vasc.*, 15 Edw. II, memb. 15, n° 16; *Rôles gascons*, p. 60.)

1323 (11 juin)-1324. — Rodolphe Basset de Drayton (1). — (Rymer, II, II, p. 92, col. 1; *Rot. Vasc.*, 16 Edw. II, memb. 10, n° 30; *Rôles gascons*, p. 61.)

1324 (15 mai). — Robert de Shirland (2). — (Rymer, II, II, p. 94, col. 1.)

1324 (1er juillet). — Richard de Grey. — (Rymer, II, II, p. 103, col. 2; *Rot. Vasc.*, 17 Edw. II, memb. 4, n° 47; *Rôles gascons*, p. 62.)

1325 (21 juillet). — Rodolphe Basset de Drayton. — (*Rot. Vasc.*, 18 Edw. II, memb. 30, n° 4; *Cat. des Rôles gascons*, p. 64.)

1325 (28 novembre). — Jean de Wigsham et Jean de

pouvoir d'entrer en composition avec ceux qui, ayant eu recours au roi de France, consentiraient à retirer leur appel pour revenir à la justice anglaise. La fréquence de ces appels était devenue une cause de désordres, et en cette année la cour de France en avait admis dix-sept. Edward chargea le sénéchal d'aller conférer avec Philippe V le Long, sur l'état du duché (14 décembre, RYMER, II, I, p. 164). Comme il crut utile à ses intérêts qu'il parût en personne au Parlement, il lui ordonna de s'y rendre pour terminer les difficultés soulevées en Gascogne par l'administration d'Antoine de Pessaigne. (RYMER, II, I, p. 188, col. 1.)

(1) Il fut chargé (25 février 1324) avec d'autres officiers de faire une enquête sur l'état du duché. (*Rot. Vasc.*, 17 Edw. II, memb. 5, nos 39-41; — *Cat. des rôles gascons*, p. 61.) Il est aussi appelé Raoul.

(2) Maire de Bordeaux, qui remplit, par intérim seulement, les fonctions de sénéchal.

Segrave (1). — (*Rol. Vasc.*, 18 Edw. II, memb. 21, n° 22; *Cal. des Rôles gascons*, p. 65.)

1326 (24 juin) (2). — Olivier de Ingham (3). — (Rymer, II, II, p. 160, col. 1; *Rol. Vasc.*, 19 Edw. II, memb. 5, n° 2; *Cal. des Rôles gascons*, p. 68.)

1327 (24 février)-1331. — Jean de Haustède. — (Rymer, II, III, p. 9, col. 2; *Rol. Vasc.*, 1 Edw. III, memb. 6, n° 2; *Cal. des Rôles gascons*, p. 65; *Livre des Bouillons*, f° 121 r° et v°.)

1331 (29 juin)-1338. — Olivier de Ingham (4). — (Rymer, II, III, p. 90, col. 1; *Rol. Vasc.*, 5 Edw. III, memb. 11, n° 39; *Rôles gascons*, p. 70 et 85.)

1338 (5 mars). — Jean de Norwick (5). — (*Rol. Vasc.*, 12 Edw. III, memb. 24, n° 1; *Cal. des Rôles gascons*, p. 88.)

(1) *Consimilem commissionem habet Johannes de Segrave senior.* Nous avons déjà vu, en 1253, Drogon de Barentin et Pierre de Bordeaux nommés en même temps sénéchaux. C'est donc à tort que Baurein (*Var. Bordeloises*, t. I, p. 319) et après lui Brissaud (*Les Anglais en Guyenne*, p. 2) disent que ce mandat n'a jamais été partagé entre plusieurs.

(2) Le *Catalogue des rôles gascons* porte le 16 mars.

(3) A son avènement au trône, Edward III lui pardonna l'opposition qu'il avait faite à ses projets ambitieux, mais le remplaça par Jean de Haustède. (*Rol. Vasc.*, 1 Edw. III, memb. 3, n° 9; — *Cal. des rôles gascons*, p. 69.)

(4) Il avait regagné les bonnes grâces du Roi, qui, au début de la guerre de Cent ans, pour ramener à lui ceux que la promptitude de l'invasion de ses adversaires avait pu entraîner à leur suite, lui donna pouvoir d'accorder des lettres de pardon aux hommes, soit des marches de Gascogne, soit d'ailleurs, qui avaient momentanément oublié leurs devoirs à son égard. (25 juin 1337; *Rol. Vasc.*, 11 Edw. III, memb. 19, n° 28; — *Cal. des rôles gascons*, t. I, p. 85.) Il lui recommanda, en vue de la reprise des hostilités, d'exciter, autant qu'il lui serait possible, l'ardeur des nobles et des communes d'Aquitaine et de les maintenir dans des dispositions favorables à ses intérêts (16 mars 1338; RYMER, II, IV, p. 9, col. 1). Le sénéchal réussit, en effet, à ramener Bernard-Ezy II d'Albret, qui déclara abandonner « le soi-disant roi de France ». (RYMER, II, IV, p. 16, col. 1.) Edward se hâta d'approuver la convention faite par Olivier avec cet important feudataire (11 mai 1338). Il promit au sire d'Albret des biens pour la valeur de six mille livres sterlings, dès qu'il serait venu en son obéissance, et s'engagea à lui assigner « les chastels et chastelenyes et lieux de Seint-Makarie, de « Aques et Seint-Syver ». (RYMER, II, IV, p. 20, col. 1.)

(5) Le roi lui avait confié l'administration comme lieutenant du sénéchal, nommé lui-même avec Bernard-Ezy II, lieutenant du Roi. (RYMER, II, IV, p. 26, col. 2.)

1339-1343. — Olivier de Ingham (1). — (Rymer, II, iv, p. 41, col. 1; p. 88, col. 1; p. 121, col. 2; *Rol. Vasc.*, 12 Edw. III, memb. 24, n° 1; *Cal. des Rôles gascons*, p. 75.)

1343 (8 septembre) (2). — Nicolas de la Brèche (Bèche) (3). — (Rymer, II, iv, p. 152, col. 2; *Rol. Vasc.*, 17 Edw. III, memb. 12, n° 3; *Cal. des Rôles gascons*, p. 114.)

1345 (3 février) (4)-1346. — Rodolphe de Strafford (5). — (Rymer, II, iv, p. 174, col. 2; *Rol. Vasc.*, 19 Edw. III, memb. 8, n° 3; *Rôles gascons*, p. 117.)

(1) Il ramena dans le devoir Bernard-Ezy II, que les armes du comte de Foix, Gaston II, avaient obligé à se soumettre aux Français (27 avril 1339. *Rol. Vasc.*, 13 Edw. III, memb. 23, n° 2; — *Cal. des rôles gascons*, t. II, p. 95.) Pour récompenser le sire d'Albret, le Roi chargea le sénéchal et Antoine d'Usemer de négocier le mariage d'Amanieu VIII, fils de ce seigneur, avec Marguerite, fille du comte de Kent, son oncle (4 avril 1340. — Rymer, II, iv, p. 72, col. 1.) Olivier s'était alors rendu en Angleterre pour s'entretenir avec Edward des affaires contentieuses du duché. A son retour, il voulut prononcer lui-même la sentence sur la plainte portée par les habitants des bailliages de Gosse et de Seignanx contre le vicomte d'Horte, Arnaud-Raymond, qui, pour venger le meurtre d'Amat de Gayrosse, son cousin, avait ravagé ces pays. (Rymer, II, iv, p. 116, col. 2.)

(2) Le *Catalogue des rôles gascons* porte le 20 juillet.

(3) Il eut mission de conclure des alliances avec la noblesse du pays et d'accorder le pardon à tous ceux qui avaient abandonné la cause de son maitre (18 septembre 1343. — Rymer, II, iv, p. 152, col 2). Afin de donner satisfaction aux populations, il dut se rendre compte de la manière dont se comportaient en Gascogne les divers officiers du Roi (20 septembre). Pour reconstituer les finances royales, il traita avec les nobles et les habitants du pays pour l'établissement d'un impôt de douze deniers par livre sur toutes les marchandises : six deniers devaient être payés par le vendeur et six par l'acheteur. (*Rol. Vasc.*, 17 Edw. III, memb. 10, n° 11; — *Cal. des rôles gascons*, p. 115.) Il eut aussi à inspecter le nombre et l'état des armes dans le duché et à prendre des informations sur les donations faites. (23 septembre. — *Rol. Vasc.*, 17 Edw. III, memb. 18, n° 12; — *Cal. des rôles gascons*, p. 115.) Quelques-unes sont excessives, dira plus tard le Roi (24 mars 1344), et pour les obtenir on l'a souvent trompé, or l'axiome de droit affirme que « le suppliant « trop et impudemment menteur doit être privé de ce qu'il a obtenu par de « tels moyens ». (Rymer, II, iv, p. 162, col. 2.) Le sénéchal eut plein pouvoir pour régler avec l'évêque de Bayonne et Pierre de Saint-Jean les difficultés survenues entre les sujets d'Alfonse de Castille et les Bayonnais. (*Rol. Vasc.*, 17 Edw. III, memb. 6, n° 17; memb. 3, n° 19. — *Cal. des rôles gascons*, p. 115.)

(4) Le *Catalogue des rôles gascons* porte le 16 mars.

(5) Le Roi lui renouvela l'ordre, déjà donné à son prédécesseur, d'examiner l'état des forces du duché (16 mars 1345) en prévision de la reprise des hostilités. (Rymer II, iv, p. 173, col 2; — *Rol. Vasc.*, 19 Edw. III, memb. 7, n° 3; — *Cal. des rôles gascons*, p. 117.)

1346 (25 mars). — Henry de Lancastre, comte de Derby. — (*Rol. Vasc.*, 22 Edw. III, memb. 2, n° 9; *Cal. des Rôles gascons*, p. 118.)

1347 (22 mars). — Thomas Coke. — (Rymer, III, 1, p. 62, col. 2; *Rol. Vasc.*, 21 Edw. III, memb. 13, n° 3; *Cal. des Rôles gascons*, p. 118; *Livre des Bouillons*, p. 97 v°.)

1348. — Philippe Nicolas de la Brèche. — (Arch. de Dax, AA, 3.)

1349 (20 juin). — Franc de Hale. — (*Rol. Vasc.*, 23 Edw. III, memb. 5, n° 4; *Cal. des Rôles gascons*, p. 125.)

1350-1358. — Jean de Chyveryston (1). — (Rymer, III, 1, p. 75, col. 1; p. 160, col. 2; *Rol. Vasc.*, 24 Edw. III, memb. 3, n° 10; *Cal. des Rôles gascons*, p. 126.)

1358 (16 avril). — Elie de Pomiers (de Pomeriis). — (Rymer, III, 1, p. 164, col. 2.)

1359 (mai)-1361. — Jean de Chyveryston (2). — (*Rol.*

(1) Cheveryston, Chivereston, Chiverston, Chibreton, Cheveresdon, Cheversdon, Cheverston, telles sont les diverses formes de ce nom. Philippe de Valois ayant donné à Gaston III Phœbus la ville d'Aire et celle de Geaune, les habitants de cette dernière place, fortement attachés aux Anglais, firent opposition à cette donation. (Arch. des B.-Pyr., E. 511.) Le roi de France la maintint (1351); mais alors (1352) Jean Chyveryston, à la tête d'une armée anglaise (*una cum exercitu suo anglorum*), se précipita sur Saint-Girons (Hagetmau, Landes), détruisit le moulin de l'abbaye et mit tout à feu excepté l'église. Il marcha ensuite sur Geaune. « Les Anglais à grande et extrême « puissance abattirent par terre les murailhes de la ville, lesquelles murailhes, « tours et forteresses, lesdits manants ont réédifiés en partie. » (Arch. de Saint-Girons, Légé : *Les Castelnau Tursan*, t. I, p. 135.) A la funeste bataille de Poitiers (19 septembre 1356), le sénéchal commandait le contingent landais de ce corps Gascon auquel celui du roi Jean ne put résister. Il avait sous ses ordres Bernard-Ezy II d'Albret, Raymond-Bernard II de Castelnau-Tursan, Arnaud de Cauna, Jean de Lesgo, Baylens de Poyanne, le baron de Sainte-Croix, le seigneur de Montolieu (Arjuzanx, Landes) et celui de Poudens. Le 9 août 1358, le Roi ordonnait de régler avec lui comme sénéchal. (*Rol. Vasc.*, 33 Edw. III, memb. 7, n° 35; — *Cal. des rôles gascons*, p. 141.) Il paraît qu'en quittant sa charge, Chyveryston demeura dans le pays, car le Roi l'appelle : *Chivaler qui in partibus Vasconie moratur.*

(2) Le 19 mai 1361, le Roi lui faisait payer ses gages de sénéchal. (*Rol. Vasc.*, 35 Edw. III, memb. 10, n° 7; — *Cal. des rôles gascons*, p. 148.) Le 10 juillet, il lui faisait donner ce qui lui était encore dû de ce chef, ainsi que les arrérages de sa pension de deux cents marcs. (*Rol. Vasc.*, 35 Edw. III, memb. 6, n° 25 et 26; — *Rôles gascons*, p. 159.) De plus, le 14 juillet, il fit estimer ses chevaux et ceux du connétable de Bordeaux. (*Rol. Vasc.*, 35 Edw. III, memb. 6, n° 28; — *Rôles gascons*, p. 149.)

Vasc., 33 Edw. III, memb. 6, n° 20; *Cal. des Rôles gascons*, p. 146.)

1361 (21 octobre) (1). — Richard Strafford. — (Rymer, III, II, p. 49, col. 1; *Rot. Vasc.*, 34 Edw. III, memb. 8, n° 14; *Cal. des Rôles gascons*, p. 148.)

1361 (12 novembre). — Jean Chandos. — (*Rot. Vasc.*, 35 Edw. III, memb. 3, n° 43; *Cal. des Rôles gascons*, p. 149.)

1362 (8 juin). — Jean Chyveryston (2). — (*Rot. Vasc.*, 36 Edw. III, memb. 25, n° 15; *Cal. des Rôles gascons*, p. 150.)

1363 (8 février)-1378. — Thomas Felton (3). — (Rymer, III, II, p. 75, col. 2; III, III, p. 4, col. 1; p. 115, col. 2; *Rot. Vasc.*, 47 Edw. III, memb. 7, n° 4; *Cal. des Rôles gascons*, pp. 160, 161, 171.)

1383 (20 juin) (4). — William le Scrope (5). — (Rymer, III, III, p. 154, col. 2; *Rot. Vasc.*, 6 Ricardi II, m. 8, n° 17; *Rôles gascons*, p. 171.)

1385 (28 avril) (6). — Jean Harpenden (Harpdanne) (7).

(1) Le *Catalogue des Rôles gascons* porte le 1er juillet.

(2) Appelé en Angleterre le 2 mai 1362, il avait réussi à se faire de nouveau nommer sénéchal; et, en érigeant le duché de Guyenne en apanage pour l'heureux vainqueur de Poitiers, Edward ordonnait à Chyveryston, à tous ses sujets, barons, gens d'église *E per special as mayres, prévost, jurez de nostre cité de Dax*, de reconnaître le prince de Galles pour leur souverain. (26 octobre 1362. — Rymer, III, II, p. 67, col. 2; — *Rot. Vasc.*, 36 Edw. III, memb. 5, n. 42; — *Rôles gascons*, p. 151; — Arch. de Dax, livre rouge, p. 41; livre noir, 2e partie, fol. LXXVI.)

(3) Son rôle fut assez effacé pendant l'administration du prince Noir. Au moment de reprendre en main le gouvernement du duché (12 avril 1373. — Rymer, III, III, p. 5, col. 1), Edward le nomma de nouveau sénéchal (6 mars). — 47 Edw. III, memb. 7, n° 4; — *Rôles gascons*, p. 160). Rappelé en Angleterre le 14 février 1375, Fulton recouvrait ensuite sa charge. (*Rot. Vasc.*, 39 Edw. III, memb. 8, n° 1, *R. g.*, p. 161.)

(4) Le *Catalogue des Rôles gascons* porte le 28 mai.

(5) Il eut ordre d'accorder des lettres de rémission à tous les seigneurs passés à la cause française, qui lui seraient désignés par Perducat d'Albret comme dignes d'indulgence (20 juin 1383. — Rymer, III, III, p. 154, col. 2).

(6) Le *Catalogue des Rôles gascons* porte le 1er mars.

(7) Le roi fit retenir des vaisseaux (14 avril 1385) pour le transporter en Gascogne avec les hommes d'armes et les archers qui devaient l'y suivre. (*Rot Franc.*, 8 Ricardi II, memb. 2; — *Cal. des Rôles gascons*, t. II, p. 139.) Du consentement de la ville de Bordeaux et du parti anglais, il traita avec

— (Rymer, III, III, p. 182, col. 2; *Rot. Vasc.*, 8 Ricardi II, memb. 3, n° 12; *Cal. des Rôles gascons*, p. 173.)

1390 (1er juin). — William le Scrope (1). — (*Rot. Vasc.*, 14 Ricardi II, memb. 4, n° 16; *Cal. des Rôles gascons*, p. 177.)

1393 (24 avril). — Jean de Trailly (2). — (Rymer, IV, I, p. 161, col. 1.)

1398. — Archambaud de Grailli. — (Arch. des B.-Pyr., E. 416.)

1399-1410. — Gaillard de Durfort, sire de Duras (3). — (Rymer, III, IV, p. 174, col. 1; IV, I, p. 71, col. 2; p. 134, col. 2; *Cal. des Rôles gascons*, pp. 182, 183, 185, 192.)

1415 (8 mai). — Jean Tiptoft. — (Rymer, IV, II, p. 118, col. 2; *Rot. Vasc.*, 3, Henr. V, memb. 5, n° 2; *Cal. des Rôles gascons*, p. 159.)

1417. — Gaillard de Durfort. — (Rymer, IV, II, p. 126, col. 1.)

1418-1421. — Jean Tiptoft (4). — (Rymer, IV, III, p. 58, col. 1; p. 178, col. 1; IV, IV, p. 32, col. 2; *Rol. Vasc.*, 8 Henrici V, memb. 7, n° 8; *Cal. des Rôles gascons*, p. 203.)

Amanieu VIII d'Albret comme représentant du roi de France. (Arch. des B.-Pyr., E. 49.)

(1) Il eut pour mission de juger avec d'autres commissaires et ceux du roi de France les infractions à la trêve qui existait entre les deux pays. (3 septembre 1390. — *Rot. Vasc.*, 14 Ricardi II, memb. 4, n° 17; — *Rôles gasc.*, p. 177.) Il fut aussi chargé avec le captal de Buch, le vicomte d'Horte et maître Guillaume Raymond de Pouy (janvier 1392) de négocier avec les Gascons pour les amener à reconnaître Jean de Lancastre comme duc de Guyenne (RYMER, III, IV, p. 60, col. 2), mais il échoua dans cette entreprise. Ces mêmes personnages devaient traiter avec Matthieu de Castelbon, comte de Foix, et le comte d'Armagnac. (RYMER, III, IV, p. 92, col. 2.)

(2) Maire de Bordeaux, il fut nommé régent et gouverneur de la sénéchaussée d'Aquitaine.

(3) A la prière de François de Sainte-Bazeille, son cousin, le 22 avril 1407, il conclut jusqu'au 31 mai suivant une trêve avec Marguerite de Bourbon, veuve d'Arnaud Amanieu VIII d'Albret, et Charles d'Albret, son fils. (*Arch. hist. de la Gironde*, VI, p. 216.)

(4) Le 17 juillet 1418, il conclut une trêve avec Charles II d'Albret, qui s'engagea à ne pas souffrir qu'aucune guerre fût faite au roi d'Angleterre (RYMER, IV, III, p. 58, col. 1). Elle fut approuvée par Henri V, alors devant Rouen (15 octobre), et prorogée le 21 décembre 1418 et le 15 février 1419 (RYMER, IV, III, 67, col. 1; p. 92, col. 1). Les États des Lannes ayant refusé

1422-1435. — Jean Radcliff (1). — (Rymer, IV, IV, p. 1, col. 2; IV, IV, p. 55, col. 2; V, I, p. 18, col. 2; *Rol. Vasc.*, 1 Henr. VI, memb. 15, n° 33; *Cal. des Rôles gascons*, p. 205; *Arch. hist. de la Gironde*, XVI, p. 4.)

1441 (1er août). — Thomas Ramston. — (Rymer, V, I, p. 110, col. 2.)

1442 (8 septembre). — Robert de Vére (2). — (*Rol. Vasc.*, 20 Henr. VI, memb. 9, n° 27; *Cal. des Rôles gascons*. p. 224.)

1442 (21 octobre). — Guillaume de Bonneville. — (*Rol. Vasc.*, 21 Henr. VI, memb. 15, n° 4; *Cal. des Rôles gascons*, p. 225.)

1445 (15 novembre). — Robert de Vère. — (*Rol. Vasc.*, 24 Henr. VI, memb. 6, n° 12; *Cal. des Rôles gascons*, p. 229.)

l'impôt d'un noble d'or d'Angleterre par feu pour achever la conquête de la Normandie, le Roi donna au sénéchal, au comte de Longueville (Gaston de Foix, captal de Buch), au connétable et au maire de Bordeaux le pouvoir d'établir toutes les impositions nécessaires pour la défense du pays, en prenant simplement l'avis du Conseil. (12 juin 1420. RYMER, IV, III, p. 178 col. 1; — *Rol. Vasc.*, 8 Henrici V, memb. 5, n° 4; — *R. g.*, p. 203.) En retournant en Angleterre après son triomphe, Henri V lui assigna Lesparre pour résidence (RYMER, IV, III, p. 178 col. 1) et lui ordonna de restituer aux d'Albret, qui lui avaient fait hommage à la suite du traité de Troyes, les biens qu'il leur avait confisqués. (16 janvier 1421. RYMER, IV, III, p. 198 col. 1.) Il lui commanda aussi de se mettre à la disposition de Jean de Foix (8 mars 1421), qu'il venait de nommer gouverneur de Languedoc et de Bigorre (4 mars 1421. RYMER, IV, IV, p. 53), espérant ainsi le gagner à sa cause; il devait lui fournir les hommes d'armes et de trait qui lui seraient nécessaires pour soumettre à son obéissance les gens de ce gouvernement que lui disputait le comte d'Armagnac (RYMER, IV, IV, p. 9, col. 1). Il le chargea (12 juin) aussi de recevoir son serment. (*Rol. Vasc.*, 8, Henr. V, memb. 7, n° 9; — *R. g.*, p. 203.) En quittant sa charge, il reçut la garde du château de Dax (8 juillet 1423; — *Rol. Vasc.*, 1, Henrici VI, memb. 15, n° 34; — *R. g.*, p. 206).

(1) Le duc de Bedfort lui donna, trop tard, l'ordre d'aider Jean de Foix à recouvrer le Languedoc et le Bigorre (mai 1423. — *Rol. Vasc.*, 1, Henrici VI, memb. 18, n° 20; — *R. g.*, p. 205) et de recevoir le serment de ce seigneur (13 juin 1423; — *Rol. Vasc.*, 1, Henr. VI, memb. 16, n° 30; — *R. g.*, p. 205). Jean de Foix s'étant définitivement rallié aux Français, Isabelle, sa mère, renouvela (25 août 1425) avec le sénéchal le traité par lequel les Bordelais et les gens de Marsan-Gavardan pouvaient circuler pour leur commerce sur leurs terrains respectifs (*Arch. hist. de la Gir.*, XIV, p. 119). Jean Radcliff fit plus tard une ordonnance concernant ces trêves, trop facilement violées par les contractants.

(2) Après cette première nomination, il ne put obtenir la confirmation de sa charge.

1451 (18 octobre). — Richard Wydeville, sieur de Ryvers. — (*Rot. Vasc.*, 29 Henr. VI, memb. 14, n° 3; *Cat. des Rôles gascons*, p. 233.)

1453 (14 juillet). — Roger de Camoys. — (*Rot. Vasc.*, 31 Henrici VI, memb. 3, n° 19; *Cat. des Rôles gascons*, p. 238.)

Sénéchaux des Lannes.

Le sénéchal de Gascogne avait sous ses ordres des sénéchaux secondaires responsables non envers le Roi, mais envers lui-même, car c'est lui qui les nommait : « Et a « accoutumé ledit seneschal de commettre un soubz-senes- « chal audit païs et ung lieutenant oultre le païs des « Lannes (1) » (5 octobre 1456). Le sénéchal des Lannes, dont les gages étaient de 700 livres tournois, résidait à Dax et avait sa commission « desusz le seal de Gascoine (2) ». Après la conquête française (1453), Charles VII, tout en conservant le sénéchal des Lannes, changea complètement son caractère, car il le nomma directement, et dès lors ce fonctionnaire dépendit seulement du Roi.

1254 (18 février). — Amauvin de Barès (Varegs) (3). — (Clausæ, 38 Henr. III, memb. 6; *Rôles gascons*, n° 2426.)

1255 (25 octobre). — Pierre de Bordeaux. — (Clausæ, 39 Henr. III, memb. 2; — *Rôles gascons*, n° 4669.)

1273. — Guillaume-Antoine de Castelnau. — (Arch. de Bayonne, GG. 136.)

1319. — Fortaner de Lescun. — (*Arch. hist. de la Gironde*, XVI, p. 204.)

1320. — Guillaume de Toulouse. — (*Coutumes de Montaigut (Landes)*, publiées par l'abbé Cazauran; *Bull. de Borda*, XIII (1888), p. 108.)

(1) Reg. des Grands jours, *Arch. hist. de la Gironde*, IX, p. 81.

(2) RYMER, I, II, p. 61, col. 2.

(3) Il était sénéchal des villes et terres de Gascogne hors du Bordelais et du Bazadais, c'est-à-dire Bayonne, Dax, Saint-Sever et Sault, avec permission d'emprunter jusqu'à 50 marcs sterlings pour le service du Roi.

1326. — Raymond Durand. — (Rymer, II, II, p. 179, col. 1; *Rot. Vasc.*, 17 Edw. II, memb. 4, n° 8; *Cat. des Rôles gascons*, p. 68.)

1327. — Bertrand Caillau. — (Rymer, II, II, p. 186, col. 1.)

1328. — Raymond Durand. — (Rymer, II, III, p. 8, col. 1.)

1338. — Fortaner de Lescun. — (Rymer, II, III, p. 202, col. 2.)

1343. — Arnaud Garsie deu Got dit Buscal, seigneur de Puyguilhem.

1348 (1er avril). — Thomas Hampton. — (*Rot. Vasc.*, 28 Edw. III, memb. 28, n° 14; *Cat. des Rôles gascons*, p. 121.)

1354. — Thomas Hampton. — (*Rot. Vasc.*, 28 Edw. III, memb. 8, n° 50; *Cat. des Rôles gascons*, p. 132.)

1375. — Guillaume Elmham (1). — (Rymer, III, III, p. 48; col. 1; Arch. des Basses-Pyrénées, E. 302.)

1378 (2 août)-1381. — Matthieu Gournay. — (*Rot. Vasc.*, 2 Ricardi II, memb. 6, n° 4; *Cat. des Rôles gascons*, pp. 165 et 166.)

1381. — Jean de Pomers, sieur de Lescun. — (Rymer, III, III, p. 163, col. 2; *Rot. Vasc.*, 4 Ricardi II, memb. 6, n° 15; *Cat. des Rôles gascons*, p. 168.)

1387 (4 août). — Pierre-Arnaud de Béarn (de Bearino). — (*Rot. Vasc.*, 11 Ricardi II, memb. 13, n° 1; *Cat. des Rôles gascons*, p. 174.)

1387 (4 octobre). — Pierre de Barthe, procurateur général. — (*Rot. Vasc.*, 11 Ricardi II, memb. 12, n° 2; *Cat. des Rôles gascons*, p. 174.)

1401. — Le sieur de Monferrand. — (*Rot. Vasc.*,

(1) Ou Helman. Il emprunta 2.000 florins à Gaston Phœbus et s'engagea à le servir, avec quarante hommes d'armes et quarante archers, jusqu'à ce qu'il lui eût remboursé cette somme. (Arch. des Basses-Pyrénées, E. 302.)

2 Henr. IV, memb. 16, n° 22; *Cat. des Rôles gascons,* p. 186).

1405 (24 novembre). — Mathieu de Gournay. — (*Rot. Vasc.,* 7 Henr. IV, memb. 12, n° 1; *Cat. des Rôles gascons,* p. 190.)

1407 (8 février). — Jean Triptoft. — (*Rot. Vasc.,* 9 Henr. IV, memb. 15, n° 50; *Cat. des Rôles gascons,* p. 191.)

1416 (9 août). — Le sire de Lescun. — (Rymer, IV, II, p. 171, col. 1.)

1434 (22 juin). — Gaillard de Durfort. — (*Rot. Vasc.,* 12 Henr. VI, memb. 1, n° 37; *Cat. des Rôles gascons,* p. 215.)

1441 (1er décembre). — Jean Tiptoft. — (*Rol. Vasc.,* 20 Henr. VI, memb. 16, n° 16; *Cat. des Rôles gascons,* p. 223.)

1443 (11 mai). — Bernard de Béarn. — (Arch. des Basses-Pyrénées, E, 317, f° 262 v°.)

1493 (9 janvier). — Arnaud de Saint-Chamans, sieur de Lissac. — (Zurita, *Anales de la corona de Aragon,* t. V, liv. 1, ch. XVII, f°s 20-21.)

Lieutenants du Roi en Gascogne.

Dans les moments de crise, lorsque le pays était menacé d'une invasion, le Roi déléguait ses pouvoirs à un chef militaire appelé lieutenant du Roi, dont les fonctions extraordinaires et passagères ne sauraient être confondues avec les attributions administratives du sénéchal. Au milieu de la lutte, toute l'attention se portait sur ce chef militaire. Ce qui pourrait expliquer certaines lacunes de la première liste, c'est que le même personnage pouvait être à la fois lieutenant du Roi et sénéchal.

1223. — Guillaume Longue-Épée. — (Pat. 27, Henr. III, memb. 6; *Rôles gascons,* n° 1110.)

1248. — Simon de Leicester. — (Marca, *Hist. de Béarn*, XII, IV, p. 584.)

1255 (20 septembre). — Pierre de Bordeaux.

1260 (1er février). — Gui de Lusignan. — (*Arch. hist. de la Gir.*, t. I, p. 390.)

1270 (21 avril). — Roger de Leybourna. — (Du Buisson, *Hist. mon. Sti Severii I*, III, V, pp. 255 et 257; Bibl. nat., Moreau, vol. 639, p. 162; vol. 637, p. 88.)

1272 (8 juin). — Thomas de Clare (1). — (Delpit, *Not. et ext. des man.*, XIV, p. 402.)

1291. — Maurice de Credon. — (Rymer, I, III, p. 87, col. 2.)

1293. — John de Saint-John. — (Rymer, I, III, p. 120, col. 2; Champollion-Figeac, *Lettres des Rois*, t. I, p. 406.)

1294-1295. — Jean de Bretagne, comte de Richemont. — (Rymer, I, III, p. 133, col. 1; p. 149, col 1.)

1296. — Edmond de Lancastre. — (Rymer, I, III, p. 157, col. 2.)

1297. — Henry de Lacy, comte de Lincoln. — (Rymer, I, III, p. 176, col. 1.)

1299. — Barran de Sescar et Pierre Arnaud de Vic. — (Rymer, I, III, p. 204, col 2.)

1299-1301. — Guidon Ferre (Guy Ferre). — (Rymer, I, III, p. 205, col. 2.)

1299-1301. — Jean Bournes. — (Rymer, I, IV, p. 156, col. 2.)

1309. — Jean de Hastingues. — (Rymer, I, IV, p. 159, col. 1.)

1324. — Edmond, comte de Kant. — (Rymer, II, II, p. 105, col. 2.)

(1) Il était à la fois lieutenant d'Edward Ier et de Luc de Tany, son sénéchal.

1338 (1er juillet). — Olivier de Ingham. — (Rymer, II, IV, p. 7, col. 1.)

1338. — Bernard Ezy II. — (Rymer, II, IV, p. 26, col. 2; *Rot. Vasc.*, 12 Edw. III, memb. 3, n° 33; *Cat. des Rôles gascons*, t. I, p. 90.)

1340 (3 janvier). — Hugues de Gebennis et Bernard Ezy II d'Albret. — (Rymer, II, IV, p. 6, col. 1; *Rot. Vasc.*, 12 Edw. III, memb. 2, n° 31; *Cat. des Rôles gascons*, t. I, p. 97.)

1341. — Antoine d'Usemer. — (Rymer, II, IV, p. 117, col. 2.)

1345 (10 mars). — Henry de Lancastre, comte de Derby. — (*Rot. Vasc.*, 19 Edw. III, memb. 6, n° 5; *Cat. des Rôles gascons*, p. 122.)

1347 (20 juin). — Henry de Lancastre, comte de Derby. — (*Rot. Vasc.*, 21 Edw. III, memb. 3, n° 6; *Cat. des Rôles gascons*, p. 125.)

1352 (6 mars). — Rodolphe de Strafford (1). — (*Rot. Vasc.*, 26 Edw. III, memb. 7, n° 8; *Cat. des Rôles gascons*, p. 126.)

1357. — Les sires d'Albret, de Lesparre, de Pommiers et de Rosens. — (Froissart, éd. Siméon Luce, t. V, p. 81.)

1372 (20 avril). — Comte de Pembrock. — (*Rot. Vasc.*, 46 Edw. III, memb. 4, n° 15; *Cat. des Rôles gascons*, p. 159.)

1378 (10 juin). — Jean de Névill. — (Rymer, III, III, p. 79, col. 1; *Rot. Vasc.*, 1 Ricard. II, memb. 11, n° 21; *Cat. des Rôles gascons*, p. 165; *Livre des Bouillons*, f° 112 v°; Du Buisson, I, III, V, p. 233.)

1388 (28 mars). — Jean, duc de Lancastre (2). — (Rymer,

(1) Avec pouvoir d'établir un sénéchal. — Gaston Phœbus lui prêta 12.000 florins et reçut en gage le château de Lourdes. (Arch. des Basses-Pyrénées, E. 302.)

(2) Le 2 mars 1390, Richard II lui abandonna la Guyenne en toute souveraineté (RYMER, III, IV, p. 30, col. 2) et maintint cette donation, sa vie durant (7 juillet 1393), malgré l'opposition faite par les Gascons. (*Rot. Vasc.*, 16 RICARDI II, memb. 5, n° 8; — *Cat. des Rôles gascons*, p. 178.)

III, IV, p. 24, col. 1; *Rot Vasc.*, 11 Ricard. II, memb. 2, n° 12; *Cat. des Rôles gascons*, p. 176.

1394 (9 juin). — Henry de Percy (Lefitz). — (*Rot. Vasc.*, 17 Ricardi II, memb. 10, n° 8; *Cat. des Rôles gascons*, p. 187.)

1398 (1er septembre). — Jean de Beaufort, marquis de Dorset (1). — (Rymer, III, IV, p. 156, col. 2; *Rot. Vasc.*, 21 Ricardi II, memb. 3, n° 14; *Cat. des Rôles gascons*, t. I, p. 181.)

1401 (28 août). — Edward, comte de Rutteland et Cork. — (Rymer, IV, I, p. 14, col. 1; *Rot. Vasc.*, 2 Henr. IV, memb. 8, n° 36; *Cat. des Rôles gascons*, t. I, p. 187.)

1412 (11 juin). — Thomas, duc de Clarence. — (Rymer, IV, II, p. 20, col. 2.)

1438. — Jean de Huntingdon, amiral. — (*Rot. Vasc.*, 17 Henr. VI, memb. 21, n° 3; *Cat. des Rôles gascons*, p. 219.)

1452. — Jean Talbot, comte de Salop. — (Rymer, V, II, p. 42, col. 1.)

(1) Le 5 avril 1399, le Roi lui demandait compte du retard qu'il mettait à se rendre à son poste. (*Rot. Vasc.*, 22 Ricardi II, memb. 3, n° 15; *Cat. des Rôles gascons*, p. 181.

IV.

GOUVERNEURS, LIEUTENANTS GÉNÉRAUX ET LIEUTENANTS DU ROI EN GUIENNE.

Jusqu'à ce jour, on n'avait pas dressé de bonne liste des gouverneurs, lieutenants généraux et lieutenants du Roi en Guienne. Les notes de M. de Bellecombe sur ce sujet étaient insuffisantes, et je ne pouvais, réduit à l'aide des archives de l'Agenais et des imprimés, combler qu'un petit nombre de lacunes.

Avec une obligeance extrême, M. Dast Le Vacher de Boisville a bien voulu, sur ma demande, compulser les archives de la Guienne pour établir une liste suivie de ces grands personnages. Je sais ce qu'il faut de patientes recherches pour être à la fois exact et complet en pareille matière. L'érudit bordelais a rendu un grand service aux travailleurs, qui lui en seront, comme moi, reconnaissants. — G. T.

Gouverneurs de la province de Guienne.

1224. — Richard, comte de Cornouailles.
1257. — Simon de Monfort, comte de Leycester.
1294. — Edmond, comte de Lancaster.
1295. — Roger Bernard, comte de Foix.
1296. — Robert d'Artois.
1297. — Edmond, comte de Lancaster.
1324. — Charles de Valois.
1326. — Alphonse d'Espagne.
1329. — Edmond, comte de Kent.
1330. — Charles de Valois.
1338. — Gaston de Foix.

1339. — Jean de Luxembourg.
1343. — Henry Plantagenet, comte de Derby.
1345. — Pierre de Bourbon.
1355. — Edward, prince de Galles.
1355. — Jacques de Bourbon, comte de la Marche.
1356. — Le Dauphin du Viennois.
1361. — John de Gaunt, duc de Lancaster.
1370. — Louis, duc d'Anjou.
1371. — Pierre de Foix, captal de Buch.
1372. — Le comte de Pembroke.
1383. — Le duc de Berry.
1401. — Le duc de Bourbon.
1412. — Le duc de Clarence (fils d'Henry IV).
1413. — Thomas, comte de Dorset.
1417. — Le dauphin de France.
1417. — Le comte de Sommerset.
1418. — Louis de Chalons, prince d'Orange.
1419. — John, duc de Bedford.
1422. — Charles, duc de Bourbon.
1434. — Le comte de Foix et de Bigorre.
1440. — Charles, duc d'Anjou.
1443. — Louis, dauphin de France.
1450. — Jean, duc de Bretagne.
1451 (30 juin). — Jean, comte de Dunois et de Longueville.
1452. — Jean de Bourbon, comte de Clermont.
1461. — Jean de Lescun, bâtard d'Armagnac.
1466. — Philippe de Savoie.
1467. — Jean de Foix, captal de Buch.
1469. — Charles de Berry.
1474. — Pierre de Bourbon.
1482. — Odet d'Aydie, comte de Comminges.
1492. — Charles, comte d'Angoulême.
1493. — Gaston de Foix, comte de Kendal.
1496. — Mathieu, bâtard de Bourbon.
1512. — François d'Orléans, duc de Longueville.
1514 (v. st.) (7 janvier). — Odet de Foix, comte de Lautrec.

1528 (29 août). — Henry d'Albret, roi de Navarre.

1555. — Antoine de Bourbon, roi de Navarre.

1562. — Henry de Bourbon, roi de Navarre.

1596 (25 décembre). — Henry de Bourbon, prince de Condé.

1618 (28 juillet). — Henry de Lorraine, duc de Mayenne.

1622 (27 août). — Jean-Louis de Nogaret de la Valette, duc d'Épernon.

1634. — Bernard de Nogaret de la Valette, duc d'Épernon.

1636 (16 octobre). — Henry de Bourbon, prince de Condé.

1642. — Henry de Lorraine, comte d'Harcourt.

1643 (16 juillet). — Bernard, duc d'Épernon.

1651. — Louis de Bourbon, prince de Condé.

1654. — Armand de Bourbon, prince de Conti.

1660. — Bernard, duc d'Épernon.

1671 (31 mai). — Le maréchal César-Phœbus d'Albret.

1676. — Le duc de Roquelaure.

1684. — Le comte de Toulouse.

1695. — Le duc de Chaulnes.

1696. — Le duc de Chevreuse.

1712 (décembre). — Le comte d'Eu.

1758 (4 juin). — Le maréchal duc de Richelieu.

Cette liste, aussi complète que possible, dressée d'après divers documents manuscrits des Archives municipales de Bordeaux (liste manuscrite du XVIIIe siècle, registres de la jurade, *Chronique Bourdeloise*), a été complétée d'après les lettres de provision et les arrêts d'enregistrement déposés aux Archives départementales de la Gironde, séries B et C.

Lieutenants du Roi commandant en chef.

1216. — Savary de Mauléon.

1273. — Raoul de Clermont, seigneur de Néelle et de Briois, connétable de France.

1289. — John de Havering.

1293. — John de Saint-John.

1306. — Robert de Savage.
1319. — John de Nevill.
1337. — Raoul de Brienne, comte d'Eu et de Guines.
1338. — Pierre de La Palu, seigneur de Varambon.
1339. — Étienne de La Baume, dit *le Gallois*.
1339. — Simon d'Arquery.
1340. — Jean de Marigni, évêque de Beauvais, puis archevêque de Rouen, etc.
1344. — Le comte de l'Isle-Jourdain.
1349. — Guillaume de Flavacourt, archevêque d'Auch.
1352. — Le comte de Stafford.
1358. — John de Cheverston.
1360. — John de Chandos.
1374. — Thomas de Feltown.
1375. — Gaston-Phœbus de Foix, captal de Buch.
1378. — Jean, sire de Neufville, maréchal de France.
1379. — Thomas de Percy, comte de Worcester.
1391. — Louis de Sancerre, maréchal de France.
1392. — John de Gaunt, duc de Lancaster.
1401. — François Hugocion, cardinal-archevêque de Bordeaux.
1404. — Simon de Cramaud, évêque d'Agen, puis cardinal-archevêque de Reims.
1406. — Jean le Meingre de Boucicaud, maréchal de France.
1412. — Guillaume de Vienne, dit *le Sage*, seigneur de Saint-George.
1418. — Renaud, vicomte de Murat.
1428. — Jean de Tarans.
1439. — John, comte de Hungtington.
1450. — John Talbot, comte de Shrewsbury, de Waterford et Wexford.
1453. — Olivier de Coëtivy, seigneur de Taillebourg.
1460. — Jean, bâtard de France.
1472. — Pierre de Bourbon, sire de Beaujeu.
1480. — Georges, cardinal d'Amboise.

1487. — Gaston de Foix, comte de Kendal.

1512. — Odet de Foix, sire de Lesparre et de Lautrec.

1520. — Bertrand d'Estissac.

1529. — Charles, cardinal de Grammont, archevêque de Bordeaux.

1547 (juillet). — Tristan de Monenh.

1549. — Jean de Daillon, 1er comte du Lude.

1554. — Charles de Coucy, seigneur de Burye.

1556. — Jean de Daillon, 1er comte du Lude.

1557. — Antoine de Noailles, amiral de France.

1560 (7 septembre). — Charles de Coucy, seigneur de Burye.

1562 (10 décembre). — Blaise de Monluc, maréchal de France, ne fait son entrée à Bordeaux qu'au mois de novembre 1568.

1569. — Paul d'Estuer de Caussade, comte de Saint-Mégrin et de La Vauguyon.

1570 (3 septembre). — Honorat de Savoie, marquis de Villars, maréchal de France, fait son entrée à Bordeaux le 30 octobre 1570.

1571. — François Desprez, marquis de Montpezat.

1572. — Honorat de Savoie, marquis de Villars, maréchal de France.

1572. — Bernard d'Aydie, sire de Lescun.

1573. — Jean de Nogaret de La Valette.

1577 (octobre). — Le maréchal de Biron.

1581. — Le maréchal de Matignon.

1592. — Emmanuel-Philibert, marquis de Villars.

1593. — Le maréchal de Matignon.

1597 (octobre). — Le maréchal d'Ornano.

1610 (février). — Le maréchal Antoine de Roquelaure.

1622 (janvier). — Le maréchal de Thémines.

1627 (2 septembre). — Le maréchal de Saint-Luc.

1639 (19 avril). — Charles d'Escoubleau, marquis de Sourdis.

1642. — Charles de Schomberg, maréchal de France.

1650. — François, marquis de Saint-Luc.

1653 (10 octobre). — Godefroy, comte d'Estrades, maréchal de France.

1670. — Le comte de Montégut.

1675 (11 mai). — Le marquis d'Ambres, lieutenant général du Roi dans la Haute-Guienne.

1685. — Le maréchal de Boufflers.

1686 (6 août). — Le marquis de Saint-Ruhë.

1689 (13 mars). — Le maréchal de Lorges.

1690 (21 avril). — Le marquis François de Sourdis.

1704 (5 avril). — Le maréchal de Montrevel.

1716 (avril). — Jacques Fitz-James, duc de Berwick, maréchal de France.

1719 (7 juin). — Le marquis d'Asfeld, maréchal de France.

1721. — Jean de Durfort, duc de Duras, marquis de Blanquefort.

1725. — Le marquis de Bonnelles.

1734. — Jean-Baptiste de Durfort, duc de Duras, maréchal de France.

1756. — Jacques-Antoine de Ricouart, marquis d'Hérouville.

1757 (juillet). — Charles O'Brien de Clare, comte de Thomond, maréchal de France.

1758. — Charles-Claude Andrault, marquis de Langeron.

1759. — Louis de Durfort, duc de Lorges, maréchal de France.

1766. — Charles-Just de Beauvau, maréchal de France.

1775 (22 janvier). — Philippe, comte de Noailles, duc de Mouchy, maréchal de France, fait son entrée à Bordeaux, le 20 mars 1775.

1783 (par intérim). — Joseph, comte de Fumel.

1786. — Le comte de Brienne.

1787. — Joseph, comte de Fumel.

V.

INTENDANTS DE GUYENNE.

Les notes que M. de Bellecombe a recueillies à ce sujet étant insuffisantes, je reproduirai simplement la liste que j'ai publiée dans *Cahier des doléances du Tiers état du pays de l'Agenais aux États généraux* (Paris, Agen, 1885, in-8°, p. 118). Cette liste avait été dressée en partie par mon collègue et ami feu M. Gouget, archiviste de la Gironde. — G. T.

Liste des intendants de Guyenne.

1570 (3 octobre). — Le président Tambonneau, commissaire pour les finances.

Vers 1595. — De Vic, intendant.

Sous Henri IV. — Ogier de Gourgues.

Vers 1600. — Caumartin et de Viçouze, commissaires des finances.

1616. — De Gourgues (Marc-Antoine).

1618. — Hurault de Bellesbat.

1619 (mars). — Desfontaines-Bouet, intendant d'armée.

1622 (18 décembre)-1624. — Séguier d'Autry.

1626-1627. — Fortia.

1627 (février)-fin 1628 (1). — Servien.

(1) Dans son ouvrage : *Les origines de l'institution des intendants* (Paris, Champion, in-16), M. Gabriel Hanotaux fait remonter au milieu du XVIe siècle (1555) l'origine des intendants, qu'il distingue des maitres des requêtes et des commissaires. Nous lui empruntons la liste qu'il a donnée de ces premiers intendants de Guienne, de 1571 à 1628.

Le premier, Tambonneau, est noté comme ayant exercé en 1571. Ses commissions sont un peu antérieures (3 octobre 1570) ; on les trouve aux

1632. — Foullé.

1630-1635. — Verthamont (1).

1641-1643. — Lauzon.

1643. — Boucherat, maître des requêtes et intendant intérimaire.

1643. — Jacques Charenton, seigneur de La Terrière (2).

1652 (?). — Pontac (3).

1654 (mars)-1658. — Tallement (4).

1658 (20 novembre)-1661. — Hotman.

1662-1663. — Lejeay.

1663-1669. — Pellot.

1669 (octobre)-1673. — D'Aguesseau.

1673 (mars)-1678 (décembre). — De Sève.

Archives d'Agen (BB. 30, f° 179. — Publiées dans les *Archives historiques de la Gironde*, t. XXIX, p. 81). Mais n'est-ce point un commissaire spécial plutôt qu'un intendant ?

D'après Boscheron des Portes (*Hist. du Parlement de Bordeaux*, t. I, p. 445), de Pontaire, de Nesmond, Lalanne, de Bellebat, Séguier d'Autry, de Fortia (1618-1627) n'auraient fait que passer dans la province, nommés pour une affaire déterminée, quoique avec le titre de commissaires députés.

Cependant, Séguier d'Autry fut bien un véritable intendant. Ses lettres de commission (*Cahier des doléances...*, p. 114) sont formelles. Le document paraît avoir été peu connu à l'Intendance même, puisque, d'après une note ci-dessous (Art. *Tallement*), le premier intendant de Guienne aurait été nommé seulement en 1654.

(1) Il existe une ordonnance, datée du 6 août 1630, rendue sur une requête des protestants d'Agen (Archives d'Agen, GG. 204), dans laquelle François de Verthamont prend le titre de conseiller du Roi en son Conseil d'Etat, maître des requêtes particulières de son hôtel, *intendant de la Justice en Guienne*... et député par Sa Majesté pour l'exécution des édits de pacification. Il en résulterait que Foullé ne fut qu'intendant intérimaire, en 1632.

M. Gouget estime que Machault (1638), inscrit dans les listes habituelles, n'était qu'intendant de l'armée du prince de Condé et non pas intendant de Guienne (*Chronique bordelaise*, p. 49.)

(2) Intendant de la justice, police et finances de la province de Guienne, d'après un acte daté de Montauban, 12 mai 1643 (Archives d'Agen, II, 18).

(3) On trouve dans les Archives d'Agen (AA. 30) une lettre écrite par Pontac, alors au siège de Villeneuve (22 juillet 1652), par laquelle il demande aux consuls d'Agen de lui envoyer des munitions. La cote contemporaine porte : « Lettre de M. de Pontac, intendant. » Il est possible que ce personnage ait exercé les fonctions d'intendant militaire du comte d'Harcourt plutôt que celles d'intendant de la province.

Les intendants, supprimés dans une grande partie de la France, en 1648, n'auraient été rétablis en Guienne qu'en 1654.

(4) C'est à lui que l'administration (rapport de Clugny, 1774) fait remonter le premier intendant en pied et en titre. (Voir Arch. départementales de la Gironde, C. 3661.) — *Note de M. Gougel.*

1679 (novembre)-1686. — Faucon de Ris.
1686 (mars)-1700. — Bazin de Bezons.
1700 (3 septembre)-1709. — La Bourdonnaie.
1709-1720 (novembre). — Lamoignon de Courson.
1715 (novembre). — Latour de Galais (1).
1720 (novembre)-1742. — Boucher.
1743-1757. — Aubert de Tourny (Louis-Urbain).
1757-1760. — Aubert de Tourny (C.-L.), fils du précédent.
1760-1766. — Boutin.
1766-1770. — Fargès.
1770 (juin)-1775 (fin septembre). — Esmangart.
1775 (octobre)-1776 (mai). — Clugny.
1776 (juin)-1784. — Dupré de Saint-Maur.
1784 (juin)-1785 (février). — Boutin et Boisgibault.
1785 (février)-1790 (14 septembre). — Camus de Néville.

La fin de l'intendance est du 27 septembre 1790. Le Directoire prend l'administration en octobre (2).

(1) En 1715, on voit Lamoignon, intendant, le 8 novembre; Latour de Galet, le 24 novembre (C. 960), et Lamoignon de nouveau en décembre. — *Note de M. Gouget.*

(2) *Note de M. Gouget.*

VI.

SÉNÉCHAUX D'AGENAIS.

Les premières listes des sénéchaux de l'Agenais ont été dressées par Labénazie, Argenton et Labrunie. Saint-Amans les a publiées le premier, en ajoutant, semble-t-il, peu de chose aux éléments réunis par nos premiers annalistes.

M. Jules Andrieu, tout en faisant des rectifications, y a ajouté plusieurs noms tirés des textes mis au jour depuis la publication de l'*Histoire ancienne et moderne du département de Lot-et-Garonne*. Je lui avais fourni moi-même quelques notes documentées pour ces additions.

J'aurais reproduit ces références, en même temps que les additions de M. de Bellecombe (1), si une étude spéciale touchant nos sénéchaux n'était pas actuellement sur le chantier. M. Momméja, après avoir publié l'histoire des sénéchaux du Quercy, nous donnera celle des sénéchaux de l'Agenais. En attendant, il a bien voulu travailler lui aussi à compléter la simple nomenclature qui suit. — G. T.

XIIIe SIÈCLE.

1° *Sénéchaux du comte de Toulouse.*

1207-1213. — Hugo Delfar.

1213. — Philippe de Pons. (*Sénéchal pour Simon de Montfort, 1215.)

1216-1223 (* 1224). — Arnaud de Tantalon.

(1) Les additions et variantes de M. de Bellecombe sont précédées d'un astérisque, celles de M. Momméja de deux, et celles de M. G. Tholin de trois de ce même signe.

* 1218. — Arnaud Centule, comte d'Astarac.
1233-1247 (* 1231). — Guillaume-Arnaud de Tantalon.
* 1241. — Amanieu d'Albret.
1249. — Raymond d'Alfar.
1252-1253. — Simon Claret.

2° *Sénéchaux pour Simon de Montfort.*

* 1209. — Robert de Mauvezin.
* 1213. — Philippe de Pons.
1215. — Philippe d'Andreville.
1223-1226-1229. — Jourdain Paute.
1215 (* 1225). — Géraut Durut.
1227 (* 1226). — Jean de Beauville.
1242. — Bertrand (?).

3° *Sénéchaux d'Alfonse de Poitiers.*

1253-1254-1267. — Philippe de Villefaveureuse. (* Mort en 1259.)
1251-1254-1255. — Hugues d'Arcisse.
1255-1256-1261-1263. — Guillaume de Baignols.
** 1261. — Jean de Villette.
* 1261-1262. — Guillaume de Tubières.
1264-1267-1272-1273. — Jean d'Angerville.
** 1266. — Rodolphe de Trapes.
** 1267. — Sicard Alaman.
* 1268-1270-1271-1304. — Jean de Mortaric.
* Henri de Villars de Born, mort en 1270.
* 1270. — Pierre de Morteriac. (** Le même que Jean.)
** 1270. — Jean de Montagut.

4° *Sénéchaux du roi d'Angleterre.*

1277. — Jean de Grailly. (* Sénéchal de Guienne et non d'Agenais.)

* 1279. — Guillaume de Valence, oncle d'Édouard Ier.
1286-1287-1294. — Bertrand-Raymond de Campagne.
1291-1294 (* 1294). — Jean de Saint-Jean.

5° *Sénéchaux du roi de France.*

1270. — Pierre de Mortardi.
** 1270-1271-1304. — Jean de Morteriac.
** 1273. — Henri de Gaudouvilau.
** 1273. — Jean de Vileri (?).
1274-1275. — Jean de Villette.
** 1275-1276. — Odon de Fagelle.
1294-1303. — Henri de Hans.
1294-1299. — Blaise Le Loup (Blavius Lupi).
1294. — Jean de Manhalières.
* 1295. — Jean de Montléry.
1296-1297. — Pons de Montlaur.
1298. — Thibaud de Cépois. (* Amiral de France en 1306.)

XIVe SIÈCLE.

1° *Sénéchaux du roi d'Angleterre.*

1303-1305. — Othon de Cazeneuve.
1305-1308. — Guillaume de Deen.
** 1306. — Jean de Ferrières.
1308. — Jean de Havering (?). (** Sénéchal de Guyenne.)
1308. — Arnaud de Caupène.
1309-1311. — Arnaud-Guillaume de Marsan.
1311-1313. — Géraud de Tastes (1).
1313. — Amanieu III du Fossat.
1316. — Rodolphe Salvatge.
** 1320. — Robert Rose.
1316-1323. — Pierre de Marmande.

(1) Le même sans doute que Géraud de Castis, sénéchal pour le roi de France en 1311-1315, mais relevant bien réellement du roi d'Angleterre.

1325 (* 1317). — Robert Basset de Drayton.
1334. — Fortanier d'Engarranaque.
* 1336. — Jean Lemaine.
1354-1357-1362. — Arnaud Garcie du Fossat.
1362-1363 (* 1361). — Amanieu II de Montpezat.
1363. — Richard de Contenshon.
1364. — Guillaume Morgue (?). (** Mourgues.)
1367-1369. — Guillaume Le Moyne.
1372-1382. — Jean Guitard, seigneur de Lugagnac.
1389 (* 1379). — Merverin.
1392. — Neuville. (* Jean de Neuville.)

2° *Sénéchaux du roi de France.*

1303. — Raoul des Fontaines.
1311-1315. — Géraud de Castis (1).
1316. — Pierre de Mirande.
1319. — Robert (?).
* 1319. — Robert-Bertrand de Briquebec, maréchal de France.
1323. — Jehan de Falcona.
1325-1326. — Gérard Quieret.
1329. — Jean de Bléville.
1332-1334-1337-1350-1354-1370-1371. — Pierre-Raymond de Rabastens.
** 1341 (janvier). — Raymond Jourdain de Terride.
** 1341 (octobre). — Guillaume de Barrière.
1345-1346-1350 (* 1342). — Robert de Houdetot.
* 1346-1359-1365. — Jean Ier, comte d'Armagnac.
* 1347. — Aimé de Chabrillant.
* 1348. — Gaston Phébus, comte de Foix et de Béarn.
1350. — Baras de Castelnau.
* 1350. — Rainfroid de Montpezat.
1361-1369-1370-1372. — Bernard d'Armagnac.

(1) Le même que Géraud de Tastes, par conséquent à supprimer ici. — J. M.

** 1389. — Kerve de La Menevin.

** 1390. — Arnaud-Guillem, comte de Pardiac.

1398 (* 1396). — Arnaud de Merle.

1399. — Nompar Ier de Caumont.

XVe SIÈCLE.

1° *Sénéchaux du roi d'Angleterre.*

1401-1403. — Bernard de Lesparre.

1413-1424. — Gaston de Foix.

1425. — Pons VI de Castillon, dernier sénéchal anglais connu.

2° *Sénéchaux du roi de France.*

1409-1425. — Arnaud-Guillem de Barbazan.

*** 1425-1431-1434-1436. — Amanieu II de Montpezat.

1425-1435-1439. — Béraud de Faudoas de Barbazan.

** 1437. — Jean II d'Astarac.

*** 1438. — Jean III d'Astarac.

* ** 1435-1442. — Naudonet de Lustrac.

** 1439 (?). — Amanieu III de Montpezat.

1441. — Odon de Montaut.

1441-1449-1460 (*** 1436). — Odet de Lomagne, marquis de Fimarcon.

** *Lacune évidente.*

1462-1467. — Pierre de Ramond (ou Raymond), seigneur de Folmont. (* C'est bien de Ramond.)

1467-1469. — Robert Ier de Balzac d'Entragues.

1471-1503. — Robert II de Balzac d'Entragues (1).

* 1490. — Nompar de Caumont.

1493-1498. — Guy de Montpezat, seigneur de Madaillan.

(1) Dans une jurade d'Agen, du 6 décembre 1481, il est question de la nouvelle entrée d'un sénéchal dont le nom n'est pas connu. — G. T.

XVIe SIÈCLE.

1508-1513. — Antoine de Lestrange.
1513-1515. — Bernard d'Estissac.
1515-1517. — Rigault Doreille.
1517-1520. — René de Puygu
* 1519. — Artus de Cossé (1).
1520-1553. — Antoine de Raffin, dit Poton.
** 1532. — Antoine de Rochechouard de Faudoas.
* 1536. — Louis de Rouzille.
1553-1572. — François de Raffin.
1572. — Guy de Lusignan de Saint-Gelais.
1572-1585. — François de Durfort de Bajamont.
1585-1588. — N. de Rouillac.
1588-1591. — Pierre de Peyronenc, seigneur de Saint-Chamarand.
* 1594. — Balthazar de Thoiras, nommé par le duc de Mayenne.
1594-1596. — Charles de Monluc.
1596-1605. — Antoine-Arnaud de Montpezat.

XVIIe SIÈCLE.

1605-1616. — Jean-Paul d'Esparbès de Lussan.
1616-1623. — François d'Esparbès de Lussan, vicomte d'Aubeterre.
1623-1635. — Pierre d'Esparbès de Lussan, marquis d'Aubeterre.
1635-1657. — François d'Esparbès de Lussan, marquis d'Aubeterre.
1657-1688. — Louis d'Esparbès de Lussan, comte de La Serre.
1688-1699. — Silvestre de Durfort, marquis de Boissières.
1699-1716. — Armand-Louis de Belsunce.

(1) Très probable. Le raisonnement d'Andrieu pour l'éliminer tombe à faux. — J. M.

XVIIIe SIÈCLE.

1716-1734. — Charles-Gabriel de Belsunce.
1734-1779. — Gabriel-Louis de Belsunce.
* 1739-1741. — Armand II de Belsunce.
* 1741. — Armand III de Belsunce.
1779-1789. — Louis-Antoine de Belsunce, dernier sénéchal d'Agenais.

VII.

DÉPUTÉS DE L'AGENAIS AUX ÉTATS GÉNÉRAUX. — DÉPUTÉS DU LOT-ET-GARONNE AUX ASSEMBLÉES MODERNES.

Nos annalistes ont complètement négligé d'indiquer la participation de l'Agenais aux diverses assemblées des États généraux. Le sujet est cependant de ceux qui intéressent le plus un pays. A plus forte raison, ils ne se sont pas donné la peine de dresser les listes des députés du pays à toutes nos Assemblées politiques.

M. de Bellecombe s'était préoccupé de combler cette lacune. Son travail a dû être composé, non d'un trait, mais d'après des fiches rédigées au hasard des découvertes.

Notre ami M. Ph. Lauzun a mené à bien un travail pareil en puisant directement aux sources originales, aux archives de la Chambre des députés. Son mémoire a paru en 1876, dans la *Revue de l'Agenais* et en tirage à part, sous le titre *Les députés du Lot-et-Garonne aux anciens États généraux et aux Assemblées modernes* (1484-1871). Il est plus complet que celui de M. de Bellecombe, car, pour les Assemblées élues avant la constitution du département, il fournit les noms des députés du Condomois et du Bazadais, pays dont une partie devait entrer dans la composition du Lot-et-Garonne.

On trouve de plus dans cet ouvrage des notes sommaires sur les élections, sur les incidents, sur le rôle que les députés ont joué dans les Assemblées.

Mais, d'autre part, le manuscrit de M. de Bellecombe fournit des indications inédites sur l'état civil de quelques-uns de nos députés aux Assemblées modernes.

Leur biographie n'en reste pas moins à écrire. Nombre

d'entre eux sont tombés dans l'oubli. Par exemple, on ignore à quelle date et dans quelle ville est mort Fournel, député à la Convention. Et combien d'autres, après avoir rallié les suffrages sur leurs noms, au milieu des grandes luttes qui agitaient le pays, ne sont plus connus que des chercheurs comme l'était M. de Bellecombe.

La notice de M. Lauzun, à laquelle j'ai fait d'ailleurs quelques emprunts pour rectifier et compléter les listes de M. de Bellecombe, reste à consulter car elle ne fait pas double emploi avec la présente nomenclature.

Je dois rappeler aussi qu'un résumé du travail de M. Lauzun, réduit aux noms, paraît dans l'*Annuaire du département de Lot-et-Garonne*. — G. T.

ÉTATS GÉNÉRAUX.

États généraux de Tours.

1484.

Clergé : L'abbé Christophe, vicaire de Mgr d'Agen.
Noblesse : Charles, baron de Montpezat et de Madaillan.
Tiers état : Jean de Gaillettes, lieutenant de la sénéchaussée d'Agen.

États généraux d'Orléans.

1560.

Clergé : François de Balaguier, abbé d'Eysses;
— Bernard de Lacombe, abbé de Blasimont.
Tiers état : Michel Boissonnade;
— Pierre Roudier.

États généraux de Blois.

1576.

Clergé : E. Bourdonnais.
Noblesse : François de Montpezat, baron de Laugnac.
Tiers état : Michel Boissonnade.

États généraux de Blois.

1588.

Clergé : Nicolas de Villars, évêque d'Agen.
Noblesse : André de Nismont, président de l'Assemblée des trois ordres d'Agen, le 7 août (?).
Tiers état : Jean de Branchut.

États généraux de Paris.

1614.

Clergé : Claude de Gélas, évêque d'Agen.
Noblesse : François II de Nompar de Caumont, comte de Lauzun;
— François de La Goutte de La Pujade, vicomte de Cours.
Tiers état : Jean Villemon, procureur du Roi en la sénéchaussée d'Agen;
— Julien de Cambefort de Selves, premier consul d'Agen;
— Jean de Sabaros de Motherouge.

États généraux de 1789.

Clergé : Jean-Louis d'Usson de Bonnac, évêque d'Agen;
— Jean Malateste de Beaufort, curé de Montastruc;
— Mathieu de Fournetz, de La Réole, curé de Puymiclan.
Noblesse : Armand-Désiré de Vignerod du Plessis de Richelieu, duc d'Aiguillon, comte d'Agenais;
— Philibert de Fumel, marquis de Fumel-Monségur, maréchal de camp;
— Marquis Joseph de Bourran, de Villeneuve.

Tiers état : Escourre de Péluzat, de Libos, avocat;
— Boussion (Pierre), de Lauzun, suppléant, (remplace Escourre de Péluzat);
— Daubert (Louis-Martin), juge à Villeneuve;
— Renaud (Roch), avocat, à Golfech;
— Millet de Belle-Isle, avocat, d'Agen;
— François, de Bordeaux, agriculteur, à Clairac;
— Termes (Jean-Jacques ou Joseph), cultivateur, à Marmande, né en 1735, mort en 1813.

ASSEMBLÉES MODERNES.

Assemblée législative.

1791.

Depère (Mathieu), de Mézin;
Lacuée (Jean-Gérard), de Las Massas, près de Penne;
Lafont (Charles-Marie), d'Agen;
Paganel (Pierre), curé de Noaillac;
Maleprade (Bernard), de Clairac;
Vidalot (Antoine), de Valence;
Pouget (Alexandre), de Casteljaloux, mort en 1806;
Mouysset (Guillaume), de Casseneuil;
Lavigne (Jean), de Tonneins.

Convention nationale.

1792.

Boussion (Pierre);
Paganel (Pierre);
Vidalot (Antoine);
Laurens (Antoine-Jean-Blaise), d'Auvillars;
Claverie (Jean-Baptiste-Joseph), de Moncrabeau;
Laroche, d'Astaffort;
Fournel (Antoine), de Tournon;
Guyot-Laprade (Pierre-Jules), du Mas;
Noguères, de Puymirol;
Cabarroc (Antoine), de La Magistère.

DIRECTOIRE.

Première Législature.

(Du 4 brumaire an IV au 1er prairial an V.)

1° *Conseil des Cinq-cents.*

Guyot-Laprade (Pierre-Jules), ancien conventionnel.

2° *Conseil des Anciens.*

Laurent (Antoine-Jean-Blaise), ancien conventionnel, élu par l'Assemblée électorale de France;

Cabarroc (Antoine), ancien conventionnel, élu par l'Assemblée électorale de France;

Boussion (Pierre), ancien conventionnel, élu par l'Assemblée électorale de France;

Claverie (Jean-Baptiste-Joseph), ancien conventionnel, élu par l'Assemblée électorale de France;

Vidalot (Antoine), ancien conventionnel, élu par l'Assemblée électorale de France;

Brostaret (Jean), élu par l'Assemblée électorale du département;

Depère (Mathieu), élu par l'Assemblée électorale du département;

Lacuée (Jean-Gérard), élu par l'Assemblée électorale du département.

Deuxième Législature.

(Du 1er prairial an V au 1er prairial an VI.)

1° *Conseil des Cinq-cents.*

Bourg-Laprade (Antoine);

Bernard-Laujac.

2° *Conseil des Anciens.*

Boussion (Pierre);

Claverie (Jean-Baptiste);

Vidalot (Antoine);
Brostaret (Jean);
Depère (Mathieu);
Lacuée (Jean-Gérard);
Lagrange aîné (François).

Troisième Législature.

(Du 1er prairial an VI au 1er prairial an VII.)

1° *Conseil des Cinq-cents.*

Bourg-Laprade (Antoine), de Meilhan;
Bernard-Laujac, de Caumont, mort en 1841;
Sembauzel (Jean-Bernard-Caprais), d'Agen.

2° *Conseil des Anciens.*

Brostaret (Jean);
Depère (Mathieu);
Lacuée (Jean-Gérard);
Lagrange (François-Joseph), de Puymirol;
Coutausse (Jacques).

Quatrième Législature.

(Du 1er prairial an VII au 18 brumaire an VIII.)

1° *Conseil des Cinq-cents.*

Bourg-Laprade (Antoine);
Bernard-Laujac;
Sembauzel;
Lacuée (Jean-Gérard);
Lafont.

2° *Conseil des Anciens.*

Depère (Mathieu);
Lagrange;
Coutausse.

CONSULAT.

(Du 18 brumaire an VIII ou 9 novembre 1799 au 28 floréal an XII ou 18 mai 1804.)

Corps Législatif.

Parmi les trois cents citoyens nommés par le Sénat-conservateur pour composer cette Assemblée, renouvelée dans quatre législatures, figurent les Agenais suivants, qui tous avaient fait partie de quelques-unes des anciennes Assemblées :

Bourg-Laprade;
Coutausse;
Lafont;
Lagrange;
M. Depère.

EMPIRE.

1804.

Corps Législatif.

Sur une liste de neuf candidats présentés par les collèges électoraux des arrondissements, le Sénat-conservateur désigne :

Bourran (Joseph);
Godailh (Jean-Gaspard-Jules);
Tartas-Conques (Guillaume).

1809.

Sur neuf candidats présentés, sont élus par le Sénat :

Bourran (Joseph);
Godailh;
Dudevant (Jean-François), né à Bordeaux, en 1754, mort le 20 février 1826.

PREMIÈRE RESTAURATION.

Chambre des Députés.

(Du 1er avril 1814 au 20 mars 1815.)

Marquis de Bourran;
De Godailh;
Baron Dudevant.

LES CENT JOURS.

Chambre des représentants.

(Du 3 juin au 8 juillet 1815.)

Bory de Saint-Vincent (Jean-Baptiste), membre de l'Académie des Sciences;

Boucherie de Migon;

Jalabert;

Ninon;

Noubel (Raymond-Abraham), mort en 1840;

Sevin (Chrysostome de), ancien maire d'Agen, mort en 1834;

Baron Dudevant.

SECONDE RESTAURATION.

Chambre des députés.

(Du 7 octobre 1815 au 27 avril 1816.)

Comte Dijon;

Sylvestre (Louis-Alexandre), de Marmande, mort en 1843;

Teulon (Jean), d'Agen;

De Vassal de Monviel (Jean-Baptiste), né à Rions (Gironde), en 1771, mort en 1854.

1816.

Dijon (Philippe, comte de), né à Poudenas, en 1765, mort en 1836;

Rivière (Jean-Antoine-Louis), né à Meyssac (Corrèze), en 1766, depuis procureur général à Agen, mort en 1848;

De Vassal de Monviel.

1820.

Comte Dijon;

Rivière;

De Vassal de Monviel;

Comte de Sansac;

De La Sylvestrie.

1821.

Drouilhet de Sigalas (Étienne-Sylvestre), de Marmande, mort le 19 mars 1848;

De Vassal de Monviel;

Baron de Lafont-Cavaignac (André-Élisabeth de Jacques), de Layrac, mort en 1845;

Vicomte de Martignac (Jean-Baptiste), né à Bordeaux, en 1776, mort en 1832;

Becays de La Caussade (Timothée), de Monflanquin, mort en 1852.

1824.

Les mêmes.

1828.

Baron de Lafont-Cavaignac;

Vicomte Drouilhet de Sigalas;

De Lugat (Anne-Claude), maire d'Agen, mort en 1854;

Vicomte de Martignac;

Laffon de Blaniac (Guillaume-Joseph), de Villeneuve, mort le 28 septembre 1833.

1830.

Merle de Massonneau (Antoine-Léonard-Saint-Germain), d'Aiguillon, mort en 1856;

Baron de Lafont-Cavaignac;

Teulon, démissionnaire, remplacé par Sylvain Dumon (Pierre);

Vicomte de Martignac;

Laffon de Blaniac.

RÈGNE DE LOUIS-PHILIPPE.

1831.

Sylvain-Dumon;

Merle de Massonneau;

Bory de Saint-Vincent (démissionnaire, remplacé par le vicomte de Martignac, et, en 1832, par le vicomte de Bastard d'Estang);

Marquis de Lusignan (Armand-François-Maximilien), comte de Lau, mort en 1844;

Laffon de Blaniac (remplacé, en 1833, par le baron de Lacuée, remplacé lui-même, en 1834, par Camille Paganel).

1834.

Sylvain-Dumon;

Merle de Massonneau;

Vicomte de Bastard d'Estang;

Marquis de Lusignan;

Paganel (Camille-Jacques-Alexis), de Villeneuve, mort en 1859.

1837.

Sylvain-Dumon;

Bouet (Bernard-Florian), mort le 9 mars 1880;

Vicomte de Richemont (Louis-Gustave-Adolphe Lemercier de Maisoncelle-Vertille);

Marquis de Lusignan (nommé pair de France en 1839 et remplacé par Rotch Barsalou);

Paganel.

1839.

Les mêmes.

1842.

Les mêmes, sauf Rotch Barsalou, remplacé par Louis Duthil, de Nérac.

Bouet, démissionnaire en 1844, est remplacé par Chaudordy (Thomas), né en 1781, mort en 1849.

1846.

Sylvain-Dumon;

Chaudordy;

Vicomte de Richemont;

Duthil;

Lesseps (Jean-Charles), mort en 1882.

SECONDE RÉPUBLIQUE.

Assemblée Constituante.

1848.

Tartas (Louis-Émile), de Mézin, général de brigade, mort en 1860;

Mispoulet (Pierre), de Lacépède, mort en 1878;

Vergnes (Paul), mort en 1877;

Baze (Jean-Didier), d'Agen, mort en 1889;

De Luppé (Clément-Irène, comte), mort en 1854;

Radoult de Lafosse (Pierre-Thomas), de Villeneuve, général de brigade, mort en 1869;

Dubruel (Gaspard), de Prayssas, mort en 1885;

Boissié (Pierre), de Laugnac, mort le 23 février 1893;

Bérard (Jean-Jules), de Saint-Sardos, mort le 18 juin 1893.

1849.

Les mêmes, moins Dubruel et Vergnes.

SECOND EMPIRE.

Corps Législatif.

1852.

Noubel (Raymond-Henri), né à Agen, en 1822;

Lafitte (Charles);

Vicomte de Richemont (Gustave), mort en 1873.

1857.

Les mêmes.

1863.

Les mêmes. Lafitte, démissionnaire en 1863, est remplacé par Dollfus (Camille).

1869.

Les mêmes. Le vicomte de Richemont, nommé sénateur en 1869, est remplacé par Forcade de La Roquette (Adolphe de), né à Bordeaux, en 1820, mort en 1874.

TROISIÈME RÉPUBLIQUE.

Assemblée nationale.

1871.

Thiers, remplacé par Faye (Léopold), né à Marmande, le 16 novembre 1828;

Chaudordy (Alexandre-Damase, comte de), né à Agen, le 4 décembre 1826;

Baze;

Sarrette (Herman), né à Lacaussade, en 1822;

Cazenove de Pradines (Édouard de), né à Marmande, le 31 décembre 1838, mort en 1896;

Bastard (Octave, comte de), général de brigade, mort en 1884.

1876.

Laffitte-Lajoannenque (Gustave de), né à Agen, le 26 février 1824;

Faye;

Sarrette;

Fallières (Clément-Armand), né à Mézin, le 6 novembre 1841.

1877.

Les mêmes. En 1879, Faye, nommé sénateur, est remplacé par Deluns-Montaud (Pierre), né à Allemans-du-Drot, le 8 juin 1845.

1881.

Les mêmes.

1885.

Deluns-Montaud;

Fallières;

Sarrette;

Leygues (Jean-Claude-Georges), né en 1857;

Mondenard (Adolphe-Joseph de), né à Fieux, le 26 janvier 1839, mort en 1898.

1889.

Laffitte de Lajoannenque;
Deluns-Montaud;
Fallières, élu sénateur en 1890, est remplacé par Darlan (Jean-Baptiste-Joas), né à Podensac (Gironde), le 10 juin 1848;
Leygues.

1893.

Dauzon (Philippe), né à Pau, le 1er août 1860;
Deluns-Montaud;
Darlan;
Leygues.

1898.

Dauzon;
Melliet (Léo), né à Lévignac, le 22 décembre 1843;
Lagasse (Louis);
Leygues.

SÉNAT.

1876.

Noubel;
De Bastard.

1879.

Faye;
Pons (Louis), de Monclar, mort le 9 mai 1888;
Laporte (Édouard-Antoine), né en 1827, élu en 1885 pour un siège complémentaire, mort le 22 mars 1890.

1888.

Faye;
Durand (Jean-Baptiste), né à Moirax, le 22 décembre 1843;
Laporte, remplacé par Fallières.

1897.

Faye;
Fallières;
Chaumié (Joseph), d'Agen.

VIII.

PRÉFETS DE LOT-ET-GARONNE (1).

1800 (18 ventôse an VIII). — Baron Jean Pieyre.

1806 (26 mars). — Baron Christophe de Villeneuve-Bargemont.

1815 (6 avril). — Rouen des Mallets (Cent jours).

1815 (21 juillet). — Baron de Villeneuve-Bargemont, réinstallé.

1815 (8 octobre). — Marquis Marnière de Guer.

1816 (18 avril). — Musnier de la Converserie, ✻.

1828 (23 novembre). — Baron Alexandre-Jean Feutrier.

1830 (2 avril). — Baumes.

1830 (23 août). — Croneau.

1833 (21 janvier). — Jean Adrien Brun, C ✻.

1839 (30 janvier). — Baron Rougier de la Bergerie.

1839 (29 mai). — Jean Adrien Brun, réinstallé.

1848 (1er mars). — Gaspard Dubruel (commissaire central de la République).

1848 (12 mars). — Bérard (commissaire du Gouvernement).

1848 (10 avril). — Gaspard Dubruel (commissaire du Gouvernement).

1848 (1er mai). — Saint-Marc-Rigaudie (commissaire intérimaire).

1848 (18 juin). — Ballon (non installé).

1848 (10 juillet). — Paul Cère.

(1) La liste donnée par M. de Bellecombe, est conforme à celle qui est reproduite chaque année dans l'*Annuaire du département de Lot-et-Garonne*.

1848 (31 décembre). — Comte Paul de Preissac, C ✵.
1852 (9 mai). — Jules Ducos, ✵.
1858 (10 avril). — Alphonse Paillard, ✵.
1864 (10 septembre). — Paul Féart.
1867 (5 octobre). — Lorette, ✵.
1869 (23 octobre). — Baron de Montour, ✵.
1870 (7 septembre). — A. Audoy.
1871 (16 avril). — Paul Lauras, ✵.
1872 (25 janvier). — Charles Welche, C ✵.
1873 (28 mars). — Léonce Mahou, ✵.
1875 (10 avril). — Gustave de Champagnac, ✵.
1876 (21 mars). — Félix Renaud, ✵.
1877 (21 mai). — Charles Aylies, ✵.
1877 (18 décembre). — Arsène Henry, O ✵.
1882 (14 janvier). — Chapron, O ✵.
1886 (11 novembre). — Bès de Berc, ✵.
1889 (22 mars). — Joucla-Pelous, O ✵.
1893 (3 octobre). — Bonnefoy-Sibour, O ✵.

IX.

MARÉCHAUX DE CAMP ET GÉNÉRAUX DE BRIGADE COMMANDANT LE DÉPARTEMENT DE LOT-ET-GARONNE DEPUIS 1789.

1789. — Cyrus-Alexandre de Timbrune, comte de Valence, depuis lieutenant-général.
1791. — N... Demarçay.
1792. — Abdon de Laroche Montbrun, le jeune, commandant la place d'Agen et le département.
1804. — Marc Ducomet.
1805. — Pierre-André Miquel.
1810. — N... de Luce, chef d'escadron par intérim.
1811. — Louis-Marie-Stanislas, baron Soyez.
1813. — Louis-Marie, baron Gaussart.
1815. — Marcelin-Geneviève Bory de Saint-Vincent, par intérim.
» — Bertrand, baron Bessières, pendant les Cent jours.
» — N... Rouget.
1821. — N... baron Proteau.
1823. — Élie, baron Papin.
1824. — Amédée, comte de Broglie.
1825. — Pierre-Marie-Gabriel Vidalot de Sirat, mort en 1843.
» — Pierre-Charles, baron Poupart.
1830. — Alphonse-Louis, baron Seganville.
1845. — Stanislas de Gals, baron de Malvirade.
1847. — Émile de Tartas.
1851. — Philibert-Delmas de Grammont.
1852. — Jean-Gaudens-Bernard Tatareau.

1853. — Armand-Jacques-Félix Duchassoy.
1855. — Joseph-Victor Thomas.
1856. — Bernard Vacher, baron de Tournemire.
1863. — Jean-Jacques-Paul-Félix Ressayre.
1871. — Ange-Aristide, baron de Gondrecourt.
1875. — Charles-Victor Minot.

DEUXIÈME PARTIE.

GÉOGRAPHIE HISTORIQUE DE L'AGENAIS ET STATISTIQUE.

Dans cette deuxième partie de l'*Aide-Mémoire,* on trouvera de nombreux éléments de la géographie historique de l'Agenais, dont un tiers seulement sont inédits. Fort dispersés dans des ouvrages rares, ils ont été groupés pour la plus grande utilité des chercheurs.

Il a paru cependant inutile de rééditer des publications récentes, telles que l'introduction à l'*Inventaire sommaire des Archives départementales,* série E, supplément, tome I, qui a paru cette année même. Ce dernier ouvrage fournit, comme contribution aux études sur la géographie historique :

1° L'indication sommaire des divisions du pays durant la période gallo-romaine;

2° Les divisions judiciaires et politiques du pays au XIIIe siècle (15 baylies royales), et au XIVe siècle (50 baylies royales);

3° Un tableau synoptique donnant :

L'état des juridictions de l'Agenais, en 1604, 1769, 1789;

La composition de ces juridictions par paroisses;

La superficie de ces juridictions;

Le nombre des feux;

Le classement des terres;

L'état des charges par carterée ou par journal, soit pour la taille, soit pour les devoirs seigneuriaux;

La mention du diocèse auquel se rattachaient les paroisses, et la mention du département ou des communes dont elles font actuellement partie, etc.

Un exemplaire de cet *Inventaire sommaire* est conservé dans les Archives de tous les chefs-lieux de canton. — G. T.

I.

GÉOGRAPHIE ECCLÉSIASTIQUE DE L'AGENAIS. — DIOCÈSES D'AGEN, DE CONDOM, DE BAZAS.

De Labénazie à l'abbé Barrère, on a écrit l'histoire du diocèse d'Agen sans définir d'abord ce diocèse, c'est-à-dire sans indiquer ses délimitations, ses divisions, qui ont varié dans le cours des siècles. M. Jules de Bourrousse de Laffore est le premier qui ait publié un document donnant des états complets du diocèse d'Agen, en 1620, et du diocèse de Condom, démembré de celui d'Agen (1317), en 1604 (1). A ces dates, le premier diocèse était divisé en trois archidiaconés et six archiprêtrés, celui de Condom en quatre archiprêtrés (2).

Au commencement du XVIIe siècle, le diocèse d'Agen fut divisé en douze archiprêtrés (3).

Nous ne pouvions mieux faire que d'emprunter à M. Jules de Bourrousse de Laffore les états du diocèse d'Agen et de Condom, et nous sommes reconnaissant à son fils d'avoir bien voulu nous autoriser non seulement à faire cette réédition, mais aussi à collationner le manuscrit original, qui est sa propriété. Nous avons pu nous assurer que la lecture de M. Jules de Bourrousse de Laffore était bonne, sauf quelques variantes insignifiantes. Nous avons eu à ajouter ou à

(1) *Recueil des travaux de la Société d'Ag., Sc. et Arts d'Agen*, 1re série, t. VII, p. 86.

(2) Au Moyen-âge, le diocèse de Condom comprenait cinq archiprêtrés. Voir un document, de l'année 1326, publié par M. TAMIZEY DE LARROQUE dans le tome XIX des *Arch. histor. de la Gironde*, p. 197.

(3) *Pouillé historique du diocèse d'Agen pour l'année 1789*, par M. l'abbé DURENGUES : Agen, Ferran, 1894, in-8°, p. XI de l'Introduction.

modifier un petit nombre d'attributions, sans toutefois donner, plus que ne l'avait fait notre regretté confrère, des indications relatives à des paroisses et à des prieurés dont le nom actuel reproduit exactement le nom ancien. Il est aussi des paroisses, notamment pour le diocèse de Condom, qui restent à identifier. — G. T.

DIVISIONS ECCLÉSIASTIQUES DE L'AGENAIS DU XIe AU XVIe SIÈCLE.

Le cardinal Léonard de la Rovère, évêque d'Agen, meurt le 28 septembre 1520; son neveu, Antoine de la Rovère, est immédiatement promu au même siège épiscopal.

Avant de quitter l'Italie pour se rendre au milieu de ses ouailles, le nouveau prélat charge Jean de Valier, piémontais comme lui, d'aller gouverner et administrer son diocèse. Jean de Valier, homme distingué, qui a été plus tard évêque de Grasse, arrive dans l'Agenais et prend possession de sa charge le 21 novembre de la même année 1520. Il rédige, en langue latine, un manuscrit contenant :

1° La division de notre diocèse en archidiaconés et archiprêtrés; le nom des chapitres, commanderies, prieurés, paroisses et annexes;

2° Les extraits des bulles, contrats et autres documents, droits et privilèges qui existaient alors à l'évêché d'Agen.

Des extraits de tous les actes par lesquels les seigneurs laïcs donnent à l'évêque, représentant son église, les dîmes inféodées qu'ils possèdent dans l'Agenais et le Condomois, me paraissent la partie la plus curieuse de ce travail. On y voit le nom de deux à trois mille seigneurs ou dames qui cèdent, à titre gratuit, une partie ou la totalité des dîmes de huit à neuf cents églises ou paroisses. On peut, à l'aide de ces extraits de donations, trouver le nom des églises dont se composait, dans les XIe, XIIe et XIIIe siècles, chaque archidiaconé du diocèse d'Agen, avant l'érection de l'abbaye de Condom en évêché.

Ce manuscrit a de l'importance pour l'histoire de notre pays; il est authentique, parfaitement conservé et en général facile à lire (1). Il me donne le moyen de faire connaître les divisions ecclésiastiques de l'Agenais du XIe au XVIe siècle. Voici la traduction littérale des deux premières pages de ce précieux recueil, écrites et signées de la main de Jean de Valier :

« 1520. »

« Le présent Livre contient les noms et surnoms de tous « les bénéfices de la cité et du diocèse d'Agen, étant à la « collation du révérendissime seigneur, actuellement évêque « et comte d'Agen *(episcopi et comitis Aginnensis)*; en outre « les dîmes du même évêché, ou les noms des lieux dans « lesquels le révérendissime seigneur évêque a, de temps « immémorial, droit de dîmer *(jus decimandi habet)*, et « perçoit pacifiquement les dîmes, comme cela lui revient de « plein droit. — Il contient aussi en partie le sommaire des « bulles et autres actes *(instrumentorum)* et écritures existant « dans les archives du même évêché, et l'inventaire de ces « bulles et des autres choses étant dans l'évêché, du temps « de la confection de cet inventaire.

« Ces noms des bénéfices et dîmes furent notés et décrits « lorsque moi, Jean de Valier, clerc et notaire du diocèse, « Piémontais de nation, fus député et constitué procu- « reur et vicaire, pour lever et percevoir tous les fruits et » tous les autres émoluments dudit évêché, par révéren- « dissime Père et Seigneur en Dieu, évêque et comte du « susdit évêché d'Agen, messire Antoine de la Rovère. Ce « dernier obtint ce même évêché par la résignation faite en « sa faveur, du consentement du sérénissime François, pre- « mier du nom, Roi des Français, par le révérendissime

(1) Il est écrit sur papier et relié en un volume in-4° d'environ 500 pages. La reliure, en bois recouvert d'une basane marron foncé, est ornée de jolis dessins faits à l'aide d'une forte pression.

« Père et Seigneur en Dieu, messire Léonard aussi de la « Rovère, son oncle maternel; lequel finit *(clauzit)* les « derniers jours de sa vie à Rome, le 28e jour de septembre « mil cinq cent vingt, du temps de la huitième année du « pontificat du pape Léon X.

« Après cette mort, le susdit révérendissime seigneur « Antoine, évêque et comte, m'envoya de Rome en cette cité « d'Agen, pour gouverner *(regendum)* le susdit évêché et « pour lever les fruits comme avant. Et j'ai commencé de « lever lesdits fruits et d'administrer les affaires de l'évêché, « le mercredi vingt et unième jour du mois de novembre de « ladite année mil cinq cent vingt. Lequel jour, révérend « messire Raymond Reiseghier et révérend messire Domi« nique de Cazabone, gouverneurs du même évêché pour le « susdit révérendissime seigneur cardinal Léonard de la « Rovère, furent révoqués par moi, et j'entrai paisiblement « en possession et administrai les biens de cet évêché pour « le susdit révérendissime seigneur évêque, mon patron.

« J'ai fait relier le présent livre et j'ai pris sur les autres « antiques écritures les noms mêmes des églises et des « dîmes *(et presentem librum religare feci ac ipsa nomina « ecclesiarum, et decimarum accepi ex aliis scripturis anti« quoribus)*. Je trouvai, du reste, dans les archives de cet « évêché le susdit sommaire partiel des bulles, fait par « l'ordre de révérendissime Père et Seigneur en Dieu « messire François aussi de la Rovère, évêque et comte de « Mende, frère germain du susdit révérendissime seigneur « Léonard, cardinal, et également oncle maternel du révé« rendissime seigneur Antoine, évêque et comte d'Agen. « Que Dieu les bénisse tous.

« En foi des choses susdites, je me suis ici soussigné en « apposant mon seing manuel accoutumé et j'ai écrit de ma « propre main tout ce qui est raconté plus haut, l'année « susdite.

« De Valier *(Valerii)*. »

Le diocèse d'Agen s'étendait, au Moyen-âge, de Sainte-Foy-la-Grande sur Dordogne à Condom, et d'Auvillars à Sainte-Bazeille; mais il fut divisé en deux parties inégales, en 1317, par une bulle du pape Jean XXII, qui érigea l'abbaye de Condom en évêché. Dès lors, la Garonne fut la limite des deux diocèses, celui d'Agen sur la rive droite du fleuve, celui de Condom sur la rive gauche. Cet état de choses a duré jusqu'à la Révolution française.

Dans les XIe, XIIe et XIIIe siècles, le diocèse d'Agen était divisé en cinq archidiaconés, dont trois étaient situés sur la rive droite de la Garonne et deux sur la rive gauche. Les trois archidiaconés de la rive droite s'appelaient : Majeur, de Montault et de Vésalme, en latin *Major, Montaldensis* et *Vesalmensis*. Les deux de la rive gauche (dont s'est composé plus tard le diocèse de Condom) étaient celui de Bruilhois et et du Cayran, en latin *Brulhiensis* et *Cayranensis.*

L'archidiaconé Majeur était le plus étendu, le plus grand des cinq; il comprenait trois fois plus de paroisses que celui de Montault ou de Vésalme, et pour cette raison sans doute était appelé Major. Celui de Montault tirait son nom de Montault-le-Vieux; les trois autres avaient conservé le nom des pays de Vésalme, de Bruilhois et du Cayran.

La vicomté de Vésalme s'étendait, je crois, de Sainte-Foy-la-Grande vers Marmande et traversait peut-être même la Garonne; je suis peu fixé sur les limites de ce petit pays. Je le suis parfaitement sur celui de Bruilhois. Ce dernier pays ayant aussi, depuis l'époque de l'établissement des fiefs, le titre de vicomté, avec La Plume pour capitale, s'étendait le long de la Garonne, de Donzac, seigneurie de MM. de Balzac, à la baronnie de Montesquieu, d'où l'auteur de l'*Esprit des Lois,* Charles de Secondat, baron de La Brède et de Montesquieu, a tiré le nom sous lequel il est connu. La vicomté de Bruilhois comprenait la commanderie du Nom-Dieu, les prieurés de Layrac et de Moyrax avec leurs monastères de Bénédictins; le château d'Estillac, où le maréchal Blaise de Monluc a écrit ses *Commentaires,* etc., en tout vingt-huit communes ayant justice; mais l'archidiaconé de Bruilhois avait, aux temps dont nous nous occupons, des limites bien plus étendues, puisque Auvillars, Condom et Nérac en faisaient partie. — Villefranche-du-Cayran, entre Damazan et Casteljaloux, indique la position géographique du Cayran.

Les archidiaconés Majeur, de Montault et de Vésalme avaient aux XIe, XIIe et XIIIe siècles les mêmes limites que sous le règne de François Ier; une seule description suffira par conséquent pour ces diverses époques, bien que le nombre des églises ne fût peut-être pas identique.

Diocèse d'Agen.

De 1317 à 1791, durant une période de quatre cent soixante-quatorze ans, le diocèse d'Agen, comme je l'ai dit plus haut, ne s'étendait que sur la partie de l'Agenais située sur la rive droite de la Garonne. Il se composait, au commencement du XVIe siècle, de cinq cent deux paroisses desservies par quatre cent vingt-quatre recteurs. Ces paroisses étaient divisées en trois archidiaconés, subdivisés en six archiprêtrés. L'archidiaconé Majeur comprenait à lui seul trois cent cinquante-quatre paroisses; il était formé des quatre archiprêtrés d'Agen, de Ferrussac, de Pujols et de Fumel.

A la même époque, il y avait dans le diocèse des chapitres, des abbayes, des préceptoreries ou commanderies, des prieurés.

Les chapitres de l'église cathédrale de Saint-Étienne et de l'église collégiale de Saint-Caprais, qui sert aujourd'hui de cathédrale, étaient les seuls de l'Agenais; ceux de Pujols et de La Maurelle n'ont été institués que plus tard.

Il y avait cinq abbayes : Clayrac, petite ville rendue célèbre par le siège que le roi Louis XIII en fit en personne pour l'enlever aux protestants; Eysses, l'ancien *Excisum* des Romains; Saint-Maurin; Peyrignac et Gondon.

Les chevaliers de Saint-Jean de Jérusalem, connus depuis sous le titre de chevaliers de Malte, possédaient dans ce diocèse neuf commanderies appelées alors préceptoreries, dont quelques-unes au moins, comme leur nom l'indique, avaient autrefois appartenu aux Templiers. C'étaient :

La maison militaire du Temple d'Agen;

Domini-Pech;

Golfech;

La maison militaire du Temple, près Sainte-Livrade;

Saint-Antoine-de-Ficalba ou Ficalban;

Sauvagnas;

La maison militaire du Temple de Carissaille;

Sainte-Foy-de-Dordogne;

Et Saint-Félix, près Dordogne.

Les prieurés, au nombre de soixante-quatorze, étaient répartis de la manière suivante :

Onze dans l'archiprêtré d'Agen : 1° Saint-Caprais d'Agen; 2° Saint-Antoine d'Agen; 3° Saint-Michel d'Agen; 4° Saint-Georges d'Agen; 5° du Pin d'Agen; 6° Lusignan; 7° Clermont-Dessous; 8° Saint-Cosme d'Aiguillon; 9° Saint-Sardos; 10° Laugnac, et 11° Marsac;

Sept dans l'archiprêtré de Ferrussac : 12° Raynald; 13° Deffech, *de Deffesso;* 14° Saint-Pierre-de-Gaubert; 15° Castelcuiller; 16° Pomevic; 17° Couloussac et Saint-Rémy, et 18° La Court;

Quatorze dans l'archiprêtré de Pujols : 19° Sainte-Livrade; 20° Cambes; 21° La Grasse; 22° Allemans; 23° Sainte-Foy-des-Cailles; 24° Marseilhes; 25° Cailhavet; 26° Masquières; 27° La Garde; 28° Nugejouls; 29° Dondas; 30° Saint-Loup; 31° La Sauvetat-de-Savères, et 32° Cassou;

Dix dans l'archiprêtré de Fumel : 33° Saint-Front; 34° Laurenque; 35° Lorsolh; 36° Envals, *de Vallibus;* 37° Saint-Amans, près Roquefère; 38° Tayrac; 39° Monflanquin et Saint-Avit; 40° Calbiac; 41° Corconac, et 42° Saint-Sylvestre. Total : quarante-deux prieurés dans l'archidiaconé Majeur.

Neuf dans l'archidiaconé et archiprêtré de Montault : 43° Fauillet; 44° Breil, *de Broilhio;* 45° Roubillou; 46° Castelmoron et Pelejan; 47° Saint-Hilaire-de-Brech; 48° la maison de Fontgrave; 49° Montauriol; 50° Montault, et 51° Le Lédat;

Enfin l'archidiaconé et archiprêtré de Vésalme avait vingt-trois prieurés dont voici les noms : 52° La Sauvetat-de-Caumont; 53° Gavirac, près Pardaillan; 54° Duras; 55° Villeneuve, près Saint-Astier; 56° Rivonac; 57° Anesse; 58° Cambeusse et Sainte-Foy-de-Dordogne; 59° Lugnier; 60° Margueron; 61° Saint-Astier; 62° Saint-Front; 63° Monteton; 64° Cambes, près Puisserampion; 65° Moiras, près La Perche; 66° Tombebœuf; 67° Escassefort; 68° Virazel; 69° Marmande; 70° Puy-Gueyrald et Capelle; 71° Nogaret; 72° Sainte-Marie-de-Gontaut; 73° Maurignac, et 74° Garrigue.

En résumé, le diocèse d'Agen, au commencement du XVIe siècle, était divisé en trois archidiaconés, subdivisés en six archiprêtrés.

L'archiprêtré d'Agen possédait les chapitres de Saint-Étienne et de Saint-Caprais, l'abbaye de Peyrignac, la commanderie de la maison militaire du Temple d'Agen et celle de Domini-Pech, onze prieurés, quatre-vingt-quinze paroisses et soixante-trois recteurs.

L'archiprêtré de Ferrussac comptait la commanderie de Golfech, sept prieurés, soixante-cinq paroisses et trente-huit recteurs.

L'archiprêtré de Pujols avait l'abbaye de Saint-Maurin, les trois commanderies du Temple, près Sainte-Livrade, de Saint-Antoine-de-Ficalba et de Sauvagnas, quatorze prieurés, cent vingt-six paroisses et quatre-vingt-sept recteurs.

Et l'archiprêtré de Fumel, dix prieurés, soixante-huit paroisses et cinquante-huit recteurs.

Ces quatre archiprêtrés dépendaient de l'archidiacre Majeur.

L'archidiaconé et archiprêtré de Montault avaient les trois

abbayes de Clayrac, d'Eysses et de Gondon, neuf prieurés, cent vingt paroisses et quatre-vingt-neuf recteurs.

On trouvait enfin dans l'archidiaconé et archiprêtré de Vésalme les trois commanderies de la maison militaire du Temple de Carissaille, de Sainte-Foy-de-Dordogne et de Saint-Félix, près Dordogne, vingt-trois prieurés, cent vingt-huit paroisses et quatre-vingt-neuf recteurs.

Je vais maintenant donner l'état complet du diocèse d'Agen en 1520, tel qu'on le trouve dans le manuscrit de Jean de Valier. Je n'y changerai rien; j'aurai soin seulement d'ajouter, en lettres italiques, les noms français actuels des villes ou villages qu'il ne serait pas facile de reconnaître sous leur dénomination latine.

Sequntur nomina ecclesiarum Diocesis Agennensis.

Capitulum Sancti Stephani Agenni.
Prior et capitulum Sancti Caprasii Agenni.
Abbas de Clayraco, — *Clairac.*
Abbas Exiensis, — *Eysses.*
Abbas Sancti Maurini, — *Saint-Maurin.*
Abbas de Perinhaco, — *Perrignac.*
Abbas de Gondonio, — *Gondon.*
Archidiaconus Major, — *Archidiacre Majeur.*
Archidiaconus Montaldensis, — *de Montaut.* (Siégeant à Monclar.)
Archidiaconus Vesalmensis, — *de Vésalme.* (Marmande.)
Prior Sancti Anthonii Agenni.

In Archipresbyteratu sedis Agenni.

Archipresbyter sedis, — *Archiprêtre d'Agen.*
Rector Sancti Stephani Agenni, — *Saint-Étienne.*
Rector Sancti Caprasii Agenni, — *Saint-Caprais.*
Rector Sancte Fidis Agenni, — *Sainte-Foy.*

Rector Sancti Hilarii Agenni, — *Saint-Hilaire.*
Preceptor domus milice Templi Agenni.
Prior Sancti Michaelis Agenni.
Prior Sancti Georgii Agenni.
Prior de Pinu Agenni, — *du Pin.*
Rector { de Camis, — *Cambes*,
Sancte Crucis de Raynaldo, — *de Renaud*,
et Sancti Supplicii, — *Saint-Sulpice-de-Boé.* }
Rector { de Cayssaço, — *Cayssac*,
de Paulhaço, — *Paulhiac*,
et Sancti Juliani de Terrefosse. }
Rector Sancti Avicti de Congallis.
Rector Sancti Martini Fontislatronum, — *Foulayronnes.*
Rector Sancti Ciricii, — *Saint-Cirq.*
Rector Sancti Petri de Colonhes.
Rector { de Cardoneto, — *Cardonnet*,
et Sancti Martini de Dolonhaco, — *Doulougnac.* }
Rector Sancti Petri de Romanis, — *Montréal.*
Rector { de Fraissinis, — *Frayssès*,
Sancti Dionisii, — *Saint-Denis*,
et Sancti Amani. }
Rector { de Lesinhano, — *Lusignan-Grand*,
et de Coleyraco, — *Saint-Hilaire-de-Colayrac.* }
Rector { Sancti Laurencii de Maurinhaco, — *Maurignac*,
et Sancte Eulalie. }
Prior de Lesinhaco, — *Lusignan-Petit.*
Rector { de Lesinhaco, — *Lusignan-Petit*,
et Sancti Martini d'Andrenx. }
Rector de Castilho, — *Castillon.*
Rector { de Podio Massono, — *Puymasson*,
et de Gaujaco, — *Gaujac.* }
Rector Sancti Bartholomii de Besombat.
Rector { de Cucurmonte, — *Cugurmont*,
et Sancti Germani. }
Rector de Retombato, — *Retombat.*
Rector Sancti Salvii, — *Saint-Salvi.*

Rector Beate Marie de Lasternas, — *Lesternes.*
Rector Sancti Amancii.
Rector Sancti Petri de Sepeda, — *Lacépède.*
Preceptor Dominicii Podii, — *Dominipech.*
Rector ejusdem, — *Dominipech.*
Rector Sancti Vincencii prope Dominicum Podium.
Rector { de Preyssano, — *Prayssas*,
Sancti Stephani de Gastz,
et Sancti Saturnini. }
Rector d'Arpen, — *Arpens.*
Rector Sancte Fidis de Podio Bardato, — *Pech-Bardat.*
Rector Sancte Fidis propre Dominicum Podium, — *Près Dominipech.*
Rector de Quictimonte, — *Quitimont.*
Rector { de Galapiano, — *Galapian*,
de Pompejaco, — *Pompejac*,
et de Quintrano. }
Rector Clarimontis Inferioris, — *Clermont-Dessous.*
Prior ejusdem, — *Clermont-Dessous.*
Rector de Frigimonte, — *Frégimont.*
Rector { Sancte Marie Portus, — *Le Port-Sainte-Marie*,
et Sancti Juliani. }
Rector { de Bazenx,
Sancte Marie d'Espiens,
et Sancti Caprasii de Mailholas, — *Mailloles.* }
Rector Sancti Medardi.
Rector Sancti Vincencii Portus, — *Saint-Vincent-du-Port.*
Rector de Mazeriis, — *Mazères.*
Rector de Mauran.
Prior Sancti Cosme de Aculeo, — *Saint-Côme-d'Aiguillon.*
Rector ejusdem.
Rector { Sancti Felicis de Aculeo de Campazetz,
Sancti Johannis Daubes du Cadron,
de Goutz,
Sancte Radegundis,
et Sancti Avicti de Nicys. }

Rector { Sancti Salvatoris de Fita, — *Lafitte*, et Sancti Felicis.

Rector Sancti Bricii, — *Saint-Brice*.

Rector Sancti Petri de Bosseras, — *Boussères*.

Rector Sancti Vincencii de Colonhas.

Prior Sancti Sacerdotis, — *Saint-Sardos*.

Rector { ejusdem, et de Lussaço, — *Lussac*.

Rector Sancti Damiani de Grangiis, — *Granges*.

Rector Sancti Martini de Panhagas.

Rector { de Floyraco, — *Floirac*, et Sancti Medardi.

Rector { de Curtibus, — *Cours*, Sancti Michaelis de Lans, et Sancti Petri de Quissaco.

Rector { de Rides, et Sancti Vincencii prope Perinhacum.

Prior de Lavinhaco, — *Laugnac*.

Rector ejusdem.

Rector Beate Marie de Montaguso, — *Montaguson*.

Prior de Marsaco, — *Marsac*.

Rector ejusdem.

Rector Sancte Columbe.

Rector Sancti Euparchi de Savinhaco, — *Sarignac*.

Rector Sancti Petri de Borbol, — *Bourbon*.

Rector Beate Marie de Vallibus, — *de Lasbals*.

Rector { Sancti Martini de Mediciis, — *Melges*, et Sancti Caprasii de Bossorp.

Rector { de Artigis, — *Artigues*, et Sancti Petri de La Fuelhe.

Rector Sancti Petri de Falgueyrolis, — *Fauguerolles*.

In Archipresbyteratu Ferrussaguensi. — *Ferrussac*.

Archipresbyter Ferrussaguensis, — *de Ferrussac*.

Prior de Raynaldo, — *Raynald*.

Rector ejusdem.
Rector Sancti Ferreolli, — *Saint-Ferréol.*
Prior de Deffesso, — *du Deffech* (ordre de Grammont).
Rector Sancti Vincencii de Corvis, — *des Corps.*
Prior Sancti Petri de Gauberto.
Rector ejusdem.
Prior Castriculherii, — *Casteleulier.*

Rector { ejusdem,
et Sancti Amancii, — *Saint-Amans.* }

Rector { Sancti Johannis de Thuraco,
et Sancti Christophori, — *Saint-Christophe.* }

Rector Sancti Romani, — *Saint-Romain.*

Rector { Sancte Raffine, — *Sainte-Ruffine,*
Sancti Petri de Cleyraco,
et Beate Marie Magdalenes. }

Rector { Clarimontis Superioris, — *Clermont-Dessus,*
et Sancti Petri de Bello Podio, — *St-P.-del-Pech.* }

Preceptor de Golfech, — *Commandeur de Golfech.*
Rector ejusdem.
Prior de Pomevico, — *Pommevic.*

Rector { ejusdem,
et Sancti Juliani de Godorvilla, — *Goudourville.* }

Rector de Landa, — *Lalande.*

Rector { de Cornelhano, — *Corneillan,*
de Balentia, — *Valence,*
et Sancte Fidis de Mancueur. }

Rector de Palacio, — *Espalais.*

Rector { Sancti Andree de Cavalsaut,
et Beate Marie, — *Notre-Dame de Cabalsaut.* }

Rector Sancti Juliani de Boyssaguello, — *Boyssaguel.*

Rector { Sancti Severini Grandis Castri, — *Puymirol,*
et Sancti Petri de Fraysses. }

Rector Sancti Ureicini, — *Saint-Ureisse.*
Rector Sancti Amancii de Teyraco, — *Tayrac.*
Rector de Camboc, alias Beate Marie de Cambes.

Rector { de Marcos, — *Marcou*, et de Paone, — *Pau*.

Rector { de Perbulhaco, — *Perrillac*, et de Valbazes, — *Belvez*.

Rector { Sancti Caprasii de Aurinhaco, — *Aurignac*, et de Castaneda.

Rector de Bornaco, — *Bournac*.

Rector { de Monte Acuto, — *Montaigu*, et de Bornazello.

Rector { de Valle Proffunda, — *Valprionde*, Sancti Amancii, et de Soucis, — *Soussis*.

Rector Sancti Johannis de Bemeriis.

Rector { de Colossaco, — *Couloussac*, et Sancti Remigii, — *Saint-Rémy*.

Prior ejusdem.

Rector { de Margastaut, de Rodolos, — *Roudoulous*, et de Bonavalle, — *Boneval*.

Rector { Sancti Supplicii de Monte Agudeto, — *Montaguet*, Sancti Johannis de Bosco, — *Bosc*, et de Sancta Marsa sive Sancti Gervasii.

Rector { Sancti Amancii de Lespinasse, et de Montcesson.

Rector Sancte Cecilie.

Rector de Septem Arboribus, — *Septarbres*.

Rector { de Ruppecornu, — *Roquecor*, et de Coyssello, — *Coissel*.

Rector { de Ferrussaco, — *Ferrussac*, et Sancti Stephani de Salmoneriis, — *Salmonères*.

Rector Sancti Felicis, — *Saint-Félix*.

Rector Sancti Vincensii Dauriaco, — *Auriac*.

Prior de Curte, — *Lacour*.

Rector { ejusdem, et Sancti Ciricii, — *Saint-Cyr*.

In Archipresbyteratu de Opere (1) et Pujolibus.

Archipresbyter de Opere et Pujolibus, — *Pujols.*

Rector { Montispezati, — *Monpezat*, Sancti Andree, et Sancti Johannis de Belesme.

Rector Sancti Mauricii.

Rector { Sancti Gervasii, — *Saint-Gervais*, et Sancti Cipriani, — *Saint-Cyprien.*

Rector de Dalmeyraco, — *Dolmayrac.*

Rector de Cazanova.

Rector domus Milicie Templi, — *Le Temple.*

Preceptor ejusdem, — *Commandeur du Temple.*

Prior Sancte Liberate, — *Sainte-Livrade.*

Rector { ejusdem, et Sancti Martini de Montmerard.

Rector Beate Marie Dales, — *Allès.*

Rector de Maurella, — *La Maurelle.*

Rector Sancti Martini de Noalhaco, — *Noaillac.*

Rector Sancti Stephani de Maleo (*ou* Maler).

Rector de Picta Villa alias de Lacena, — *Villepeinte ou Lacène.*

Preceptor Sancti Antonii de Ficualbano, — *Saint-Antoine-de-Ficalba.*

Rector { ejusdem, et de Peyraco, — *Peyrac.*

Rector Sancti Andree de Montberos alias de Fontiron, — *Fontiron.*

Rector Sancte Fidis prope Pujolium, — *Sainte-Foy près Pujols.*

Rector { Sancti Stephani Villenove, — *Villeneuve*, de Bias, Sancti Nicolay de Pujolibus, — *Saint-Nicolas-de-Pujols.*

(1) J'ignore comment il faut ici traduire le mot *Opere.*

Rector de Monasteriis, — *Monestiers.*
Prior de Cambis, — *Cambes.*
Rector ejusdem.
Rector Sancti Johannis de Roes, — *Rouetz.*
Rector Sancti Petri de Dimilhaco, — *Doumillac.*
Rector de Lauro, — *Laurier.*
Prior de La Grassa, — *La Grace.*
Rector { Sancti Germani,
et Sancti Hilarii de Teyssonaco, — *Teyssonac.* }
Rector Sancti Supplicii.
Rector Sancti Johannis de Bonavalle, — *Boneral.*
Rector de Colongas.
Rector Sancti Justi.
Rector Sancti Thome, — *Saint-Thomas.*
Rector de Guersaco, — *Guersac.*
Rector de Gilsaco, — *Gelsac.*
Rector { Sancti Arnaldi, — *Saint-Arnaud,*
et Sancte Gemme, — *Sainte-Gemme.* }
Rector Beati Johannis de Duabus Vallibus, — *Bouneral.*
Rector Sancti Petri de Cassanhas, — *Cassignas.*
Rector { de Oratorio de Sarreda de Manhaval, — *Auradou et Hautefage,*
de Bonsolle,
Sancte Radegundis,
et de Podio Pinesio, — *Pépinès.* }
Rector { Mercadelli Penne, — *Mercadel-de-Penne,*
et de Manhaco, — *Magnac.* }
Prior de Alamanis, — *Allemans.*
Rector { ejusdem,
et Sancte Crucis Penne, — *Sainte-Croix-de-Penne.* }
Rector { Sancti Petri Portus Penne, — *Port-de-Penne,*
et Beate Marie de Petra Accuta, — *Peyragude.* }
Rector Sancte Fidis prope Pennam, — *Sainte-Foy près Penne.*
Rector Daessa, — *Dausse.*

Rector de Valeilhas, — *Valeilles.*
Rector de Quasideroqua, — *Cazideroque.*
Rector { de Capella, — *La Chapelle,*
{ et de Podio Calvario, — *Puycalvary.*
Prior Sancte Fidis de Cailhas, — *Sainte-Foy-des-Cailles.*
Rector ejusdem.
Rector Sancti Martini de Cailhas.
Rector Sancti Leodegarii, — *Saint-Léger.*
Prior de Marseilhs, — *Massels.*
Rector ejusdem.
Rector Sancte Quicterie.
Rector { Sancte Columbe,
{ et de Montmanas, — *Monbalen.*
Rector { de Vitraco, — *Vitrac,*
{ et Sancti Dionisii, — *Saint-Denis.*
Rector Sancti Martini de Calviaco, — *Calviac.*
Rector de Marsoles, — *Massoulès.*
Rector { Dayren, — *Ayren,*
{ Sainte Fidis Dante, — *Anthe,*
{ et de Sonval.
Rector de Gardia, — *Lagarde.*
Rector { de Soilhas, — *Souillas,*
{ et Sancti Bauzelli, — *Saint-Bauzel.*
Rector { de Fesso Podio, — *Frespech,*
{ Sancte Fidis, — *Sainte-Foi,*
{ et Sancti Clarii, — *Saint-Clair.*
Rector de Cailhavet.
Prior ejusdem.
Rector Sancti Avicti de Dozii.
Rector { Sancti Germani.
{ et de Mazeriis, — *Mazères.*
Rector { de Borlenx, — *Bourlens,*
{ et Sancti Saturnini de Tessaco, — *Thézac.*
Rector { de Turnone, — *Tournon,*
{ et Sancti Andree de Carabaissa, — *Carabaisse.*
Prior de Masqueriis, — *Masquières.*

Rector { Masqueriis,
et Sancti Petri de Bonavalle.

Rector Sancti Georgii de Belayga, — *Belaygue.*
Prior de La Garda, — *Lagarde.*
Rector de Cesaraco, — *Cézerac.*
Rector de Corbiaco, — *Courbiac.*
Prior de Camis de Nugejolz, — *Najejouls.*
Rector ejusdem.
Rector Sancti Pardulphi.
Rector de Tribus Montibus, — *Trémons.*
Rector de Modolenx, — *Modoulens.*

Rector { Bovisville, — *Beauville,*
Sancti Caprasii,
et Sancti Amancii.

Rector Sancti Vincencii.
Rector Sancte Eulalie.
Prior de Dondanis, — *Dondas.*
Rector ejusdem.
Prior Sancti Lupercii, — *Saint-Robert.*
Rector ejusdem.
Prior de Salvitate de Saberiis, — *La Sauvetat-de-Savères.*

Rector { de Salvitate de Saberiis,
Sancti Damiani,
et Sancti Martini.

Rector { Sancti Maurini, — *Saint-Maurin,*
et de Ferrussaco, — *Ferrussac.*

Rector { Sancti Sexti de Gandailha, — *Gandaille,*
et Sancti Caprasii de Causaco, — *Causac.*

Rector Sancti Petri de Vicomonte, — *Bimont.*
Rector Sancti Petri de Anguiraco.
Rector Sancti Martini de Serris, — *Serres.*
Rector de Blaymont.
Rector Sancti Victoris, — *Saint-Victor.*
Rector Sancti Juliani prope Curtam, — *près Lacour.*
Prior de Cassone, — *Casson.*

Rector { Cassone,
et Sancti Dionisii, — *Saint-Denis.*

Rector { Sancti Caprasii de Heremo, — *Saint-Caprais-de-Lerm,*
et Sancti Laurencii de Malves, — *Malbès.*

Preceptor de Salvanhasio, — *Sauvagnas.*

Rector ejusdem.

Rector { Rupis Theobaldi, — *Laroque-Thimbaut,*
Sancti Petri Dorival, — *Orival,*
et Sancti Martini de Norpech, — *Norpech.*

Rector Sancte Gemme, — *Sainte-Gemme.*

Rector Sancti Petri de Merenx, — *Mérens.*

In Archipresbyteratu Fumellensi.

Archipresbyter Fumellensis, — *de Fumel.*

Rector de Anarto.

Rector Sancti Ypoliti de Condato, — *Condat.*

Rector { Sancti Anthonii de Fumello, — *Fumel,*
et Sancti Martini de Turaco.

Rector { Sancti Romani de Trilhis, — *Treilles,*
et de Bonaguilh, — *Bonaguil.*

Rector { de Alba Forti, — *Blanquefort,*
et Sancti Martini de Veyrinas, — *Veyrines.*

Prior Sancti Frontonis, — *Saint-Front.*

Rector ejusdem.

Rector de Salvitate Monialium.

Rector de Cusornio, — *Cuzorn.*

Rector Sancti Clari de Condis Aquis, — *Condezaigues.*

Rector de Vauriz.

Rector de Monte Securo, — *Monségur.*

Rector de Pinu.

Rector de Tarentello, — *Trentels.*

Rector { Sancti Albini, — *Saint-Aubin,*
et Sancti Pardulphi.

Rector de Roetz.

Rector de Ledinhaco, — *Ladignac.*
Rector de Mont Marez, — *Montmarès.*
Rector de La Caussade.
Rector de Montanhaco, — *Montagnac.*
Rector de Soleriis, — *Souliès.*
Rector { Sancti Amani, — *Saint-Amans,*
Sancti Stephani de Valle, — *Saint-Étienne-du-Val.*
Rector de Galeyssac.
Rector de Salis, — *Salles.*
Prior de Laurenca, — *Laurenque.*
Rector { ejusdem,
et Beate Marie de Castellis, — *Casteils.*
Rector Sancti Avicti de Leyda, — *Saint-Avit-de-la-Lède.*
Rector Beate Marie de Bironio, — *Biron.*
Rector de Gimbreda, — *Génibrède.*
Rector Sancti Petri Delbert.
Prior de Lorsolh, — *Lorsol.*
Rector ejusdem.
Prior de Vallibus, — *Envals.*
Rector ejusdem.
Rector de Laurès, — *Laurès.*
Rector Villeregalis, — *Villeréal.*
Rector de Pinibus, — *Piis.*
Rector de Rupefera, — *Roquefère.*
Prior Sancti Amancii.
Rector ejusdem.
Rector Sancti Petri de Scandailhaco, — *Escandaillac.*
Rector Sancti Bibiani, — *Saint-Virien.*
Rector { de Villaribus, — *Villars,*
et de Bornio, — *Born.*
Prior de Teyzaco.
Rector ejusdem.
Rector { de Calhaco, — *Caillac,*
et Sancti Supplicii, — *Saint-Sulpice.*
Rector de Barbas, — *Barbas.*
Rector de Taradello, — *Taradel.*

Rector de Luganhaco, — *Lugagnac.*
Rector Sancti Hilarii.
Rector Sancti Caprasii.
Prior { de Monte flanquino, — *Montflanquin,*
et Sancti Avicti, — *Saint-Avit.*
Rector ejusdem.
Prior de Calviaco, — *Calviac.*
Rector ejusdem.
Rector Sancti Saturnini.
Prior de Corconaco, — *Corconac.*
Rector { ejusdem,
et de Salvitate, — *La Sauvetat.*
Rector de Tribus Montibus ultrà Oltum, — *Trémons.*
Rector de Corbiaco, — *Corbiac.*
Rector Sancti Marcelli, — *Saint-Marcel.*
Rector Sancti Silvestri, — *Saint-Sylvestre.*
Prior ejusdem.
Rector Sancti Justi, — *Saint-Just.*
Rector Destrades, — *Estrades.*
Rector de Savinhaco, — *Savignac.*
Rector de Dimilhaco, — *Millac.*
Rector { Sancte Radegundis, — *Sainte-Radegonde,*
et de Doulhaco.

In Archipresbyteratu Montaldensi.

Archipresbyter Montaldensis, — *Montaut.*
Prior de Faulheto, — *Faullet.*
Rector { ejusdem,
et de Tholozato, — *Tolzat.*
Rector { de Gurnaco,
et de Moleriis.
Rector de Manhac, — *Magnac.*
Prior de Broilhio, — *Breil.*
Rector ejusdem.

Rector { de Gajofet,
Sancti Vincencii,
et Sancti Mauricii.

Rector { Sancti Petri de Thonenx, — *Tonneins*,
et Beate Marie de Thonenchiis, — *Tonneins*.

Rector de Uneto, — *Unet*.

Rector Sancti Georgii de Rancio, — *Rance*.

Rector { Sancti Stephani de Tinhagas, — *Tiniagues*,
et Beate Marie de Pelagato, — *Pelagat*.

Rector de Puy de Bure, — *Pech-de-Bère*.

Rector de Bugassac.

Rector { de Milhi de Camis, — *Notre-Dame de Cambes*,
et de Clayraco, — *Clairac*.

Rector de Marsaco, — *Marsac*.

Rector { Sancti Johannis de Las Peyras, — *de Las Peyrières*,
et de Noans.

Rector Sancti Gayriani, — *Saint-Gayran*.

Rector { de Gratalupo, — *Grateloup*,
et de Sancta Marsa, — *Sainte-Marthe-d'Artigues*.

Rector { Despienx, — *Espiens*,
et de Parata, — *Laparade*.

Prior de Rovilhano, — *Roubillou*.

Rector ejusdem.

Rector Sancti Petri de Boisso, — *des Bois*.

Prior { de Castromaurone, — *Castelmoron*,
et de Pelejano.

Rector ejusdem.

Rector de Maseriis, — *Mazières*.

Rector { Sancti Remigii, — *Saint-Remy*,
et de La Messa.

Rector de Sermeto, — *Sermet*.

Rector Beate Marie de Bosco, — *Notre-Dame du Bosc*.

Rector de Montardit.

Rector de Brinhaco, — *Brugnac*.

Rector Sancti Christophori de Taradello, — *Taradel.*

Rector de Vertolhio, — *Verteuil.*

Rector Sancti Hilarii de Brech.

Prior ejusdem.

Rector { de Cols, — *Coulx*,
et de Carro, — *Carrou.*

Rector Beate Marie de Barcas.

Rector Sancti Saturnini de Villotas, — *Villotes.*

Rector de Altis Vineis, — *Hautes-Vignes.*

Rector de Barma.

Prior domus Fontis Gravii, — *Fongrave.*

Rector ejusdem.

Rector { de Monteclaro, — *Montclar*,
et de Prélats,
Sancti Johannis de Euniaco,
Sancti Martini,
et Sancti Heutropi.

Rector Sancti Stephani de Falgueriis, — *de Fougères.*

Rector { de Alta Ripa, — *Hauterive*,
et de Pujolio, — *Pujols.*

Rector de Campanhaco, — *Campagnac.*

Rector de Cassanolhio, — *Casseneuil.*

Rector de Las Pailholas, — *Las Pailloles.*

Rector de Bello Videre, — *Belvez.*

Rector de Gratacamba, — *Gratecambe.*

Rector { de Monte Astruco, — *Montastruc*,
Sancti Leodegarii, — *Saint-Léger*,
Sancti Christophori, — *Saint-Christophe.*

Rector { Sancti Stephani,
et Beate Marie de Canilhaco (*ou* Calbinhaco).

Rector de Cabanis, — *Cabanes.*

Rector de Lopinhaco, — *Loupinac.*

Rector de Cambas, — *Cambes.*

Rector de Benbatz, — *Barbas.*

Rector Beate Marie Magdalenes de Lentilhaco, — *Lentignac.*

Rector { de Montbaus, — *Montbalus,*
et de Las Bardas, — *Las Bardes.*

Rector de Rolliac, — *Rouffiac.*

Rector Sancti Hilarii de Verdegas, — *Verdegas.*

Rector { de Segalas, — *Ségalas,*
de Leausse, — *d'Alès (?),*
et de Tauro.

Rector Sancti Mauricii.

Prior Montis Oriolli, — *Montauriol.*

Rector ejusdem.

Rector { Sancti Colonis,
et de Salves, — *Salabès.*

Rector Beate Marie de Serinhaco, — *Sérignac.*

Rector { de Cardelis,
et de Campanhaco, — *Campagnac.*

Rector { de Maurilhaco, — *Maurillac,*
et Sancti Avicti, — *Saint-Avit.*

Rector Sancti Johannis de Mazeriis, — *Mazières.*

Rector de Castilhonesio, — *Castillonnès.*

Rector de Valetas.

Rector { de Cellis,
et de Rocadret.

Rector de Pompiaco, — *Pompiac.*

Prior de Monte-Alto, — *Montault.*

Rector ejusdem.

Rector de Marsilhaco, — *Marsillac.*

Rector de Bornello, — *Bournel.*

Rector Beate Marie de Milhaco, — *Millac.*

Rector de Montibus, — *Monts.*

Rector Sancti Pauli Junioris, — *Saint-Paul-le-Jeune.*

Rector { de Cancone, — *Cancon,*
et de Perilhaco, — *Périllac.*

Rector Sancti Pastoris, — *Saint-Pastour.*

Rector de Aquis Vivis, — *Aygues-Vives.*

Rector { de Senezellas,
et de Montuynal.

Rector de Crosilhas, — *Crozillac.*
Prior de Leydato, — *Le Lédat.*
Rector ejusdem.
Rector de Mazelaco, — *Mazerac.*

Rector
- Exiencis, — *Eysses,*
- Villenove, — *Villeneuve,*
- Sancte Catherine,
- et de Monte Faieto, — *Lamothe-Fey.*

Rector de Calhadellas, — *Cailladelles.*
Rector Sancti Pauli Veteris, — *Saint-Paul-le-Vieux.*
Rector de Sobiros, — *Soubirous.*
Rector Beate Marie de Lestauzaco.
Rector de Montinhaco prope Lodunum, — *Montagnac-sur-Lède.*

Rector
- de Brivillas,
- et de Cosoyas.

Rector Sancti Maurici prope Lodunum. — *Saint-Maurice-sur-Lède.*
Rector Sancti Michaelis de Villaribus, — *Villars.*
Rector Sancti Supplicii.
Rector Sancti Johannis de Heremo, — *Saint-Jean-de-Lherm.*

In Archipresbyteratu Vesalmensi.

Archidiaconus Vesalmensis, — *Archidiacre de Vésalme.*
Archipresbyter Vesalmensis.
Prior Salvitatis Cammontis.

Rector
- ejusdem, — *La Sauvetat-de-Caumont,*
- Sancti Stephani de Boysseto, — *Boysset,*
- Sancti Germani,
- Sancti Petri de Nogaret,
- et Sancti Romani prope Salvitatem.

Rector
- de Monasteriis, — *Moustiers,*
- et de Cissaco.

Rector de Romanha, — *Roumagne.*
Rector de Agassaco prope Somensacum.

Rector { de Somensaco, — *Soumensac,*
et de Capella, — *La Chapelle.* }
Prior de Gaviraco prope Pardalianum.
Rector ejusdem.
Rector { Sancti Vincencii de Senhaco, — *Ségnac,*
et Sancti Caprasii de Thessaco. }
Prior de Duratio, — *Duras.*
Rector ejusdem.
Rector de Lobersaco, — *Lubersac.*
Rector Sancti Saturnii.
Prior de Villanova, — *Villeneuve.*
Rector ejusdem.
Prior de Rivonaco, — *Rivonac.*
Rector ejusdem.
Rector Sancti Petri de Roqueta, — *La Roquette.*
Rector de Thomeyraguas.
Rector de Lubiis, — *Loubès.*
Rector { de Campolongo, — *Saint-Pierre-de-Caplong,*
et Sancti Quintini. }
Preceptor domus milicie Templi de Carissailha.
Prior d'Anessa, — *Eynesse.*
Rector { ejusdem,
et de Picou (*ou* Picon). }
Rector de Appella, — *d'Appelès.*
Prior { de Cambeusse, — *Cabeausse,*
et Sancte Fidis Dordonie, — *Ste-Foy-de-Dordogne.* }
Rector { de Cambeusse sive Sancti Andree,
et Sancte Fidis Dordonie. }
Preceptor { Sancti Spiritus,
et Sancte Fidis Dordonie. }
Preceptor et Rector Sancti Felicis.
Prior de Luguerio.
Rector { ejusdem,
de Cluzello, — *Cluzel,*
et Sancti Pardulphi. }
Rector Sancti Martialis.

Prior de Margarone.

Rector { ejusdem,
Sancti Petri de Roqueto, — *La Roquelle*,
et Sancti Johannis de La Fata. }

Rector de Auriaco, — *Auriac*.

Rector Sancti Bricii prope Levinhacum.

Rector { Beate Marie de Pufferto, — *Uffert*,
Sancti Andree de Theobone, — *Théobon*,
et de Monte Calhato, — *Montcaillac*. }

Prior Sancti Asterii, — *Saint-Astier*.

Rector ejusdem.

Rector Sancti Leodegarii, — *Saint-Léger*.

Rector de Bernaco, — *Bernac*.

Rector Sancti Nazarii, — *Saint-Nazaire*.

Prior Sancti Frontonis, — *Saint-Front*.

Rector Sancti Johannis de Malaromee, — *Malromet*.

Rector { Sancti Petri de Montruc,
Sancti Vincencii de Podiolomas,
et de Lavinhaco, — *Lérignac*. }

Rector Sancti Salvatoris, — *Saint-Sauveur*.

Rector de Alamanis Veteribus, — *Alemans-le-Vieux*.

Prior de Monteton.

Rector ejusdem.

Rector de Roufliac prope Monbaus.

Rector de Vernhia, — *Lavergne*.

Rector Sancti Laurencii, — *Saint-Laurent*.

Rector de Borgonhaga, — *Bourgougnagues*.

Rector de Quissaco, — *Quissac*.

Rector de Canhilhaco, — *Canillac*.

Prior de Cambis, — *Cambes*.

Rector ejusdem.

Rector de Podio Arrempio, — *Puysserampion*.

Rector de Romanhas.

Rector { de Lanis, — *Lanes*,
de Berlaco, — *Berlac*,
et Sancti Germani. }

Rector de Armilhaco, — *Armillac.*
Prior de Moyraco, — *Moiras.*
Rector ejusdem.
Rector de Pertica, — *Laperche.*
Rector de Alamanis prope Carliam.
Rector de Ville Bramar.
Rector de Tombabove, — *Tombebœuf.*
Prior ejusdem.
Rector de Tortres, — *Tourtrès.*
Rector { de Dalmeyraco, — *Dolmayrac,*
et de Aguassas. }
Rector de Agunon.
Rector { Sancti Bartholomei de Biraguet,
et de Montinhac, — *Montignac.* }
Rector { de Ceyssas, — *Seyches,*
Sancti Pardulphi,
et de Las Peyreras, — *Perrières.* }
Rector de Venis.
Rector de Betferri, — *Béf ry.*
Rector de Veteri Montinhaco, — *Montignac-le-Vieux.*
Prior Descassefort, — *Escassefort.*
Rector { ejusdem,
et Sancti Avicti, — *Saint-Avit.* }
Rector { Sancti Salvatoris, — *Saint-Sauveur,*
et Sancte Crucis, — *Sainte-Croix.* }
Rector Sancti Michaelis alias Martini de Villars.
Rector { Sancti Bricii de Cogut,
de Sancta Marsa,
et Sancti Germani. }
Rector Sancti Martini de Gardella, — *Gardelle.*
Rector de Sancto Cofes, — *Saint-Cloud.*
Rector Sancti Petri de Cappella, — *La Chapelle.*
Prior de Virazello, — *Virazeil.*
Rector { ejusdem,
Sancte Habundancie, — *Sainte-Abondance,*
et Sancti Pardulphi. }

Rector de Tailhaborc, — *Taillebourg.*
Rector Sancti Andree de Boilhas, — *Bouillas.*
Prior Marmande, — *Marmande.*
Rector ejusdem,
et de Greno, — *Granon.*
Rector de Podio Gueyraldo,
et de Cappella.
Rector de Poussaco, — *Poussac.*
Rector Sancti Vincentii de Aymerico.
Rector Sancti Johannis de Podio, — *Saint-Jean-du-Puy*,
et de Vertopont.
Rector de Viraco, — *Birac.*
Rector de Leda sive Londres,
Sancti Stephani,
et Sancti Laurencii.
Rector de Podio Miclano, — *Puymiclan*,
de Nozeriis, — *Nozières*,
de Boyzas,
et Sancti Cassiani.
Rector Sancti Caprasii Daguson, — *Aguson.*
Prior de Nogareto, — *Nogaret.*
Rector ejusdem,
et de Dolio.
Rector Beate Marie de Gonte Alto, — *Gontaut.*
Prior ejusdem.
Rector Beate Marie de Bistausaco, — *Bistauzac.*
Rector de Longavilla, — *Longueville.*
Rector Sancti Caprasii Daysas,
et de Celestins.
Rector de Falguerolis, — *Fauguerolles.*
Prior de Maurinhaco, — *Maurignac.*
Prior de Garrigia, — *Garrigues.*
Rector de Miramonte prope Salvitatem Cammontis,
et de Maurinhaco.
Rector Daymeii, — *Agmé.*
Rector Sancti Johannis Dussol.

Rector Sancti Pardulphi.
Rector Sancti Johannis de Lenderroat.
Rector de Capella, — *La Capelle.*

Diocèse de Condom.

Ce diocèse, formé en 1317 des archidiaconés de Bruilhois et du Cayran, était divisé à la fin du XVIe siècle en quatre archiprêtrés : de Condom, de Bruilhois, de Villandraut et du Cayran. Les trois premiers composaient plus anciennement l'archidiaconé de Bruilhois. L'archiprêtré de Villandraut avait Nérac pour chef-lieu, et celui du Cayran, Villefranche-du-Cayran.

Le manuscrit authentique dont je vais copier la première page nous donne l'état officiel du diocèse de Condom en 1604 :

« Répertoire et ordre des bénéfices, offices et dignités « estant au présent diocèse de Condom et des benefficiers « d'icelluy, fait par moy Guillaume de la Capère, greffier « héréditaire du greffe des insinuations ecclésiastiques, créé « et érigé par le Roy nostre Sire en la ville et cité dudit « Condom, lequel greffe m'a été vendu et délivré le sixième « de juillet mil six cent trois et d'icelluy mis en possession « ledit jour par Monsieur Me Ezéchiel du Vion, conseiller de « Sa Majesté et commissaire en ceste partie, depputé pour « la vente tant dudit greffe que aultres des diocèses estans « dans le ressort du parlement de Bourdeaux. Suivant les « édictz dudit seigneur Roy et de ses prédécesseurs, faictz « l'an 1553, 1595 et 1601. Et ledit présent Répertoire faict « et dressé par moy greffier susdit audit Condom, le premier « jour de janvier 1604, mil six cens et quatre. En foy de « quoy me suis soubz signé ledit jour moys et an que « dessus.

« DE LACAPÈRE, *greffier héréditaire susdit.* »

A la tête de chacune des quatre divisions ecclésiastiques du diocèse, il y avait un archidiacre et un archiprêtre. L'archidiacre majeur était pour Condom, l'archidiacre mineur ou de Villandraut, pour Nérac; l'archidiaconé de Bruilhois était la seconde dignité de l'église collégiale du Mas-d'Agenais (celle de Prieur étant la première); l'archidiaconé du Cayran avait la troisième dignité de la même église collégiale du Mas.

Il existait trois chapitres : le chapitre de l'église cathédrale Saint-Pierre de Condom; celui de l'église collégiale du Mas-d'Agenais, dont le premier dignitaire portait le titre de prieur; le chapitre de l'église collégiale de La Roumieu, fondé pour dix-huit chanoines, le 30 juillet 1318, par le cardinal Arnaud d'Aux de Lescout, évêque d'Albi. D'après l'acte de fondation, le patron de l'église collégiale de La Roumieu devait être le seigneur de la salle de Lescout; en 1604, ce patron s'appelait noble Arnaud d'Aux, seigneur de Lescout.

L'archiprêtré de Condom avait douze prieurés : 1° Sainte-Marie de Salles, autrement de l'hôpital de Teste, près Condom (patrons : les consuls de Condom); 2° l'hôpital Saint-Jacques de La Bouquerie, autrement de Compostelle (patrons : les gardes de la confrérie des Pèlerins de Saint-Jacques dudit La Bouquerie); 3° et 4° (une feuille du manuscrit a été déchirée, elle portait comme les autres l'indication de deux prieurés); 5° l'hôpital Saint-Jean de Barlet, autrement de Berenjon, fondé le 7 avril 1545 par sieur Ramond Berenjon; 6° Saint-André de Thones, juridiction de Calignac; 7° Saint-Martin de Marcadis; 8° Filartigue de Gerini, en l'église paroissiale Notre-Dame de Calignac; 9° le prieuré régulier et conventuel de Notre-Dame de Romboeuf (ordre de Saint-Benoît), fondé l'an 1062 par noble Bernard de Forcès, sieur et baron de Forcès; 10° Lagraulet, au diocèse de Toulouse, et dépendant de l'évêque de Condom; 11° le prieuré régulier et conventuel de Saint-Jean de Mézin, de l'ordre de Cluny; 12° le prieuré ou Grange régulier et conventuel de Sainte-Marie-Magdeleine de Lanne, juridiction de Mézin, de l'ordre de Prémontré, membre de l'abbaye de Saint-Jean de la Castelle, au diocèse d'Aire.

L'archiprêtré de Bruilhois comptait les trois commanderies de Rouillac, de Goulart et du Nom-Dieu et treize prieurés : 1° Saint-Urbain de Dolmayrac; 2° Aubiac; 3° le prieuré séculier de Notre-Dame de Roussères, près la ville de La Plume; 4° Saint-Germain de La Plume; 5° le prieuré ou sacristie Saint-Pierre de Cazaux, près La Plume, régulier de l'ordre de Cluny, fondé en 106...; 6° Cavatum de Serini ou Descrini, en l'église Sainte-Marie de Moirax; 7° le prieuré régulier Saint-Pierre d'Auvillars; 8° le prieuré ou doyenné de Moirax, régulier de l'ordre de Cluny; 9° la sacristie Sainte-Geneviève d'Astafort; 10° le prieuré conventuel et régulier Saint-Martin de Layrac, de l'ordre de Cluny; 11° Goulens; 12° l'hôpital Sainte-Catherine, près Auvillars; 13° Saint-Loup.

Dans l'archiprêtré de Villandraut on trouvait la commanderie de Poy et neuf prieurés : 1° le prieuré séculier de Saint-Martial, près Nérac; 2° le prieuré séculier de Sainte-Catherine-Docen, autrement d'Albret, près Andiran; 3° le prieuré ou Grange Sainte-Marthe de Pujos, près Viane (patron : l'abbé de l'abbaye de la Grâce-Dieu, autrement de Saint-Jean de la Castelle); 4° le prieuré Saint-Étienne de Durance, avec son annexe de Tillet (patron : l'abbé de Saint-Jean de la Castelle); 5° le prieuré régulier et conventuel Sainte-Claire de Nérac; 6° le prieuré de Nérac; 7° Sainte-Radegonde, près Nérac; 8° le prieuré régulier et conventuel du Paravis; 9° Saint-Germain, près Lavardac.

L'archiprêtré du Cayran avait sept prieurés : 1° le prieuré régulier de Notre-Dame de Buzet, ordre de Saint-Benoît, avec ses membres Saint-Félix d'Aiguillon et Saint-Jean de Villeneuve; 2° le prieuré régulier Notre-Dame ou Saint-Saturnin de Monheurt, de l'ordre de Saint-Benoit; 3° le prieuré régulier Saint-Vincent de Coursan, sur le port de

Marmande, ordre de Cluny; 4° le prieuré séculier de Prades, en la juridiction de Damazan; 5° Sainte-Marie d'Arez, près Damazan; 6° Saint-Laurent, près Buzet; 7° le prieuré séculier Saint-Vincent du Mas-d'Agenais.

Total : quarante et un prieurés.

Enfin, le répertoire écrit et signé par Guillaume de Lacapère constate l'existence, et très souvent indique la fondation et le patronage de trois cent soixante-seize chapellenies dans le diocèse de Condom. Il nomme deux cent vingt-cinq chapellenies pour l'archiprêtré de Condom, cinquante-deux pour celui de Bruilhois, cinquante-quatre pour celui de Villandraut et seulement quarante-cinq pour le Cayran.

L'évêque : Messire Jehan du Chemin.

Archiprêtré de Condom (1).

L'archiprêtre et curé de Condom.
Cure. Sainte-Eulalie de Condom.
A. Saint-Christophe de S...ac.
A. Notre-Dame de Caulazon.
C. Saint-Hubert de Goualard lès Condom. (Patron : le sieur prieur de Teste lès Condom.)
C. Saint-Nicolas (Sigismont) de la Ressingle.
C. Saint-Dons de Cassaigne.
C. Saint-Pierre de Bomont, près Condom.
A. Luzan.
A. Routgès.
C. Saint-Jehan de La Roque Forcès.
A. Valezin.
C. Saint-Martin d'Eux.
A. Sarraulte.
C. Saint-Laurent de Forcès. (Patron : le sieur prieur de Rombœuf.)

(1) La lettre C. veut dire Cure; la lettre A., Annexe.

A. Sainte-Marie de Rombœuf.
A. Saint-Gerauld d'Urrac.
A. Notre-Dame de Lartigue.
C. Sainte-Quiterie de Las Peires.
A. Saint-Martin de Lanyau.
A. Saint-Jehan de Campgrand.
A. Sezet.
C. Saint-Vincent de Cornelhan.
A. Saint-Nicolas.
A. Sainte-Gemme.
A. Saint-Laurens de Sessaup.
A. Saint-Jehan de Gaudun.
A. Saint-Blasi de Tarssac.
C. Notre-Dame de Lusanet.
A. Saint-Jehan de Saziet ou Sassiet.
A. Saint-Pierre de Lusam (ou Lusem).
A. Saint-Blasi.
C. Saint-Étienne de Podenas.
C. Notre-Dame de Siouze.
C. Saint-Jehan de la ville de Mézin. (Patron : le sieur prieur dudit Mézin.)
C. Saint-[illegible]e de Grazymy.
C. Saint-Jehan de Pujos, juridiction de Condom.
C. Saint-Cla d'Artigues.
A. Poy sur l'Osse.
A. Saint-Aumely.
C. Saint-Pierre de Marquadis.
C. Saint-Laurens de la Serre.
A. La Hitte.
C. Saint-Cirissi.
A. Vialère.
C. Saint-Étienne de Calignac.
C. Notre-Dame de Francescas.
C. Saint-Pierre de Vienau.
A. Saint-Martin d'Ostelhes.
C. Saint-Yllary de Liguardes.

A. Saint-Martin de Teulle.
C. Notre-Dame de Lierolles, — *Lialores.*
A. Sainte-Raffine.
C. Saint-Pierre de Fieux.
A. Guarlies.
C. Notre-Dame de Montréal. (Patron : le commandeur ou précepteur de la préceptorerie d'Argentens, qu'est à présent 1604 frère Octavien de Salernes.)
C. Saint-Martin de Gazaupoy. (Patron : le prieur de Saint-Giny, près Lectore.)
A. Sainte-Christine d'Estrepoy.
C. Saint-Pierre de Goubbes.
C. Saint- . . . . de Belmont lès Laromyeu.
C. Saint-Estienne de Terssens.
C. Sainte-Marie de Castetnau des Loubères de Fymarcon.
A. Saint-Pierre de Pugens.
A. Saint-Pierre des Estrezens.
A. Saint-Germain.
C. Saint-Martin de Caussenx.
C. Sainte-Marie-Magdelène de Montcrabeau.
A. Saint-Jehan d'Arnezan.
C. Notre-Dame de Canoux.
A. Saint-Jehan d'Espiassac.
A. Saint-Laurens de Sarrazan.
A. Notre-Dame Des Crimis.
C. Notre-Dame de Lanne-Vieille.
C. Notre-Dame de la Plaigne.
C. Saint-Eubert d'Aurens. (Patron : le grand prieur de Tholoze, chevalier de l'ordre de Saint-Jehan de Jérusalem, qu'est à présent 1604 frère Jehan Sobiran.)
C. Saint-Barthelemy de Trignan.
A. Fousseries.
A. Plavys.
C. Saint-Martin de Gardère, juridiction de Moncrabeau. (Le patron est . . . . .)
C. Saint-Orens lès Condom.

A. Saint-Pierre de Bolin.
C. Saint-Jehan de Cazaugrand.
A. Saint-..... de Commelyes.
A. Notre-Dame de Cieuse. } Nouvellement jointes audit
A. Saint-Jean de Tenx. } Cazaugrand.
C. Saint-Pierre de La Romyeu.

Archiprêtré de Bruilhois.

L'archiprêtre de Bruilhois.
C. Saint-Pierre d'Auvilar.
A. Saint-Loup d'Alys.
C. Saint-Loup lès Auvilar. (Patron : le camarier de Moyssac.)
C. Roilhac, à la présentation du précepteur dudit Roilhac, ordre Saint-Jehan de Hiérusalem.
C. Sainte-Quiterie de Barbonvielle.
C. Saint-Philip d'Astaffort.
C. Saint-Jacques de Tailhac.
C. Saint-Avit de Parays. (Patron : le prieur de Layrac.)
C. Saint-Martin de Paichas. (Patron : le sieur prieur de Layrac.)
C. Saint-Capprasi de Cuq.
A. Andiran.
A. Saint-Thomas de Brugailh.
A. Falhs. *(Doit être la même paroisse que :)*
C. Saint-Marcel de Falhs.
C. Notre-Dame de Donzac.
C. Sainte-Marie-Magdelène de Dunes.
A. Cluzet.
C. Saint-Sist du Double.
A. Sainte-Catherine.
C. Sainte-Marie-Magdelène, Notre-Dame de Caudecoste. (Patron : le prieur de Layrac.)
A. Saint-Nicolas.

C. Saint-Denis de Sauveterre.
C. Sainte-Catherine d'Agudet.
C. Notre-Dame de la Chapelle de Lairac. (Patron : le sieur prieur de Lairac.)
C. Notre-Dame Saint-Aignan, d'Aman, — *Amans.*
A. Saint-Pierre de Goulens.
C. Sainte-Marie de Moyrax. (Patron : le doyen de Moyrax.)
C. Notre-Dame de Brimont. (Patron : le doyen de Moyrax.)
C. Saint-Urbain de Dolmayrac. (Patron : le prieur dudit Dolmayrac.)
C. Notre-Dame de Sérinhac, — *Sérignac.* (Patron : le prieur de Layrac.)
C. Saint-Orens de Goulard.
C. Saint-Pierre de Brax. (Patron : le chapitre Saint-Caprasi d'Agen.)
A. Notre-Dame de Monbusq.
C. Saint-Pierre d'Aurignac *sive* de Roquefort. (Patron : le prieur de Saint-Caprasi d'Agen.)
C. Sainte-Colombe.
A. Saint-Martin de Mourrenx.
C. Saint-Vincent de Pleissac, — *Plaichac.*
C. Notre-Dame d'Aubiac.
C. Saint-Jehan-Baptiste d'Estillac.
C. Saint-Illary de Villars, — *Saint-Lary.*
C. Saint-Loys de Lamonjoie.
C. Saint-Pierre (Saint-Martin) de Baulenx.
A. Saint-Eutrope de Batz.
C. Saint-Illary de Daubèze.
C. Saint-Pardulffe (Saint-Pardon) de Moncaut. (Patron : le prieur de Saint-Caprasi d'Agen.)
A. Saint-Martin d'Agusan.
C. Saint-Étienne de Fontfrède, — *Fontarède.*
C. Saint-Giny du Saulmont.
C. . . . . de Bonefont.
C. Notre-Dame de Montagnac.
C. Notre-Dame de Béquin.

C. Saint-Jehan de Marmont. (Patron : l'abbé de l'abbaye de Bouilhas.)
C. Nom-Dieu.
C. Saint-Pierre de Cazaux lès Laplume.
C. Saint-Félix de Montesquieu.
A. Saint-Jehan de Restaux.
A. Saint-Léger.
C. Saint-Martin de Ségonhac, — *Ségougnac.*

Archiprêtré de Vilandrault et cures d'icelluy, 1604.

L'archiprêtre de Villandrault.
C. Sainte-Marie de Lavardac. (Patron : l'abbé de Grand-Selve.)
C. Notre-Dame de Vianne. (Patron : l'abbé de l'abbaye de Grand-Selve.)
A. Saint-Jehan de Calezun.
A. Montgailhard.
A. Saint-Perdon.
C. Saint-Jehan de Saintarailhe, — *Xaintrailles.*
A. Pompiey. — *Le même que Saint-Pierre de Pompiey.*
A. Ambruch.
A. Caubeires.
C. Saint-Pierre (Saint-Jehan) de Pompiey.
A. Notre-Dame de Dempmas.
C. Saint-Berthomyeu (Saint-Sever) de Lisse.
A. Saint-Laurens de Réaup.
C. Sainte-Marie d'Andiran.
A. Saint-Orens de Mazeret.
C. Saint-Christoffle du Freixou, — *Le Fréchou.*
A. Saint-Martin.
C. Laussignan.
A. Estussan.
C. Saint-Jehan (Saint-Martin) de Tenx.
C. Saint-Jehan d'Asqués.

C. Saint-Étienne de Cabuyos, *alias* de Durance.
A. La grange dudit Durance son annexe.
C. Sainte-Marthe de Puyos. (Patron : l'abbé de l'abbaye de la Grâce-Dieu, *alias* Saint-Jehan de la Castelle.)
A. La Grange de Viane, son annexe.
C. Saint-Nicolas de la ville de Nérac.
C. Brazalem.
C. Sainte-Quiterie de Béas *ou* d'Aubas.
C. Espiens.
C. Saint-Raffael (Marie-Magdeleine) de Lymont.
A. Saint-Perdon, juridiction de Lavardac.
C. Saint-Cerisse de Feugarolles.
A. Thoars.
C. Saint-Pierre de Munaux, juridiction de Feugarolles. (Patronnesses : les dames religieuses du Paravys.)
C. Saint-Aman de Bruch.
A. Notre-Dame de Molas.
A. Saint-Martin de Lausset.
C. Saint-Laurens lès le Port-Sainte-Marie.
C. Saint-Lau d'Argentens. (Patron : le commandeur de la commanderie d'Argentens.)
C. Notre-Dame de Saint-Pé de Ternex.
C. Poy Fort Eguilhe.
C. Saint-Cosme de Bereissan.
A. Saint-Jehan de Bordes.
C. Notre-Dame de la Lane, près Nérac.

Archiprêtré du Cayran et cures d'icelluy, 1604.

L'archiprêtre du Cayran, curé de :
C. Saint-Vincent du Mas-d'Agenais.
A. La Gruere.
C. Saint-Christoflle de Villeton. (Patron : le prieur de Buzet.)
C. Sainte-Marie de Monhurt.

C. Saint-Jehan de Razimet.
C. Saint-Pierre de Puch de Gontault.
A. Lompian.
A. Vignès.
C. Notre-Dame de Damazan.
C. Saint-Léon, près Damazan. (Patron : le commandeur de Saint-Léon.)
A. Saint-Jean de Moulères.
C. Saint-Martin de Lesque.
C. Notre-Dame de Buzet. (Patron : le prieur de Buzet.)
C. Saint-Pierre près Buzet. (Patron de ladite grange est l'abbé de Saint-Jehan de la Castelle.)
A. La grange Sainte-Marie de Fontclare. (Patron *idem*.)
C. Saint-Leodeguar *ou* Legier.
C. Calonges.
C. Saint-Sevin de Villefranche de Cairan.
C. Saint-Laurent de Moncassin.
A. Courbian.
C. Sainte-Gemme.
C. Sainte-Pomponye, — *Pompogne*.
C. Notre-Dame de Fouelhes, — *Houeillès*.
A. Saint-Pierre d'Esquey.
C. Cothures.
C. Saint-Cirissy de Fargues.
A. Pomponye. — *Déjà nommé*.
C. Saint-Pierre de Pindères.
C. Caibran.
C. Saint-Laurent de Saumeian.
A. Saint-Martin de Jaultan.
C. Sainte-Christyne d'Anzex.
A. Notre-Dame de Bairac.
A. Saint-Roq d'Aguassac, en la juridiction de Villefranche-de-Cairan.
C. Saint-Cristofle d'Allon, en la juridiction de Castel-Geloux.
A. Saint-Jehan de Goutz.

C. Notre-Dame de Beiries.
A. Saint-Anthoine (Saint-Aman) de Lupiac.
C. Saint-Pierre de Cabades.
A. Saint-Estienne de Crespian, en la juridiction de Villefranche-de-Cairan.
C. Saint-Jehan de Bonluc, — *Monluc* (1).
A. Saint-Léger.
C. Saint-Julian.
C. Notre-Dame de la Bastide de Castel-Amouroux.
A. Luzignan.
C. Grézet.
C. Saint-Paul de la Breze.
A. Saint-Jouyn de la Gruelle.
C. Saint-Martin de Myranes.
A. Notre-Dame de Cothures, juridiction du Sendat.
C. Sainte-Marie.
A. Saint-Sauveur.
C. Saint-Giny du Bourg.
C. Saint-Germain de Caumont.
A. Saint-Sauveur.
C. Notre-Dame de Fourques.
A. Saint-Vincens de Coussan *ou* Courssan.
C. Saint-Pierre de Lomon.
A. Notre-Dame de Lussac, juridiction de Villefranche-de-Queiran.
C. Saint-Pierre (Saint-Alari) d'Escoubet.
A. Saint-Pierre de Damazan.
A. La Magdelène, près Damazan.
C. Notre-Dame des Près.
A. Saint-Pierre de Leiritz.
A. Saint-Pierre de Martalhac.
A. Saint-Martin de Guirguit.

(1) Blaise de Monluc était seigneur de Monluc, autrefois Bonluc (en latin, *de bono luco*), ce qui explique pourquoi il signait *de Monluc* et non *de Montluc*.

Diocèse de Bazas.

Voici l'état des paroisses et prieurés de l'ancien diocèse de Bazas, qui sont aujourd'hui rattachés au diocèse d'Agen et au département de Lot-et-Garonne (1) :

Archiprêtré de Sadirac.

Le chapitre de Casteljaloux.
Le prieur de Ruffiac.
Le prieur de Saint-Raphaël de Casteljaloux.
Le prieur de Meilhan.
Le recteur de Cocumon.
Le recteur de Saint-Sauveur.
Le recteur de Marcelus.
Le recteur de Mompouilhan.
Le recteur de Couthures.
Le recteur de Tersac.
Le recteur de Ruffiac.
Le recteur de Samazan.
Le recteur de Mazerol.
Le recteur de Meilhan.
Le recteur de Saint-Martin-de-Curton.
Le recteur d'Argenton et Bouglon.
Le recteur de Cavaignan.
Le recteur de Saint-Raphaël de Casteljaloux.
Le recteur de Possignac.
Le recteur de Figuey et Bayssac.

(1) D'après *Bazas et son diocèse.* (Bordeaux, Lacaze, libr.-édit., 1863, in-4°.) Cet état est extrait d'un document de l'année 1675.

Il y eut des remaniements. Un archiprêtré de Cocumont fut créé le 31 mars 1771. La plupart des paroisses qui lui furent attribuées font actuellement partie du Lot-et-Garonne. En voici la liste : Cocumont, Meilhan, Hure, Couthures et Tarsac, Montpouillan, Gaujac, Samazan, Marcellus, Navaillac ou Noaillac, Sadirac ou Saint-Sylvestre, Sigalens, Mazerolles, [illegible]mpin et Glairous, Monclaris, Aillas-le-Grand, Romestaing, Saint-Sauveur. (Archives communales de Cocumont, E. Suppl., 1881.) — G. T.

Le recteur de Desquerdes.
Le recteur de Guérin.
Le recteur d'Antaignac.
Le recteur de Fleaulies (Heulies).
Le recteur de Samadet.
Le chapelain de Saint-Martin-Curton.
La fabrique de Buglon.
La fabrique d'Antaignac.
La fabrique de Possignac.
La fabrique de Bayssac.
La fabrique de Ruffiac.
La fabrique de Saint-Martin-Curton.

Archiprêtré de Julhac.

Le prieur de Sainte-Colombe.
Le recteur d'Esclottes.
Le recteur de Sainte-Colombe.
Le recteur de Balissagues.

Archiprêtré de Monségur.

Le recteur de Castelnau-sur-Guype.
Le recteur d'Artus.
Le recteur de Mauvezin.
Le recteur de Sainte-Croix.
Le recteur de Caubon.
Le recteur de Saint-Gérault.
Le recteur de Lagupie.
Le recteur de Saint-Vincens de Beaupuy.
Le recteur de Sainte-Bazeille.
Le recteur de Tibras.

II.

DIVISIONS ADMINISTRATIVES, JUDICIAIRES ET FINANCIÈRES DE L'AGENAIS.

Le meilleur ouvrage qui traite de la géographie de l'Agenais est celui de l'abbé Expilly, *Dictionnaire géographique, historique et politique des Gaules et de la France* (1762-1770), six volumes, in-folio. Comme il est fort rare, comme dans tout le département il n'en existe peut-être qu'un exemplaire, celui de la bibliothèque d'Agen, il paraît utile d'en extraire, pour le rééditer, tout ce qui concerne notre pays.

On y trouve notamment, avec des généralités, un état des juridictions de l'Agenais, suivi d'une liste alphabétique des localités principales, que l'auteur appelle *communautés*, dans le sens de groupement de population, avec l'indication des juridictions dont ces localités dépendaient. Le chiffre des feux, donné dans ces nomenclatures, permet de se rendre compte, mais bien approximativement, de la distribution et de la quotité de la population sous le règne de Louis XV.

Le texte d'Expilly est donné tel quel. En dépit des différences qui existent entre l'orthographe ancienne et l'orthographe actuelle des noms de lieux, il est généralement facile de s'y reconnaître. Aussi nous a-t-il paru suffisant de donner, entre parenthèses, la forme moderne des noms les plus dénaturés, tels que Cadignac pour Ladignac, Mouréa pour Montréal, Muoleran pour Monbran, etc. Mais tout le monde reconnaîtra Monsempron dans Montempron, Moiras dans Mouyras, Pélagat dans Pellegrat, etc. Souvent Expilly sépare ou soude autrement que nous : Fitte (La) pour Lafitte, Lalédat pour Le Lédat, etc. D'ailleurs, on n'aurait pas toujours raison de déclarer fautives des formes anciennes, en s'appuyant sur l'usage qui a prévalu. En effet, l'orthographe des noms de lieu dans les cartes géographiques et les annuaires a été fixée de la façon la plus arbitraire, sans le moindre souci des étymologies. Expilly écrit déjà Beauville, comme nous, au lieu de Boville *(Boris villa)*. Dans l'orthographe du nom de Saint-Sulpice-de-Rivedol, il est plus près de la forme ancienne que nous avec la forme admise Rive-Lot. Le Lot *(Oltum)* s'est dit primitivement et régulièrement *l'Olt;* après avoir soudé l'article on en a ajouté un autre : *le Lolt.* Mais laissons là des observations qui nous entraineraient trop loin. Ceux qui se préoccupent d'établir l'origine des noms de lieu ont d'ailleurs à remonter bien au delà des formes usitées dans les derniers siècles.

Aux listes empruntées à Expilly nous en ajoutons d'autres, tirées de l'*Almanach historique de la Province de Guienne, pour l'année 1760,* mises dans l'ordre alphabétique. Elles ne font point double emploi, mais se complètent : les premières donnent le nombre des feux; les secondes fournissent les noms des titulaires des seigneuries en 1760.

Les astérisques accolés aux noms dans les listes tirées de l'*Almanach* indiquent les chefs-lieux de juridiction.

Ajoutons quelques lignes sur l'ancienne organisation judiciaire de l'Agenais.

Au XIIIe siècle, les baillis et les consuls avaient des attributions judiciaires. Le sénéchal était le représentant du souverain, aussi bien pour la justice que pour l'administration et les affaires militaires. Il tenait, avec sa cour, des assises ambulantes au sujet desquelles on est loin d'être fixé.

Les appels étaient portés de la cour du sénéchal au Roi, c'est-à-dire généralement au parlement de Paris; mais il arrivait aussi que le Roi déléguait des juges spéciaux pour trancher un différend.

Le Parlement qui fut créé à Toulouse, en 1302, ne fonctionna régulièrement qu'un siècle plus tard. Il paraît avoir été pour l'Agenais le grand tribunal d'appel jusqu'à la création du parlement de Bordeaux, en 1462 (1).

Des sièges présidiaux furent établis à Agen, en 1551; à Condom, en 1551; à Nérac, en 1629.

Les degrés inférieurs dans la hiérarchie judiciaire étaient: les justices ordinaires royales, dans les juridictions royales, et les justices seigneuriales, dans les juridictions seigneuriales. — G. T.

SÉNÉCHAUSSÉE D'AGENAIS.

La sénéchaussée et le présidial sont réunis. Cette sénéchaussée est la seule qu'il y ait en Agenois. Le sénéchal est d'Espée. C'est en son nom qu'on rend la justice, mais au sénéchal seulement. Il est à la tête de la noblesse du pays, lorsqu'elle est convoquée. Ses appointements sont de 300 livres, assignés sur l'état des domaines engagés dans l'Agenois. A cette sénéchaussée ressortissent le juge royal d'Agen et les juridictions royales de Tournon, La Penne, Monflanquin, Villeneuve, Castillonnès, Villeréal, Marmande, Castelsagrat, Puymirol, La Sauvetat et Miramont; en tout, douze justices royales.

L'élection comprend cinq cent quarante-six paroisses, quarante-cinq mille neuf cent quarante-trois feux et deux cent vingt-neuf mille sept cent quinze personnes de tout âge et de tout sexe. De l'imposition pour la taille, évaluée à la somme de 1.895.253 livres, l'élection d'Agen porte la somme de 483.547 livres. L'imposition se fait par communautés ou juridictions, selon le terme du pays. On en compte cent trente-cinq, qui sont subdivisées en villes, bourgs ou paroisses. Dans cette élection, la taille est réelle; et il n'est personne, possédant des biens roturiers, qui soit exempt de

(1) Les archives des parlements de Bordeaux et de Toulouse n'ont pas été suffisamment étudiées au point de vue de notre histoire locale. Il ne faut pas hésiter à entreprendre des recherches dans ces fonds, pour compléter les dossiers des grands procès à l'occasion desquels ces hautes cours de justice ont eu à se prononcer durant les trois derniers siècles.

la payer. Chacun y est cotisé à proportion des biens roturiers qu'il possède.

Division de l'élection d'Agen en 135 juridictions.

Juridictions.	Communautés.	Feux.
Admé (Agmé)	3	70
Agen	24	3.215
Aiguillon	8	612
Allemans	1	82
Bajamont	2	122
Beauville	9	787
Birac	1	202
Blanquefort	2	107
Bonnaguil	1	46
Bruch	1	285
Cahuzac	5	291
Cambes	1	68
Cancon	9	611
Capelle-Biron (La)	1	142
Casseneuil	5	526
Castelcuillier	1	120
Castella	1	53
Castelmoron	2	242
Castelnau	1	101
Castelsagrat (Tarn-et-Garonne)	7	385
Castets (Tarn-et-Garonne)	1	65
Castillonnès	12	841
Caudesaigues	1	75
Cenne (La)	1	45
Cépède (La)	1	115
Chapelle de Marmande (La)	3	58
Clairac	10	1.449
Clermont-Dessous	3	308

Juridictions.	Communautés.	Feux.
Clermont-Dessus	6	433
Coleignes	1	78
Combebonnet	3	239
Condesaignes (Voyez Caudesaigues).		
Cours	2	90
Court (La) (Lacour, Tarn-et-Garonne)	2	212
Cuzorn	1	240
Dolmairac	4	263
Dominipech	1	48
Dondas	1	80
Duras	7	701
Escassefort	1	112
Espallais	1	99
Fauguerolles d'Agen (La Croix Blanche)	2	114
Fauillet	2	134
Ferrussac	1	44
Fitte (La)	1	297
Fontgrave	1	149
Fox (La)	1 (1).	
Frégimont et Saint-Barthélemy	2	101
Frespech	8	365
Fumel	1	347
Galapian	2	161
Garde (La) (Tarn-et-Garonne)	2	81
Gavaudun	3	272
Gontaut et Fauguerolles	4	450

(1) Les feux de la communauté de La Fox sont compris dans la juridiction de Puimirol, paroisse de Saint-Christophle. Le curé de cette paroisse est aussi de La Fox, où il n'y a point d'église.

Juridictions.	Communautés.	Feux.
Goudourville (Tarn-et-Garonne) . . .	1.	105
Golfech (Tarn-et-Garonne)	1.	239
Grateloup	5.	355
Hauterive	1.	80
Hautevigne	1.	54
Lande (La) (Tarn-et-Garonne)	1.	36
Lastreilles	1.	48
Lauzun	12.	1.094
Lévignac de Saint-Pierre	3.	262
Lévignac de Saint-Vincent	1.	49
Londres	3.	102
Longueville	1.	56
Lusignan	5.	311
Madaillan	7.	284
Malroumetz	1.	28
Marmande	9.	1.214
Maurelle (La)	1.	46
Miramont d'Aiguillon	1 (1).	
Miramont de Dordoine	1.	101
Montastruc	2.	189
Montaut	2.	255
Montbahus	1.	150
Montbalen	2.	189
Montclar	5.	413
Montegut (Tarn-et-Garonne)	10.	841
Montempron	1.	160
Monteton	1.	85
Montflanquin	29.	1.676
Montjoye (Tarn-et-Garonne)	3.	244

(1) Les feux de la communauté de Miramont sont compris dans la juridiction d'Aiguillon, dont celle de Miramont est détachée; cette dernière dépend des cures de Notre-Dame de la Garrigue et de Saint-Jean.

Juridictions.	Communautés.	Feux.
Montpezat	16	911
Montsegur	2	89
Montviel	1	35
Moulinet	3	120
Nicolle	1	77
Parade (La)	6	424
Pardaillan	1	123
Pauillac	5	333
Penne	32	2.322
Perche (La)	1	24
Pommevic	1	110
Port-Sainte-Marie	7	548
Preissas	2	282
Puichagut	4	211
Puidauphin	1	65
Puimiclan	8	306
Puimirol	15	1.254
Pujols	8	439
Quissac	1	35
Roquecor (Tarn-et-Garonne)	4	331
Roque-Timbaut (La)	4	299
Sauvaignas	1	103
Sauvetat de Caumont (La)	8	513
Sauvetat de Savères (La)	6	672
Sauveterre	1	239
Seiches et Saint-Perdou	3	130
Sérignac	1	80
Soumensac	2	118
Saint-Avit	1	68
Saint-Bauzel (Tarn-et-Garonne)	1	124

Juridictions.	Communautés.	Feux.
Saint-Berthoumieu ou Saint-Barthélemy	6	329
Saint-Front	1	89
Saint-Martin de Rouets	1	57
Saint-Maurin	2	257
Saint-Pastour	3	241
Saint-Sauveur	1	20
Saint-Salvy	1	66
Saint-Vincent	1	70
Sainte-Foy (Gironde)	17	1.575
Sainte-Livrade	2	898
Taillebourg	1	60
Temple (Le)	1	100
Théobon (Dordogne)	4	169
Tombebœuf	7	578
Tombebouc	5	357
Tonneins-Dessous	5	113
Tonneins-Dessus	4	1.070
Tournon	17	1.459
Treilles. (Voyez Lastreilles.)		
Valence (Tarn-et-Garonne)	2	284
Verteuil	6	427
Villeneuve	10	1.233
Villeréal	16	1.034
Virazeil	2	194
	135	45.943

Dénombrement de l'élection d'Agen.

NOTA. — Dans l'affouagement de cette élection, la plupart des villes, bourgs et autres lieux considérables sont employés sous le nom des paroisses dont ils sont composés; par conséquent, quand on ne trouvera point une ville ou un autre lieu de l'élection, sous son nom propre, on le cherchera sous celui de la paroisse.

Paroisses et lieux.	Juridictions.	Feux.
Admé (Saint-Jean d'Agmé). .	Agmé	35
Agen (Saint-Étienne d') ville.	Agen	862
Aiguesvives	Saint-Pastour	27
Aiguillon (Saint-Félix d'). . .	Aiguillon	250
Allemans.	Allemans	82
Allemans.	Tombebœuf	50
Angayrat	Combebonnet	144
Armillac	Saint-Barthélemy	65
Artigues	Agen	133
Auradou	Penne.	159
Baissat (Beyssac).	Marmande	69
Bassens (Bazens).	Port-Sainte-Marie	140
Beauregard.	Monflanquin	20
Beauville	Beauville	154
Béferry	Saint-Barthélemy	28
Bimont et Saint-Vincent (son annexe).	Beauville	39
Birac	Birac	202
Blanquefort	Blanquefort.	60
Blaimont	Beauville	77
Boudy.	Montflanquin.	34
Bonnaguil	Bonnaguil	46
Bonnes-Nouvelles	Pauillac.	20
Bonneval (annexe).	Montegut	22
Bonneval et Saint-Thomas. .	Penne.	60
Bouillats	Marmande	61
Bourbon	Castella	53
Bourgouignaguès	Lauzun	96
Bourlens	Tournon	130
Bournac	Montegut	39

Paroisses et lieux.	Juridictions.	Feux.
Boussères.	Port-Sainte-Marie. . . .	23
Boussorp.	Faugucrolles d'Agen . .	82
Breuil (Le).	Tonneins-Dessous. . . .	27
Bruch (bourg)	Bruch.	285
Brugette (La).	Castelsacrat.	5
Bugassat	Tonneins-Dessus	65
Buzenor.	Castelsacrat	21
Cabalsaut.	Puimirol	38
Cabanes.	Montastruc.	40
Cabon (Caubon).	Sainte-Foi	67
Cadignac (Ladignac)	Penne.	69
Cadillac.	Sauvetat de Caumont. .	30
Cahuzac et Saint-Severin. . .	Cahuzac.	56
Cailladelles.	Montflanquin.	55
Caillavel	Frespech	35
Cambes.	Cambes.	68
Cambes.	Verteuil.	38
Cambot	Puimirol	45
Campagnac.	Casseneuil	58
Campagnac.	Montjoye	49
Cantes et Pailloles.	Casseneuil	32
Capelette (La)	Agen.	50
Cardounet	Agen.	90
Carpillou.	Roque-Timbaut	18
Cassignas.	Frespech	67
Cassou et Saint-Denis	Agen	65
Castelmoron (bourg)	Castelmoron	208
Castelnau de Grattecambe. .	Castelnau.	101
Castelsacrat, ville, et Saint-Michel	Castelsacrat.	157
Castets	Castets	65
Castillonnès, ville.	Castillonnès	225
Cavarq	Castillonnès	33
Caussade (La)	Montflanquin.	55

Paroisses et lieux.	Juridictions.	Feux.
Cazideroque	Tournon	98
Celles	Castillonnès	24
Cépède (La)	Cépède	115
Cézerac	Tournon	33
Clairac (Saint-Pierre de) ville.	Clairac	332
Clermont-Dessous, ville . . .	Clermont-Dessous. . . .	85
Clermont-Dessus (Sainte-Victoire de).	Clermont-Dessus	254
Coleignes.	Coleignes.	78
Collozat (Couloussac).	Tournon	46
Colonges	Castelsagrat	42
Corconnac	Montflanquin	110
Cornillas	Valence	26
Coupes (Coupet).	Clermont-Dessus	55
Courbiac	Villeneuve	100
Courbiac	Tournon	96
Cours.	Cours	59
Cours et Carou	Tombebœuf	92
Cuzor.	Cuzor.	240
Daurac	Montflanquin.	35
Darmillac (Armillac)	Saint-Barthélemy	65
Despalais. (Voyez Espallais.)		
Disour (Iffour).	Sauvetat de Caumont. .	28
Dondas	Dondas	80
Doudrat.	Villeréal	66
Doussain	Cahuzac	98
Duser (annexe).	Théobon	35
Dulaurez	Montflanquin.	40
Dulauriac (Doulougnac) . . .	Madaillan.	60
Dulaurier.	Tombebouc	48
Dumoustier	Sauvetat de Caumont . .	90
Duras (ville)	Duras	300
Escassefort.	Escassefort.	112

Paroisses et lieux.	Juridictions.	Feux.
Espallais	Espallais	99
Espiens (annexe).	Port-Sainte-Marie	30
Ferrussac.	Ferrussac.	44
Fistauzac (Bistauzac)	Gontaud	34
Fitte (La).	La Fitte.	297
Fontgrave	Fontgrave	149
Foulaironnes.	Agen	113
Fox (La). (Voyez Saint-Christophle de Puimirol.). . . .	La Fox	»
Fraisse (La)	Madaillan.	40
Frespech	Frespech	100
Galapian	Galapian	140
Galissac.	Pauillac.	18
Gandaille (annexe).	Combebonnet	33
Garde (La) (annexe de Perville)	La Garde.	25
Garrigues.	Marmande	25
Gasques.	Castelsacrat	111
Gassas	Cahuzac	23
Gaujac	Preissas.	38
Genebrede	Pauillac.	24
Gontaut (Notre-Dame de) . .	Gontaut.	209
Goudourville.	Goudourville.	105
Goulfech	Goulfech	239
Greissas	Clermont-Dessus	33
Gujon (annexe).	Puimiclan	18
Hautevigne.	Hautevigne.	54
Hunet.	Tonneins-Dessus	218
Izaat.	Sauvetat de Caumont .	32
Ladignac	Tournon	28

Paroisses et lieux.	Juridictions.	Feux.
Lande (La)	La Lande	36
Landusse (La)	Cahuzac	87
Lantiguhas (Lentignac)	Moulinet	28
Lastreilles	Lastreilles	48
Lavac (Laval)	Penne	32
Laussou	Montflanquin	18
Lauzun, ville	Lauzun	175
Lebès	Sainte-Foy	72
Lelédat	Casseneuil	79
Lévignac	Lévignac-Saint-Pierre	152
Ligueux	Sainte-Foy	63
Longueville	Longueville	56
Loubès	Théobon	46
Lougrates	Castillonnès	109
Loupinac	Moulinet	34
Lubersac	Duras	56
Lugagnac	Montflanquin	31
Lusignan	Lusignan	103
Magdeleine (La)	Puimirol	31
Maignaut, partie dans Fauillet	Tonneins-Dessous	11
Malroumetz	Malroumetz	28
Marcous	Beauville	110
Marmande, ville	Marmande	931
Marqueron	Sainte-Foy	46
Marsac	Clairac	117
Masqueres	Montegut	91
Massur (annexe)	Marmande	19
Maurelle (La)	La Maurelle	46
Maurignac (annexe)	Lusignan	35
Mazères	Port-Sainte-Marie	62
Mazières	Villeréal	30
Merans (Mérens)	Agen	34
Milloc	Cancon	30

Paroisses et lieux.	Juridictions.	Feux.
Miramont.	Miramont de Dordoine.	101
Miramont d'Aiguillon	Miramont d'Aiguillon .	20
Moniac, annexe (Magnac) . .	Penne.	174
Monibal (annexe)	Cancon	44
Monsairou	Villeréal.	38
Montagnac	Pauillac.	151
Montaguson	Cours.	31
Montaillac	Soumensac.	45
Montaud	Montaud	155
Montauriol.	Castillonnès	97
Montbahus, bourg	Montbahus.	150
Montbalen	Montbalen	151
Montbarbat	Clairac	81
Montdoulens.	Penne.	44
Monteton.	Monteton.	85
Montflanquin, ville.	Montflanquin	380
Montignac	Saint-Barthélemy	40
Montignac	Lauzun.	87
Montjoye, Bretou et Planets.	Montjoye.	165
Montsegur	Monségur.	49
Montviel	Montviel	35
Motte-d'Alès	Lauzun	110
Mottesey, annexe (Motte-Fay)	Villeneuve	30
Mourea, l'annexe (Montréal?)	Agen	73
Mouyras	Tombebœuf	60
Muoleran (Monbran)	Agen	72
Najejouls.	Tournon	47
Naresses	Villeréal.	43
Nicolle	Nicolle	77
Noaillac	Penne.	33
Norpech	Roque-Timbaut	64
Notre-Dame d'Alès.	Tombebouc	49
Notre-Dame de Bras (Bias) .	Tombebouc.	125
Notre-Dame de Bernat. . . .	Théobon	43

Paroisses et lieux.	Juridictions.	Feux.
Notre-Dame de Cambes (annexe)	Clairac	84
Notre-Dame de Castalis ou de Larinque (Laurenque)	Gavaudun	173
Notre-Dame de la Court	La Court	190
Notre-Dame de Dominipech	Dominipech	48
Notre-Dame de Gabirac-Aillas	Pardaillan	123
Notre-Dame de la Garrigue	Aiguillon	50
Notre-Dame de Gontaut (bourg)	Gontaud	209
Notre-Dame de Gouts	Montegut	279
Notre-Dame de Hausse (Dausse)	Penne	47
Notre-Dame de Hautefaye	Penne	124
Notre-Dame de Lesbats	Agen	21
Notre-Dame de Lusignan-Petit	Lusignan	103
Notre-Dame de Lussac (annexe)	Montpezat	36
Notre-Dame de Marcadieu	Tonneins-Dessous	20
Notre-Dame de Mazerac	Casseneuil	26
Notre-Dame de Montsegur	Montsegur	49
Notre-Dame de Penne, ville	Penne	100
Notre-Dame du Port, ville	Port-Sainte-Marie	217
Notre-Dame de Roquesaire (Roquefère)	Montflanquin	85
Notre-Dame de la Serre	Montpezat	46
Notre-Dame de Tourailles	La Parade	136
Notre-Dame de Villars (annexe)	Montflanquin	21
Notre-Dame de Villeréal, annexe (bourg)	Villeréal	230
Nozières (annexe)	Puymiclan	68

Paroisses et lieux.	Juridictions.	Feux.
Oubergas (Bourdets?).	Admé (Agmé)	82
Paranquet	Villeréal	86
Parissot.	Villeréal	40
Pau (annexe).	Beauville	69
Pauillac (annexe)	Madaillan.	26
Peignagues (Pagnagues) . . .	Montpezat	12
Pellagrat	Aiguillon	65
Perillac.	Cancon	108
Perville.	La Garde.	56
Petite-Sainte-Foy.	Duras.	65
Peyrières.	Seches.	40
Pinel, en partie	Hauterive.	80
Pinel, en partie	Montclar	35
Pineuil	Sainte-Foy.	192
Pommevic	Pommevic	110
Pompiac	Castillonnès	46
Port-de-Penne.	Penne.	63
Porvillac (Pervillac).	Montegut.	67
Prelats (annexe)	Montclar	70
Puimiclan et le Fuge.	Puimiclan	50
Puis-Masson.	Clermont-Dessous. . . .	85
Puycalbary.	Penne.	57
Puysarampion.	Sauvetat de Caumont. .	127
Quintrau (annexe).	Galapian	21
Quissac.	Quissac.	35
Rebec (annexe).	Puimiclan	18
Riocaut.	Sainte-Foy.	40
Rives	Villeréal	120
Rocadet.	Cancon	37
Romagnac	Sauvetat de Caumont. .	37
Roque-Timbaut.	Roque-Timbaut.	169
Roquette de Marqueron. . .	Sainte-Foy.	16

Paroisses et Feux.	Juridictions.	Feux
Roquille (La)	Sainte-Foy	83
Roudoulons	Sauvetat de Savères	37
Salabes	Lauzun	40
Sales	Castelsacrat	28
Salles	Clermont-Dessus	19
Sarauzac (Ferrensac)	Castillonnès	55
Sauvaignas	Sauvaignas	103
Sauvetat de Caumont (bourg)	Sauvetat de Caumont	140
Sauvetat de Monges	Blanquefort	47
Sauvetat de Savères (bourg)	Sauvetat de Savères	317
Sauvetat de Vallens	Montflanquin	51
Sauveterre (bourg)	Sauveterre	239
Seches	Seches	32
Senbas	Sevignac	80
Seneyzelles	Cancon	50
Serignac	Lauzun	120
Sermet	La Parade	60
Serres	Bajamont	48
Sigalas	Lauzun	170
Sigougnac et Castet	Castelsacrat	21
Soucis	Tournon	32
Subrebosse	La Parade	35
Saint-Aignan	Bajamont	74
Saint-Alby et Saint-Perdon	Montflanquin	97
Saint-Aloy de Vulgo et Josser (annexe)	Chapelle de Marmande	5
Saint-Amand	Castelcuillier	120
Saint-Amand	Montflanquin	25
Saint-Amand	Montpezat	77
Saint-Amand de Serres	Beauville	82
Saint-Amand de Tairac	Puimirol	170
Saint-André	Puimirol	33
Saint-André de C..besse	Sainte-Foy	80

Paroisses et lieux.	Juridictions.	Feux.
Saint-André de Monberon. .	Penne.	17
Saint-André de Montpezat. .	Montpezat	95
Saint-Arnault	Bajamont.	74
Saint-Astier	Puichagut	71
Saint-Avit	Aiguillon	20
Saint-Avid, annexe d'Escassefort.	Saint-Avid	68
Saint-Avid de Lède.	Capelle Biron	142
Saint-Avid de Souleigues . .	Sainte-Foy	50
Saint-Barthélemy	Saint-Barthélemy	143
Saint-Barthélemy de Divillac.	Villeréal.	47
Saint-Basile du Toureil. (Voyez Saint-Jean de Carabesse.)		
Saint-Bauzel. (Voyez Saint-Salpice de Soinlas.)		
Saint-Brice.	Clairac	99
Saint-Brice.	Lévignac	30
Saint-Caprais	Montflanquin.	36
Saint-Caprais d'Agen.	Agen.	260
Saint-Caprais d'Aurignac . .	Montegut.	84
Saint-Caprais de Cauzat-le-Viel.	Beauville	61
Saint-Caprais de Grateloup (bourg)	Grateloup.	208
Saint-Caprais de Gujon . . .	Puimiclan	15
Saint-Caprais de Lerm. . . .	Agen.	121
Saint-Caprais de Montpezat (annexe)	Montpezat	38
Saint-Caprais de Somal. (Voyez St-Pierre d'Ante.)		
Saint-Cernin	Duras	90
Saint-Cernin de la Barde-Viel	Montflanquin	68

Paroisses et lieux.	Juridictions.	Feux.
Saint-Cernin d'Eysses....	Villeneuve........	190
Saint-Christophle.......	Puimirol.........	56
Saint-Christophle de Cambes	Pujols...........	78
Saint-Christophle de Taradel	Verteuil..........	22
Saint-Christophle de Trentel.	Penne...........	103
Saint-Cyprien.........	Dolmairac........	52
Saint-Clair...........	Frespech.........	22
Saint-Clair de Grezac.....	Penne...........	23
Saint-Clair de Rides.....	Dolmairac........	30
Saint-Clair, ville et Saint-Jean (annexe)........	Montclar.........	193
Saint-Cosme..........	Aiguillon.........	162
Saint-Cosme et Damien...	Montpezat........	144
Saint-Cyr de Coleirac....	Agen............	102
Saint-Cyrille de Valette...	Fauillet..........	48
Saint-Damien (annexe)....	Sauvetat de Savères...	82
Saint-Denis de Bordes....	Madaillan.........	30
Saint-Denis. (Voyez Cassou.)		
Saint-Dizier..........	Castillonnès.......	35
Saint-Étienne.........	Villeréal..........	114
Saint-Étienne.........	Villeneuve........	280
Saint-Étienne d'Agen, ville.	Agen............	862
Saint-Étienne de Castarennes..............	Montegut.........	48
Saint-Étienne de Faugères.	Livrade..........	178
Saint-Étienne de Gajousset (Gajoufet)...........	Tonneins-Dessous....	30
Saint-Maurice et Saint-Vincent de Médillac (annexes).	Clairac..........	115
Saint-Étienne de Gasset...	Soumensac........	20
Saint-Étienne de Lauzun, ville.............	Lauzun..........	175
Saint-Étienne du Mail....	Pujols...........	49

Paroisses et lieux.	Juridictions.	Feux.
Saint-Étienne de Marsac. . .	Madaillan.	72
Saint-Étienne de Montardy .	Verteuil.	32
Saint-Étienne de Preignac (annexe)	Londres.	37
Saint-Étienne de Linagues .	Clairac	47
Saint-Étienne de Solinières.	Roquecor.	31
Saint-Étienne de Turac . . .	Puimirol	97
Saint-Eutrope (annexe). . . .	Monclar	75
Saint-Eutrope de Candaillac (Escandaillac)	Montflanquin.	42
Saint-Félix d'Aiguillon, ville.	Aiguillon	250
Saint-Ferriol.	Agen.	58
Saint-Front.	Duras	29
Saint-Front.	Saint-Front.	89
Saint-Georges de Belague. .	Tournon	66
Saint-Georges de Rams. . .	Tonneins-Dessus	17
Saint-Georges de Veines. . .	Seches.	58
Saint-Gerals	Montempron	160
Saint-Germain.	Montpezat	29
Saint-Germain.	Villeréal.	26
Saint-Germain (annexe). . . .	Penne.	45
Saint-Germain de Monteraie.	Tournon	135
Saint-Germain de Tairac. . .	Montflanquin.	40
Saint-Gervais	La Perche	24
Saint-Gervais	Castelmoron	34
Saint-Grégoire.	Cahuzac.	30
Saint-Guayran.	Grateloup.	100
Saint-Hilaire.	Agen	363
Saint-Hilaire.	Montflanquin.	46
Saint-Hilaire.	Roquecor.	63
Saint-Hilaire (annexe)	Lusignan	127
Saint-Hilaire de Brech. . . .	Tombebœuf	66
Saint-Hilaire de Roger. . . .	Penne.	40
Saint-Hippolite et Fumel . .	Fumel.	347

10

Paroisses et lieux.	Juridictions.	Feux.
Saint-Jean	Admé	35
Saint-Jean	Aiguillon	20
Saint-Jean	Soumensac	98
Saint-Jean (annexe)	Villeneuve	9
Saint-Jean. (Voyez St-Clair.)		
Saint-Jean de las Bardes. . .	Moulinet	58
Saint-Jean de Belesme. . . .	Montpezat	83
Saint-Jean de Bordel.	Frespech	40
Saint-Jean de Carebase (annexe), ville. . . . . . . Saint-Jean de Lumant (annexe) . . . . Saint-Basile du Toureil (annexe)	Tournon	190
Saint-Jean de Goutz.	Aiguillon	20
Saint-Jean de Peirières. . .	La Parade.	64
Saint-Jean de Preissas	Preissas.	244
Saint-Jean de Rouets.	Pujols.	16
Saint-Jean de Savignac. . . .	Montflanquin.	74
Saint-Julien	Port-Sainte-Marie. . . .	53
Saint-Julien	Combebonnet	62
Saint-Julien de Bouisaguel.	Sauvetat de Savères . .	61
Saint-Julien de Couisel. . .	Roquecor.	85
Saint-Julien de la Motte. . .	La Court	22
Saint-Julien de Terrefosse. .	Madaillan.	31
Saint-Just.	Penne.	104
Saint-Just (annexe)	Montflanquin.	13
Saint-Laurent	Lauzun	22
Saint-Laurent (annexe). . . .	Londres.	31
Saint-Laurent (annexe). . . .	Lusignan	30
Saint-Léger	Penne	120
Saint-Léger.	Puichagut	33
Saint-Marech (Saint-Marcel).	Penne	177
Saint-Martial.	Cancon	162

Paroisses et lieux.	Juridictions.	Feux.
Saint-Martin.	Villeréal.	48
Saint-Martin.	Clermont-Dessus.	26
Saint-Martin (annexe).	Clairac	350
Saint-Martin (annexe).	Sauvetat de Savères. . .	74
Saint-Martin d'Ampremont .	Roquecor.	152
Saint-Martin d'Appellès . . .	Sainte-Foy	60
Saint-Martin d'Auriac	Duras	68
Saint-Martin de Barbas . . .	Montflanquin	30
Saint-Martin de Baugas . . .	Cancon	88
Saint-Martin de Borne. . . .	Montflanquin.	51
Saint-Martin de Bournazel .	Montegut	36
Saint-Martin de la Bretonie.	Admé	29
Saint-Martin de Brousse. . .	Puimiclan	9
Saint-Martin de Caille et Sainte-Foy (annexes). . . .	Penne.	83
Saint-Martin de Calviac . . .	Montflanquin	73
Saint-Martin de Calvignac .	Penne.	32
Saint-Martin de Clermont. .	Penne.	36
Saint-Martin de Faugueroles.	Gontaut.	120
Saint-Martin de Gardelles. .	Chapelle de Marmande.	5
Saint-Martin de Merges (Metges), annexe	Agen	12
Saint-Martin de Noaillac . .	Pujols.	85
Saint-Martin de Péricard . .	Tournon	100
Saint-Martin de Peyrac . . .	Penne.	56
Saint-Martin de Poussac . .	Puimiclan	10
Saint-Martin des Prez	Lusignan	16
Saint-Martin de Puyguiraud	Marmande	49
Saint-Martin de Rouets . . .	Saint-Martin de Rouets.	57
Saint-Martin de Roufiac. . .	Puidauphin.	65
Saint-Martin de Transfort. .	Castillonnès	24
Saint-Maurice	Montpezat	26
Saint-Maurice	Lauzun	10
Saint-Maurice	Castillonnès	39

Paroisses et lieux.	Juridictions.	Feux.
Saint-Maurin	Saint-Maurin	157
Saint-Martin (annexe)	Montclar	40
Saint-Médard	Clermont-Dessous	138
Saint-Médard (annexe)	Montpezat	31
Saint-Michel	Dolmairac	30
Saint-Michel. (Voyez Castelsacrat.)		
Saint-Nazaire	Puichagut	25
Saint-Orens	Dolmairac	151
Saint-Pastour	Saint-Pastour	146
Saint-Paul le Jeune	Cancon	70
Saint-Paul le Viel	Cancon	22
Saint-Peire. (Voyez Saint-Pierre.)		
Saint-Perdou	Lauzun	34
Saint-Perdou du Breuil	Marmande	60
Saint-Perdou de Seches	Seches	32
Saint-Perdou de Taillebourg	Taillebourg	60
Saint-Philippe	Sainte-Foy	53
Saint-Pierre	Casseneuil	331
Saint-Pierre	Condezaigues	75
Saint-Pierre d'Ainesse	Sainte-Foy	123
Saint-Pierre d'Ante (annexe). Saint-Caprais de Somal (annexe). Sainte-Foy (annexe)	Tournon	140
Saint-Pierre d'Arival	Roque-Timbaut	48
Saint-Pierre d'Aspre	Montsegur	40
Saint-Pierre de Belbès	Saint-Pastour	68
Saint-Pierre de Breuil	Marmande	60
Saint-Pierre de Brugnac	Verteuil	72
Saint-Pierre de Brunens	Tonneins-Dessous	25
Saint-Pierre de Caissac	Agen	26
Saint-Pierre de Calonges	Pujols	33

Paroisses et lieux.	Juridictions.	Feux.
Saint-Pierre de Cazeneuve. .	Tombebouc.	45
Saint-Pierre de la Cenne. . .	La Cenne.	45
Saint-Pierre de la Chapelle.	Chapelle de Marmande.	48
Saint-Pierre de Clairac, ville.	Puimirol	137
Saint-Pierre de Clairac. . . .	Clairac.	332
Saint-Pierre de Cogumont (Cugurmont).	Montpezat.	87
Saint-Pierre de la Croix (bourg)	Montastruc.	149
Saint-Pierre de Croizillac . .	Montflanquin	36
Saint-Pierre Darival	Roque-Timbaut.	48
Saint-Pierre Delpech.	Saint-Maurin.	100
Saint-Pierre de Dimeuil . . .	Clairac.	78
Saint-Pierre de Domillac . .	Pujos	30
Saint-Pierre la Feuille. . . .	Faugucrolle d'Agen. . .	32
Saint-Pierre de Floirac. . . .	Montpezat	61
Saint-Pierre de Fraisses. . .	Puimirol.	41
Saint-Pierre de Gaubert. . .	Agen.	51
Saint-Pierre de Gaubert. . .	Puimirol	51
Saint-Pierre de Guillimon (Quittimont).	Montpezat	38
Saint-Pierre de Londres. . .	Londres.	31
Saint-Pierre de Maneres. . .	Port-Sainte-Marie. . . .	23
Saint-Pierre de Massels . . .	Frespech	31
Saint-Pierre de Massoulès. .	Penne.	59
Saint-Pierre de Matérus . . .	Levignac	80
Saint-Pierre de la Maurelle.	Puimirol	60
Saint-Pierre de Monestier et Saint-Nicolas	Pujols.	49
Saint-Pierre de Montaut. . .	Montaut.	155
Saint-Pierre de Nogaret. . .	Gontaut.	87
Saint-Pierre de Pins	Grateloup.	37
Saint-Pierre de Pis.	Montflanquin	47
Saint-Pierre de Roubelot . .	La Parade	87
Saint-Pierre de Seches. . . .	Seches	32

Paroisses et lieux.	Juridictions.	Feux.
Saint-Pierre de Soubiroux. .	Villeneuve	43
Saint-Pierre de Taradel . . .	Montflanquin.	9
Saint-Quentin	Sainte-Foy	75
Saint-Quentin et Saint-Front.	Castillonnès	116
Saint-Remy	Tournon	24
Saint-Remy (annexe)	La Parade	42
Saint-Robert.	Sauvetat de Savères . .	100
Saint-Romain	Puimirol	150
Saint-Romain	Sauvetat de Caumont .	29
Saint-Salvy.	Frégimont	65
Saint-Sardos.	Montpezat	83
Saint-Sauveur	Saint-Sauveur	20
Saint-Sauvy	Saint-Sauvy	66
Saint-Sernin. (Voyez Saint-Cernin.)		
Saint-Severin de Puimirol, ville.	Puimirol	240
Saint-Sernin. (Voyez Cahuzac.)		
Saint-Sibournet et Royet (son annexe	Villeréal.	33
Saint-Silvestre.	Penne.	120
Saint-Sixte	Sauvetat de Savères . .	62
Saint-Sulpice de Boé.	Agen	64
Saint-Sulpice de Rivalede. .	Villeneuve	29
Saint-Sulpice de Soinlas et Saint-Bauzel.	Saint-Bauzel	124
Saint-Supier de Rivedol (Sulpice de Rive-Lot).	Villeneuve	62
Saint-Thomas. (Voyez Bonneval.)		

Paroisses et Lieux.	Juridictions.	Feux.
Saint-Urcisse	Puimirol	44
Saint-Vict.	Tournon	93
Saint-Victor	Beauville	70
Saint-Vincent	Virazel	89
Saint-Vincent	Admé.	6
Saint-Vincent	Lévignac	49
Saint-Vincent d'Agassas . . .	Saint-Barthélemy	22
Saint-Vincent d'Auriac. . . .	Montegut	72
Saint-Vincent de Corps . . .	Agen	44
Saint-Vincent de Perignac. .	Montpezat	25
Saint-Vincent de Sals	Gavaudun	70
Saint-Vincent de Savignac. .	Duras	93
Saint-Vincent de Soulier . .	Pauillac.	24
Saint-Vincent de Sousompech	Saint-Vincent	70
Saint-Vivien	Montflanquin	34
Sainte-Abondance.	Virazel	89
Sainte-Anne d'Estrade. . . .	Villeréal.	17
Sainte-Anne de Montmarés.	Penne.	32
Sainte-Catherine, ville. . . .	Villeneuve	430
Sainte-Cécile.	Montegut.	103
Sainte-Colombe.	Lauzun	180
Sainte-Colombe.	Tombebouc	90
Sainte-Colombe de la Fargue et Saint-Avis de Gal. . . .	Madaillan.	25
Sainte-Croix.	Clermont-Dessus	47
Sainte-Croix et Allemans . .	Penne.	52
Sainte-Croix et Aigues. . . .	Sainte-Foi	18
Sainte-Eulalie.	Beauville	125
Sainte-Eulalie.	Montjoye	30
Sainte-Foi	Agen	400
Sainte-Foi, ville.	Pujols.	99
Sainte-Foi	Penne.	84
Sainte-Foi (annexe).	Frespech	32

Paroisses et Lieux.	Juridictions.	Feux.
Sainte-Foi la Grande, ville. .	Sainte-Foi	442
Sainte-Foi la Petite.	Duras.	65
Sainte-Foi de Jérusalem. . .	Agen.	15
Sainte-Foi. (Voyez Saint-Pierre d'Ante.)		
Sainte-Guitterie. (Voyez Sainte-Quitterie.)		
Sainte-Livrade, ville	Sainte-Livrade.	720
Sainte-Magdeleine de Bournel (annexe.	Montaud	100
Sainte-Marthe (annexe). . . .	Grateloup.	58
Sainte-Quitterie	Fregimont	36
Sainte-Quitterie.	Frespech	38
Sainte-Radegonde.	Agen	165
Sainte-Radegonde.	Aiguillon.	25
Sainte-Radegonde.	Villeneuve	60
Sainte-Radegonde de Pépine.	Penne.	25
Sainte-Rafine (Ruffine). . . .	Agen.	21
Sainte-Sabine	Villeréal.	10
Sainte-Victoire, ville	Clermont-Dessus	254
Temple (Le)	Le Temple.	100
Teuse-Matrice (Feuge). . . .	Puimiclan	118
Thézac	Tournon	1
Tombebœuf	Tombebœuf	80
Tonneins-Dessous et Tonneins-Dessus, ville.	Tonneins-Dessus	760
Toumeiragues.	Sainte-Foi	95
Toupineries	Saint-Barthélemy	31
Tourliac	Villeréal	68
Tournon, ville.	Tournon	190
Tourtes.	Tombebœuf	121
Tremons	Penne.	81
Vacque (annexe).	Clairac	146

Paroisses et lieux.	Juridictions.	Feux.
Valence (ville)	Valence	258
Valleilles	Tournon	93
Vallettes	Castillonnès	38
Varès	Grateloup.	60
Vauris	Gavaudun.	29
Vergne (La).	Lauzun	110
Verteuil (bourg)	Verteuil.	181
Villebrama.	Tombebœuf	109
Villeneuve	Puichagut	82
Vitrac.	Montbalen	38
546 Communautés.		45.943

SÉNÉCHAUSSÉE DE CONDOM.

Condom, *Condomum*, *Condomus*, ville capitale du Condomois, chef-lieu d'une élection de son nom, avec un évêché suffragant de Bordeaux, un présidial et sénéchaussée, deux paroisses, Saint-Jacques et Saint-Hilaire, cinq maisons religieuses, sçavoir : des Cordeliers, des Dominicains et des Carmes, des Clarisses et des Dominicaines, un collège régenté par les Pères de l'Oratoire, un hôpital, etc.; en Gascogne, parlement et intendance de Bordeaux. On y compte neuf cent quatre-vingt-treize feux. Cette ville est située sur la rivière de Baïse, à vingt-trois lieues S.-E. de Bordeaux, douze lieues et demie S.-E. de Bazas, trois lieues et demie S. de Nérac, six lieues N.-N.-O. d'Auch, trois lieues et demie O. de Leictoure, et quatre-vingt-dix-neuf lieues S.-S.-O. de Paris.

Longitude : 18°1'44"; latitude : 43°57'55". La ville dont il est question n'est ni commerçante ni riche. Cependant les habitants y vivent assez à leur aise. Elle fut prise, en 1569, par Gabriel de Montgomery, chef des Calvinistes; et en cette occasion non seulement la cathédrale fut pillée, aussi bien que tous les lieux saints, mais outre cela presque toutes les églises furent brûlées, de même que les monastères.

Le diocèse de Condom est borné : au nord, par celui d'Agen; au sud, par celui d'Auch; à l'est, par le diocèse de Leictoure, et, à l'ouest, par ceux de Bazas et d'Aire.

On y compte cent quarante paroisses et quatre-vingts annexes. Il n'y a aucune abbaye, mais seulement un seul chapitre. Le prélat qui est à la tête de ce diocèse jouit de 60.000 livres de rente, quoique, selon la taxe en cour de Rome, il ne paye que 2.500 florins pour l'expédition de ses bulles. Il est seigneur en partie de la ville, et outre cela il est en possession de quantité de beaux droits.

Le siège épiscopal de Condom n'a été établi que par le pape Jean XXII, en 1317. C'est un démembrement de celui d'Agen. Quand ce siège fut établi, l'Église de Condom n'étoit qu'une abbaye sous le titre de Saint-Pierre. L'abbé Raymond de Goeland ou de Goulard en fut le premier évêque. La mense abbatiale fut affectée au revenu de l'Évêché. Les religieux, qui avoient été conservés, furent sécularisés par le pape Paul III, et changés en chanoines en 1549. Ils forment aujourd'hui le chapitre de la cathédrale (qui est toujours sous le titre de Saint-Pierre), lequel est composé d'un prévôt, d'un grand-archidiacre, d'un archidiacre, d'un grand-chantre et de douze chanoines.

Quant au séminaire, il est dirigé par les Doctrinaires.

Pour ce qui concerne le présidial et la sénéchaussée, voyez dans le tome I, l'article de Bordeaux où il est parlé du parlement de Guyenne et de ses juridictions subalternes.

Considérée comme district particulier de la généralité de Bordeaux, l'élection de Condom comprend le Condomois et le Bazadois. On compte dans la première partie, sçavoir : dans le Bazadois, quatre-vingt-sept juridictions, deux cent soixante-deux paroisses et vingt et un mille trois cent soixante-quinze feux; et, dans le Condomois, quatre-vingt-quatre juridictions, cent quatre-vingt-onze paroisses et seize mille cent quatre-vingt-trois feux; ce qui fait en tout, pour l'élection de Condom : cent soixante et onze juridictions, quatre cent cinquante-trois paroisses ou communautés affouagées, et trente-sept mille cinq cent cinquante-huit feux (au lieu de quatre cent trente-neuf paroisses et de trente-sept mille sept cent quarante-huit feux que nous avons employés à l'article de la division et au dénombrement général de la généralité de Bordeaux, tome I, page 693). Cette élection porte pour sa quote-part la somme de 329.216 livres pour l'imposition concernant la taille, quand la taxe totale, établie sur la généralité de Bordeaux, se trouve monter à la somme de 1.895.253 livres.

Division de l'élection de Condom en quatre-vingt-quatre juridictions, non compris le pays de Bazadois (1).

Juridictions.	Paroisses.	Feux.
Abrin	1	15
Allon	1	40
Ambruch	1	24
Andirans	1	105
Arrée. (Voyez Larrée.)		
Astaffort	5	568
Autiege	1	19
Ayzieu	1	73
Bastide (La)	6	362
Belmont	3	97
Berac	1	67
Bianne (Vianne)	3	158
Blaziers	1	105
Boupillon (Vopillon)	2	93
Boussès	2	70

(1) Il est bon de faire observer qu'un grand nombre de ces juridictions ont été attribuées aux départements du Gers ou du Tarn-et-Garonne, et que même quelques-unes d'entre elles n'ont jamais fait partie du vieil Agenais d'outre Garonne. — G. T.

Juridictions.	Paroisses.	Feux.
Buzet	1	360
Calignac	1	175
Calonges	1	234
Castelnau de Roumieu	1	70
Caumont	6	573
Condom	22	1.726
Courensan	1	158
Damazan	8	404
Dunes	1	479
Durance	1	88
Espiens	1	49
Estussan	1	66
Fargues et Saint-Julien	3	103
Fauguerolles	1	258
Fieux	1	134
Firmacon. (Voyez Le Mas.)		
Fourchez	1	293
Francescas	1	262
Frechou (Lou)	1	153
Garde-Firmacon (La)	1	120
Gazaupouy	4	202
Goutz	1	65
Grezet (Lou)	1	33
Gruere (La)	4	235
Houeillès	1	101
Jautan	1	31
Larrée	1	71

Juridictions.	Paroisses.	Feux.
Larressingle	1	69
Lavardac	1	247
Laussignan	1	.202
Ligardes.	1	142
Lisse.	1	88
Loufréchou. (Voyez Frechou.)		
Lougrézet. (Voyez Grézet.)		
Lyas	1	70
Marsolan	1	167
Mas-d'Agenois (Le)	5	455
Mas-de-Firmacon (Le)	1	143
Mézin	15	772
Moncassin.	1	62
Moncrabeau	5	464
Monguillem.	1	53
Monhurt.	1	31
Montagnac	3	222
Montgaillard	1	79
Montréal.	1	191
Nérac	4	1.252
Pindères.	1	124
Pompiey.	1	25
Puch de Gontaud	1	374
Puy-Forteguille (Le).	1	54
Puy-Roquelaure	1	89
Ressingle. (Voyez Larressingle.)		
Rignac.	1	40
Roque-Fimarcon (La)	1	62
Roque-Maniban (La).	2	161
Roquepine	1	32
Roumieu (La).	1	396

Juridictions.	Paroisses.	Feux.
Saumejan	1	53
Saint-Araille (Xaintrailles)	1	188
Saint-Julien. (Voyez Fargues.)		
Saint-Martin de Goine	1	74
Saint-Mézard	1	121
Saint-Pé	1	100
Saint-Simon	1	28
Sainte-Pompoigne	1	68
Taillebourg	1	73
Torrebren	8	275
Touars	1	118
Toujouze	1	52
Trenqueleon	1	27
Villaton	1	160
Villefranche du Queyran	5	481
Villeneuve	1	40
84	191	16.183
87 pour le Bazadois.	262	21.375
171 juridictions.	Total 453	37.558

Dénombrement de l'élection de Condom.

Paroisses.	Juridictions.	Feux.
Abrin	Abrin	15
Allon	Allon	40
Amans	Astaffort	40
Ambruch	Ambruch	24
Andiran	Astaffort	48
Andirans	Andirans	105
Anzet ou Auzet	Villefranche	121
Artigues	Moncrabeau	68
Asquets	Nérac	409

Paroisses.	Juridictions.	Feux.
Astaffort (ville)	Astaffort	360
Aurens	Belmont	40
Autiege	Autiege	19
Auzet. (Voyez Anzet.)		
Ayzieu	Ayzieu	73
Baconet	Villefranche	54
Barbonvielle	Astaffort	49
Baris	Damazan	44
Bastide (La)	La Bastide	58
Beaumont	Boupillon	51
Belmont	Belmont	21
Berac	Berac	67
Beraud	Condom	44
Beyries	La Bastide	73
Bianne (Vianne)	Bianne	95
Bidette	Condom	45
Blaziers	Blaziers	105
Boupillon (Vopillon)	Boupillon	42
Bourdens (Lourdens)	Fargues	18
Boussès	Boussès	52
Brassaben (Brazalem). (Voyez Lavardac.)		
Buzet	Buzet	360
Cadignan. (Voyez Courensan.)		
Calignac	Calignac	175
Calonges	Calonges	234
Cames	Condom	27
Campagne (haute et basse)	Le Mas-d'Agenois	73
Captisse (Caplisse)	Mézin	15
Caquatens. (Voyez Courensan.)		
Castelnau	Castelnau	70
Castelnau	Belmont	36

Paroisses.	Juridictions.	Feux.
Caubeyres	Damazan	38
Caulezan (Calezun)	Bianne (Vianne)	44
Caumaleix	Mézin	12
Caumont	Caumont	172
Caussens	Condom	60
Cazaugrand	Mézin	34
Cazaux. (Voyez Lannes.)		
Condom (ville)	Condom	993
Corneillan. (Voyez Montréal.)		
Courensan Cadignan Caquarens	Courensan	158
Cuirac	Condom	27
Damazan (bourg)	Damazan	93
Dunes (bourg et Saint-Sixte)	Dunes	479
Durance	Durance	88
Eaux	La Roque-Maniban	27
Escrimis	Condom	6
Espiassas	Condom	32
Espiens	Espiens	49
Estropony (Estrepouy)	Gazaupouy	33
Estussan	Estussan	66
Fargues et Saint-Julien	Fargues	50
Fauguerolles	Fauguerolles	258
Fieux	Fieux	134
Fonclaire	Damazan	12
Fourcez. Las Peyres	Fourcez	293
Fourques	Caumont	186
Fousseries	Mézin	26
Francescas Saint-Ozens (Saint-Orens)	Francescas	262

Paroisses.	Juridictions.	Feux.
Frechou (Lou)	Lou Fréchou	153
Garde-Fimarcon (La)	La Garde-Fimarcon	120
Garderes	Moncrabeau	125
Gazaupouy	Gazaupouy	61
Genens. (Voyez Montréal.)		
Goubes	Gazaupouy	49
Goutz	Goutz	65
Grazimi	Condom	60
Grézet (Lou)	Lou Grézet	33
Gruere (La)	La Gruere	91
Gueyse-Saint-Georges	Torrebren	69
Houeillès	Houeillès	101
Jautan	Jautan	31
Lannes et Cazeaux	Mézin	88
Laressingle	Laressingle	69
Larrée	Larrée	71
Lavardac		
Limon	Lavardac	247
Brassaben (Brasalem)		
Laussignan	Laussignan	202
Leveze	Torrebren	38
Lialores et Sainte-Rafine	Condom	72
Ligardes	Ligardes	142
Limon. (Voyez Lavardac.)		
Lisse	Lisse	88
Lompian. (Voyez Vignes.)		
Loufrechou. (Voyez Fréchou.)		
Lougrezet. (Voyez Grézet.)		
Louspeyroux	Torrebren	25
Lussac	Villefranche	52
Lyas	Lyas	70

Paroisses.	Juridictions.	Feux.
Magdeleine (La)	Damazan	11
Magdeleine (La). (Voyez Montréal.)		
Marquadieu	Nérac	200
Marcadis	Moncrabeau	42
Marque (La)	La Gruere	72
Marsolan Saint-Georges Tressens	Marsolan	167
Mas-d'Agenois (Le) (bourg)	Le Mas-d'Agenois	212
Mas-de-Fimarcon (Le)	Le Mas-de-Fimarcon	143
Mazères	Mézin	37
Meillan	Torrebren	19
Mézin (ville)	Mézin	347
Molère	La Bastide	50
Moncassin	Moncassin	62
Moncrabeau (bourg)	Moncrabeau	92
Monguillem	Monguillem	53
Monhurt	Monhurt	31
Monluc Saint-Léger	Damazan	64
Montagnac et Sarrere (Larrère)	Montagnac	100
Montgaillard	Montgaillard	79
Montréal (bourg) Corneillan La Magdeleine Genens	Montréal	192
Nazareth	Nérac	282
Nérac, ville	Nérac	361
Notre-Dame des Prés	Villefranche	65
Paraix	Astaffort	71
Peyres (Las). (Voyez Fourcez.)		

Paroisses.	Juridictions.	Feux.
Peyroux. (Voyez Louspeyroux.)		
Pinderes	Pinderes	124
Plaigne (La)	Gazaupouy	59
Plains (Plavis) et Trignan	Mézin	54
Pompiey	Pompiey	25
Pouy	Mézin	33
Pradeau	Condom	53
Puch de Gontaud	Puch de Gontaud	374
Pujols	Condom	19
Puy-Forteguille (Le)	Le Puy-Forteguille	54
Puy-Roquelaure	Puy-Roquelaure	89
Reaut (Réaup)	Mézin	57
Rignac	Rignac	40
Roque-Fimarcon (La)	La Roque-Fimarcon	62
Roque-Maniban (La)	La Roque-Maniban	134
Roquepine	Roquepine	32
Roumieu (La) (ville)	La Roumieu	396
Sarazan	Condom	10
Sarrere (Larrère). (Voyez Montagnac.)		
Saumejean	Saumejean	53
Senestis	Le Mas-d'Agenois	109
Saint-Availle (Xaintrailles)	Saint-Availle	188
Saint-Aumely	Mézin	16
Saint-Crapazy	Condom	45
Saint-Crapazy	Le Mas-d'Agenois	27
Saint-Crapazy	La Gruere	43
Saint-Geme (Sainte-Gemme)	Montagnac	78
Saint-Genis	La Bastide	46
Saint-Georges. (Voyez Marsolan.)		
Saint-Hilaire	Condom	25
Saint-Jacques	Condom	71

Paroisses.	Juridictions.	Feux.
Saint-Juin	La Gruere	29
Saint-Julien	Mézin	10
Saint-Julien	Fargues	35
Saint-Julien. (Voyez Fargues.)		
Saint-Lary	Mézin	5
Saint-Laurent	Condom	16
Saint-Léger. (Voyez Monluc.)		
Saint-Livrade (Sainte-Livrade)	Condom	46
Saint-Léon	Damazan	82
Saint-Loup	Montagnac	44
Saint-Martin	Caumont	18
Saint-Martin. (Voyez Vievau.)		
Saint-Martin d'Albres	Torrebren	41
Saint-Martin de Goine	Saint-Martin-de-Goine	74
Saint-Martin de Loques	Le Mas-d'Agenois	34
Saint-Mézard	Saint-Mézard	121
Saint-Michel	Condom	10
Saint-Orens	Condom	51
Saint-Ozens (Orens). (Voyez Francescas.)		
Saint-Pau	Torrebren	15
Saint-Pé	Saint-Pé	100
Saint-Sauveur	Caumont	37
Saint-Simon	Saint-Simon	28
Saint-Sixte. (Voyez Dunes.)		
Sainte-Catherine	Mézin	3
Sainte-Geme	Montagnac	78
Sainte-Geme	Labastide	69
Sainte-Germaine	Condom	34
Sainte-Livrade	Condom	46
Sainte-Marthe	Bianne (Vianne)	19
Sainte-Marthe	Caumont	104

Paroisses.	Juridictions.	Feux.
Sainte-More	Torrebren	29
Sainte-Pompoigne (Pompogne).	Sainte-Pompoigne . . .	68
Sainte-Rafine. (Voyez Lialores.)		
Taillebourg	Taillebourg.	73
Taillebourg	Caumont	36
Tens.	Mézin	35
Tillet	Bousses	18
Torrebren	Torrebren	39
Touars	Touars	118
Touyouse.	Touyouse.	52
Trenqueléon	Trenqueléon	27
Tressens. (Voyez Marsolan.)		
Trignan. (Voyez Plains) (Plavis).		
Trite (La) (Lahite).	Moncrabeau	137
Vievau et Saint-Martin. . . .	Condom.	70
Vignes et Lompian	Damazan	60
Villaton.	Villaton.	160
Villefranche du Queyran. . .	Villefranche.	189
Villeneuve	Villeneuve	40
Uzan	La Bastide	36
191 paroisses.		16.183
262 pour le Bazadois.	Pour le Bazadois	21.375
453 paroisses.	Total. . . .	37.558

SÉNÉCHAUSSÉE D'AGEN.

Paroisses du diocèse d'Agen dépendantes de la sénéchaussée d'Agen (1).

Abondance (Sainte-) : Virazeil.
Agassas : Saint-Barthélemy.
Agen.
* Admé [pour Agmé] : (le duc de La Force).
Aignac : La Sauvetat-de-Caumont.
Aignan (Saint-) : Madaillan.
Aignan (Saint-) : Penne.
* Aiguillon : (le duc d'Aiguillon).
Aiguesvives : Saint-Pastour et Cancon.
Alayroux : Monflanquin.
Allemans : (le marquis de Sonneville).
Allemans : Penne.
Allemans : Tombebœuf.
Allès : Tombebouc.
Amans (Saint-) : Beauville.
Amans [de Scandaillac] (Saint-) : Born.
Amans (Saint-) : Castelculier.
Amans (Saint-) : Frespech.
Amans (Saint-) : Monpezat.
André (Saint-) : Agen et Castelculier.
André (Saint-) : Monflanquin.
André (Saint-) : Monpezat.
André (Saint-) : Puymirol.
Angayrac : Beauville et Combebonnet.
Anthé : Tournon.
Antoine (Saint-) : Penne.
Anzas (annexe de Sainte-Colombe) : Duras.

(1) Nous donnons d'abord le nom de la paroisse, puis le nom du seigneur ou de la juridiction. — Le nom du seigneur est mis entre deux parenthèses. — Les noms des chefs-lieux de juridiction sont précédés d'un astérisque.

Armillac : Saint-Barthélemy.
Arnaud (Saint-) : Bajamont.
Arpens : Praissas.
Artigues : Agen.
Astier (Saint-) : Puychagut.
Aubin (Saint-) : Monflanquin.
Auradou : Penne.
Aurignac : Montégut.
* Avit (Saint-) : (le baron d'Uzech).
Avit (Saint-) : Aiguillon.
Avit (Saint-) : Monflanquin.
Ayrens : Tournon.

* Bajamont : (le marquis de Chazeron).
Baleyssagues : Duras.
Barbas : Born.
* Barthélemy (Saint-) : (le prince de Pons).
Barthélemy (Saint-) : Frégimont.
Baugas : Saint-Pastour et Cancon.
* Bauzel (Saint-) : (M. de Rébessac).
Bazens et Retombat : Port-Sainte-Marie.
Beaupuy : Marmande.
* Beauville : (le marquis de Talleyrand).
Béferry : Saint-Barthélemy.
Belvès (Saint-Pierre de) : Monclar.
Bernac : Théobon.
Beyssac : Marmande.
Bias : Tombebouc.
Bimon : Beauville.
* Birac : (M. Dallenet, secrétaire du Roy près le Parlement).
Biraguet : Saint-Barthélemy.
Bistauzac : Gontaud.
* Blanquefort : (le marquis de Beaucarré).
Blaymont : Beauville.
Boé (Saint-Sulpice de) : Agen.
* Bonnaguil : (le marquis de Beaucarré).

Bonneval : Montégut.
Bonneval : Penne.
Bonnenouvelle : Paulhiac.
* Born : (le marquis de Castelmoron).
Boudy : Monflanquin.
Bouillas : Marmande.
Bouissel : La Sauvetat-de-Caumont.
Bourdel : Puymiclan.
Bourgougnague : Lauzun.
Bourlens : Tournon.
Bournac : Montégut.
Bournel : Montaut.
Boussort : Fauguerolles.
* Bouynet : (M. Dudon, avocat général au Parlement).
Brech : Tombebœuf.
Brice (Saint-) : Clairac.
Brice (Saint-) : Lévignac.
Brugnac : Verteuil.
Bugassat : Tonneins-Dessus.
Buzenon : Castelsagrat.

Cabalsaut (Notre-Dame de) : Puymirol.
Cadillac : La Sauvetat-de-Caumont.
* Cahusac : (le duc de Laroche-Foucauld).
Caillac (voyez Saint-Sulpice de Caillac).
Cailladèles : Monflanquin.
Caillavet : Frespech.
Caissac et Monbran : Agen.
Calviac : Monflanquin.
Calvignac : Penne.
* Cambes : (M. de Timbrune-Valence).
Cambes : Pujols.
Cambes : Clairac.
Cambot : Combebonnet.
Campot : Puymirol.
Campagnac : Casseneuil.

Campagnac : Montjoye.
* Cancon : (le prince de Pons).
Caprais de Lerm (Saint-) : Agen.
Caprais (Saint-) : Puymirol.
Caprais (Saint-) : Monflanquin.
Cardonnet : Madaillan.
Cardonnet (Le petit) : Agen.
Carpillou : Laroque-Timbaut.
Carrou : Tombebœuf.
* Casseneuil : (le prince de Pons).
Cassignas : Frespech.
Cassou : Agen.
* Castela (Le) : (M. le baron du Castela).
* Castelculier : (le duc d'Aiguillon, engagiste).
* Castelmauron : (le marquis de Castelmauron).
* Castelnau : (le duc d'Aiguillon).
* Castelsagrat (Saint-Michel de) : (le duc d'Aiguillon).
* Castets : (le marquis de Valence).
Castillon : Praissas.
* Castillonnès.
Catherine de Villeneuve (Sainte-) : Villeneuve.
* Cauzac : (Mme la comtesse de Châteaurenard).
Cauzac (Le vieux) : Cauzac.
Cavarc : Castillonnès.
Cazeneuve : Tombebouc.
Cazideroque : Puycalvary.
Cécille (Sainte-) : Montégut.
Celles : Castillonnès.
Cézerac : Tournon.
Chalier (Saint-) : Blanquefort.
Christophe (Saint-) : Puymirol.
Cirq (Saint-) : Agen.
Clair (Saint-) : Castelsagrat.
Clair (Saint-) : Frespech.
* Clairac : (l'abbé de Clairac).
Clermont-Dessous.

* Clermont-Dessus : (le marquis de Clermont-Dugasquet).
Coleignes : Aiguillon et Clairac.
Collonges : Pujols.
Colomb (Saint-) : Lauzun.
Colombe (Sainte-) : Duras.
Colombe (Sainte-) : Tombebouc.
Colonges : Clairac.
Colonges : Castelsagrat.
Colonges : Villeneuve.
* Combebonnet : (le comte de Rastignac).
* Condesaigues : (le marquis de Fumel-Montaigu).
Corconac : Monflanquin.
Cosme (Saint-) : Aiguillon.
Couloussac : Tournon.
Coupet : Clermont-Dessus.
Courbiac : Villeneuve.
Courbiac : Tournon.
* Cours : (le marquis de Lapoujade).
Cours : Tombebœuf.
Coussan : Marmande.
Croix (Sainte-) : Clermont-Dessus.
Croix (Sainte-) : Lévignac.
Croix (Sainte-) : Puymirol.
Crouzillac : Monflanquin.
Cugurmont : Monpezat.
* Cuzorn : (M. Escourre).
Cyprien (Saint-) : Dolmayrac (pour partie), Monpezat (pour partie).

Damien (Saint-) : La Sauvetat-de-Savères et Puymirol.
Delclos : Roquecor.
Denis (Saint-) : Agen et Castelculier.
Denis (Saint-) : Madaillan.
Devillac : Villeréal.
Didier (Saint-) : Castillonnès.
Dimeuil : Clairac.

* Dolmayrac : (le duc d'Aiguillon).
Dolmayrac : Agen.
Dominipech : Monpezat.
* Dondas : (le chapitre de Sarlat).
Doudrac : Villeréal.
Doulougnac : Madaillan.
Dousains : Cahuzac.
Dousse [Dausse] : Tournon.
* Duras (Saint-Ayrard) (?) : (le duc de Duras).

* Escassefort : (M. Dalesmes).
Esclottes (?) : Duras.
* Espalais : (M. d'Espalais).
Estrades : Villeréal.
Envals : Bouynet.
Étienne de Fougères (Saint-) : Sainte-Livrade.
Étienne (Saint-) : Lacour.
Étienne (Saint-) : Roquecor.
Étienne (Saint-) : Tonneins-Dessous.
Étienne (Saint-) : Villeneuve.
Étienne (Saint-) : Villeréal.
Eulalie (Sainte-) : Cauzac.
Eulalie (Sainte-) : Monjoy.
Eutrope (Saint-) : Born.
Eutrope (Saint-) : Laroque-Timbaut.
Eutrope (Saint-) : Monclar.
Eyfours (voir Yffour).

* Faugucrolles : (le marquis de Chazeron).
Faugucrolles : Gontaud.
* Fauillet : (le duc de La Force).
Ferransac : Castillonnès.
Ferréol (Saint-) : Agen.
* Ferrussac : (le baron de Ferrussac).
Ferrussac : Roquecor.
Floirac : Praissas et Monpezat.

* Fongrave : (les religieuses de Fontevrault).
Foulayronnes : Agen.
Foy de Jérusalem (Sainte-) : Agen.
Foy des Cailles (Sainte-) : Penne.
Foy de Frespech (Sainte-) : Frespech.
Foy de Pech-Bardat (Sainte-) : Monpezat et Prayssas.
Foy de Penne (Sainte-) : Penne.
Foy (Sainte-) : Pujols.
Foy d'Anthe (Sainte-) : Tournon.
Fraisses : Madaillan.
Fraisses : Puymirol.
* Frespech : (le baron de Raigniac).
Frégimont.
* Front (Saint-) : (l'abbaye d'Eysses).
Fruge [pour Feuge] : Puymiclan.
* Fumel : (le comte de Fumel).

* Galapian : (M. d'Albessard).
Gandaille : Combebonnet.
Garrigue : Marmande.
Gassas : Cahuzac.
Gasques : Castelsagrat.
Gatien (Saint-) : Villeréal.
Gaujac : Praissas.
* Gavaudun : (le marquis de Castelmauron).
Gayrand (Saint-) : Grateloup.
Gimbrède : Paulhiac.
George (Saint-) : Tonneins-Dessus.
George (Saint-) : Tournon.
Germain (Saint-) : La Sauvetat-de-Caumont.
Germain de Rivière (Saint-) : Tonneins-Dessous.
Germain (Saint-) : Villeréal.
Gervais (Saint-) : Castelmauron.
Graissas : Clermont-Dessus.
* Granges : (le duc d'Aiguillon). — Aiguillon (pour partie), Monpezat (pour partie).

* Grateloup : (le comte de Lavauguyon).
* Golfech : (le commandeur de Malte).
* Gontaud : (le duc d'Aiguillon).
* Goudourville : (M. Berdolle, ancien capitoul).
Gouts : Aiguillon.
Goux : Montégut.
Grégoire (Saint-) : Cahuzac.
Grégoire (Saint-) : Le Rayet.

Hautefage : Penne.
* Hauterive : (M. de Raffin d'Hauterive).
* Hautesvignes : (M. d'Albessard).
Hilaire de Colayrac (Saint-) : Agen.
Hilaire de Monflanquin (Saint-) : Monflanquin.
Hilaire (Saint-) : Penne.

Izaac : La Sauvetat-de-Caumont.
Jean d'Admé (Saint-) : Admé [pour Agmé].
Jean (Saint-), annèxe de Born : Born.
Jean des Bordiels (Saint-) : Frespech.
Jean des Peyrières (Saint-) : Laparade.
Jean de Cugnac (Saint-) : Monclar.
Jean d'Ambez (Saint-) : Aiguillon.
Jean de Lerm (Saint-) : Villeneuve.
Jean de Thurac (Saint-) : Puymirol.
Julien de Lamothe (Saint-) : Lacour.
Julien de Terrefosse (Saint-) : Madaillan.
Julien (Saint-) : Port-Sainte-Marie.
Julien de Lasserre (Saint-) : Saint-Maurin.
Julien de Boissaguel (Saint-) : Puymirol.
Julien de Coissels (Saint-) : Roquecor.
Julien (Saint-) : Agen (?).
Just (Saint-) : Penne.

Labretonie : Admé [pour Agmé].
Labruguède : Castelsagrat.

* Lacapelle-Biron : (M. de Carbonnier, marquis de Lacapelle-Biron).
Lacapelle-Regnaud : Agen.
Lacaussade : Monflanquin.
* Lacenne : (le duc d'Aiguillon, engagiste).
Lacépède : Monpezat et Clairac.
Lachapelle des Bretous : Montjoy et Castelsagrat.
* Lachapelle-Marmande : (le duc d'Aiguillon, engagiste).
* Lacour : (M. de Bosredon).
Ladignac : Penne.
Lafitte : Clairac.
* Lafox : (le marquis de Chazeron).
Lagardelle : Tournon.
Lagarde : L...
Lagarrigue : Aiguillon.
* Lalande : (M. Berdolle, ancien capitoul).
Lalandusse : Cahuzac.
* Lamaurelle : (M. de Raigniac).
Lamothe : Tournon.
Lamothe-d'Allès : Lauzun.
Lamothe-Fey : Monflanquin et Villeneuve.
* Laparade : (le duc d'Aiguillon).
* Laperche : (M. Labrousse).
Lapoujade : Tournon.
* Laroque-Thimbaut : (M. Raffin d'Hauterive).
Lasbardes : Moulinet.
Lasfargues : Madaillan.
* Lastreilles : (le comte de Fumel-Montégut).
Laspailloles (voir Pailloles).
* Laugnac : (M. le marquis de Chazeron).
Laurent (Saint-) : Lauzun.
Laurent de Buzareigues (Saint-) : Lusignan.
Laurent (Saint-) : Port-Sainte-Marie.
Laurent (Saint-) : Seyches.
Laurenque : Gavaudun.
Laurès : Bouynet.

Laurier (Le) : Tombebouc.
* Lauzun : (le duc de Biron).
Laussou : Boynet.
Laval : Penne.
* Lavedan : (le comte de Fontenilles).
Lavergne : Lauzun.
Lédat (Le) : Casseneuil.
Léger (Saint-) : Penne.
Léger (Saint-) : Puychagut.
Lesterne : Monpezat et Praissas.
* Lévignac : (le duc de Biron).
Lintignac : Moulinet.
* Livrade (Sainte-) : (le duc d'Aiguillon).
* Londres : (le duc d'Aiguillon).
* Longueville : (M. de Pichon).
Loubès : Théobon.
Lougrate : Castillonnès.
Loupignac : Moulinet.
Lubersac : Duras.
Lucante . Tournon.
Lugagnac : Born.
* Lusignan-Grand : (le marquis de Lusignan).
Lusignan-Petit : Lusignan (pour partie), Madaillan (pour partie).

* Madaillan : (le duc d'Aiguillon).
Madeleine (La) : Marmande.
Madeleine (La) : Puymirol.
Magnac : Penne.
Magnon : Fauillet.
Mail (Le) : Pujols.
* Malromé : (M. de Malromé).
Marcel (Saint-) : Penne.
* Marmande : (le duc d'Aiguillon).
Marsac : Clairac.
* Marsac : (M. de Bourran-Laugnac).

Marthe (Sainte-) : Grateloup.
Martin d'Andrenx (Saint-) : Agen (?).
Martin de Cahuzac (Saint-) : Castillonnès.
Martin (Saint-) : Clairac.
Martin (Saint-) : Clermont-Dessus.
Martin de Beauville (Saint-) : La Sauvetat-de-Savères.
Martin de Doulougnac (Saint-) : Madaillan.
Martin de Bournazel (Saint-) : Montégut.
Martin des Cailles (Saint-) : Penne.
Martin de l'Abelanède (Saint-) : Puymirol.
Martin de Villeréal (Saint-) : Villeréal.
Massels : Frespech.
Masseurt : Marmande.
Massoulès : Penne.
Masquières : Tournon.
Maurice (Saint-) : Castillonnès.
Maurice (Saint-) : Monpezat.
Maurignac : Lusignan.
Maurillac : Lauzun.
* Maurin (Saint-) : (l'abbé de Saint-Maurin).
Mazerac : Casseneuil.
Mazères : Port-Sainte-Marie.
Mazières : Villeréal.
Médard (Saint-) : Port-Sainte-Marie.
Mérens : Agen.
Miar (Saint-) [pour Saint-Médard] : Monpezat.
Michel (Saint-) : Montégut.
Millac : Cancon.
Miramont-d'Eymet.
* Miramont : (le duc d'Aiguillon).
Moiras : Tombebœuf.
* Monbahus : (le duc de Biron).
* Monbalen : (le marquis de Chazeron).
Monbarbat : Clairac.
Monbran : Agen.
Monbusq : Agen.

Monceyrou : Le Rayet.
* Monclar : (le duc d'Aiguillon).
Monibal : Cancon.
Monmarès : Penne.
* Montjoy : (le duc d'Aiguillon, engagiste).
* Monpezat : (le duc d'Aiguillon).
Monréal : Agen.
* Monségur : (le marquis de Fumel-Montégut).
* Monsempron : (le prieur de Monsempron).
Montagnac : Paulhiac.
Montaillac : Théobon.
Montardit : Grateloup (pour partie), Verteuil (pour partie).
* Montastruc : (le comte de Flamarens).
* Montaut : (le duc de Biron).
Montayral : Tournon.
Monteaujac : Monségur.
* Montégut : (le comte de Fumel-Montégut).
* Monteton : (M. Digeon).
* Monflanquin : (le duc d'Aiguillon, engagiste).
Montignac : Saint-Barthélemy.
Montignac : Lauzun.
Montoriol : Castillonnès.
* Montviel : (M. d'Abzac, marquis de Montviel-Moulinet).
Moudoullens : Tournon.
* Moulinet : (M. de Rolly).
Moustiers : La Sauvetat-de-Caumont.

Nagejouls : Tournon.
Naresse : Villeréal.
Nazaire (Saint-) : Lauzun.
Nazaire (Saint-) : Puychagut.
* Nicole : (le duc d'Aiguillon).
Noaillac : Penne.
Noaillac : Pujols et Tombebouc.
Norpech : Cauzac.
Notre-Dame del Pech : Laroque-Thimbaut.

Nozières : Puymiclan.

Paignagues : Monpezat.
Pailloles : Casseneuil.
* Pardaillan : (M. de Sonneville).
Pardoux (Saint-) : Marmande.
Pardoux (Saint-) : Seyches.
Pardoux (Saint-) : La Sauvetat-de-Caumont.
Pardoux (Saint-) : Monflanquin.
Parizot : Villeréal.
Parranquet : Villeréal.
* Pastour (Saint-) : (le duc d'Aiguillon).
Pau : Beauville.
Paul (Saint-) : Monflanquin.
Paulhiac : Agen (pour partie), Madaillan (pour partie).
* Paulhiac : (le comte de Fumel).
Pédegat : Prayssas.
Pélagat : Aiguillon.
* Penne : (le duc d'Aiguillon, engagiste).
Péricard : Tournon.
Pérignac : Monpezat.
Périllac : Cancon.
Pervillac : Montégut.
Pervillac : Puymirol.
Peyrières : Seyches.
Philippe (Saint-) : Tournon.
Pierre (Saint-) : Clairac.
Pierre d'Aurival (Saint-) : Laroque-Thimbaut.
Pierre de Lévignac (Saint-) : Lévignac.
Pierre de Clairac (Saint-) : Puymirol.
Pierre del Pech (Saint-) : Combebonnet et Saint-Maurin.
Pierre de Gaubert (Saint-) : Agen.
Pierre Lafeuille (Saint-) : Bajamont.
Pierre de Malause (Saint-) : Clermont-Dessus.
Pierre de Nogaret (Saint-) : Gontaud.
Pierre des Pins (Saint-) : Grateloup et Boynet.

Piis : Boynet.
Pin (Saint-Pierre du) : Monségur.
Pinel : Monclar.
Planels : Castelsagrat et Monjoy.
* Pommevic : (le Séminaire d'Agen).
Pompiac : Castillonnès.
Port-de-Penne : Penne.
* Port-Sainte-Marie : (le duc d'Aiguillon et le chapitre de Saint-Caprais).
* Praissas : (le marquis de Sonneville).
Prélats : Monclar.
Puisserampion : La Sauvetat-de-Caumont.
* Puycalvary : (le comte de Cadrieu).
* Puychagut : (Mlle de Théobon).
* Puy-Dauphin : (le duc de Biron).
* Puymiclan : (M. Dalbessard).
* Puymirol : (le duc d'Aiguillon, engagiste).
* Pujols : (M. de Gombaud).

Quentin (Saint-) : Castillonnès.
Queyssel : Lauzun.
Quissac : (le marquis de Montazet).
Quitimont : Monpezat.
Quitterie (Sainte-) : Frespech.

Radegonde (Sainte-) : Agen.
Radegonde (Sainte-) : Aiguillon.
Radegonde (Sainte-) : Villeneuve.
* Rayet (Le) : (M. de Paty, conseiller au Parlement).
Remy (Saint-) : Castelmauron.
Retombat : Port-Sainte-Marie.
Rives : Villeréal.
Robert (Saint-) : La Sauvetat-de-Savères.
Romas : Port-Sainte-Marie.
Romain (Saint-) : Puymirol.
Romain (Saint-) : La Sauvetat-de-Caumont.

Roquadet : Cancon et Castillonnès.
* Roquecor : (le marquis de Gironde et le marquis de Monclera).
Roquefère : Monflanquin.
Roubillou : Castelmoron et Laparade.
Roudouloux : Puymirol.
Rouets : Pujols.
* Rouets : (le marquis d'Escorbiac).
Roumagne : La Sauvetat-de-Caumont.
Ruffine (Sainte-) : Agen.

Salabès : Lauzun.
Salles : Castelsagrat.
Salles : Gavaudun.
Sabine (Sainte-) : Villeréal.
Salvy (Saint-) : Frégimont.
* Sardos (Saint-) : (le duc d'Aiguillon). — Monpezat (pour partie.)
* Sauvagnas : (le commandeur de Malte). — Bajamont.
Sauvetat (La) : Blanquefort.
* Sauvetat-de-Caumont (La) : (le duc d'Aiguillon).
Sauvetat (La) : Monflanquin.
* Sauvetat-de-Savères (La) : (le duc d'Aiguillon et le chapitre de Saint-Caprais).
* Sauveterre : (le marquis de Losse).
* Sauveur (Saint-) : (le duc d'Aiguillon, engagiste).
Savignac : Monflanquin.
Savignac [pour Sérignac (?)] : Lauzun.
* Savignac : (le marquis d'Hauterive).
Sembas (voir Saint-Vast).
Sénezelles : Casseneuil.
Sernin (Saint-) : Monflanquin.
Sernin (Saint-) : Villeneuve.
Sernin (Saint-) : Villeréal.
Sermet : Laparade.
Serres : Agen et Bajamont.

* Seyches : (M. de Pontac).
Sigalas : Lauzun.
Sigougnac : Castelsagrat.
Sibournet (Saint-) : Villeréal.
Silvestre (Saint-) : Penne.
Sivert : Lévignac.
Sixte (Saint-) : Combebonnet et La Sauvetat-de-Savères.
Sombal : Tournon.
Soubiroux : Villeneuve.
Souillas : Saint-Bauzel.
Souliès : Paulhiac.
Soussis : Tournon.
* Soumensac : (Delfieux de Chillaud, comte de Soumensac).
Subrebos : Laparade.
Sulpice de Caillac (Saint-) : Monflanquin.
Sulpice de Reccalède (Saint-) : Monflanquin.
Sulpice de Rivalède (Saint-) : Villeneuve.
Sulpice de Rivelot (Saint-) : Villeneuve.
Taradel : Born.
Taradel : Verteuil.
Tayrac : Monflanquin.
Tayrac : Puymirol.
* Temple (le) : (l'Ordre de Malte et Montpezat pour partie).
* Théobon : (Mlle de Théobon ou le marquis de Talleyrand).
Thézac : Tournon.
Thomas (Saint-) : Penne.
Tinagues : Clairac.
* Tombebœuf : (le marquis de Tombebœuf).
* Tombebouc : (le comte de Fumel-Montégut).
* Tonneins-Dessus : (le duc de La Force).
* Tonneins-Dessous : (M. de Lavauguyon).
Toupinerie : Saint-Barthélemy.
* Tournon : (le duc d'Aiguillon, engagiste).

Tourreil : Tournon.
Tourtrès : Tombebœuf.
Trémons : Penne, Puycalvary et Tournon.
Trémons : Villeneuve.
Trentels : Penne.
Trouillac : Villeréal.
Uffert : Théobon.
Unet : Tonneins-Dessus.
Urcisse (Saint-) : Puymirol.
Valeilles : Tournon.
* Valence : (le marquis de Valence).
Valettes : Castillonnès.
Vaqué (le) : Clairac.
Varès : Grateloup.
Vast (Saint-) [pour Sembas] : Savignac.
Vauris : Gavaudun.
Vennes (les) : Seyches.
Verdegas : Verteuil.
* Verteuil : (le marquis de Castelmauron).
Veyrines : Blanquefort.
Victor (Saint-) : Cauzac et Beauville.
Villas : Monflanquin.
Villebramar : Tombebœuf.
* Villeneuve : (le duc d'Aiguillon, engagiste).
Villeneuve : Monclar.
Villeneuve : Puychagut.
* Villeréal : (le duc d'Aiguillon, engagiste).
Villotes : Fauillet.
* Virazeil : (M. Dalesme).
Vitrac : Monbalen.
Vincent [de Médillac] (Saint-) : Clairac.
Vincent [de Pérignac] (Saint-) : Monpezat.
Vincent (Saint-) : Montégut.
Vincent [sous son Pech] (Saint-) : Port-Sainte-Marie.
Vivien (Saint-) : Born.
Yffour : La Sauvetat-de-Caumont.

Table des mêmes paroisses groupées par juridictions.

Admé [pour Agmé]. — (Le duc de La Force) : Saint-Vincent d'Admé, Saint-Jean d'Admé, Labretonie.

Agen : Agen, Saint-André [de Cabalsaut], Artigues, Saint-Sulpice de Boé, Caissac, Saint-Caprais de Lerm, Le Petit-Cardonnet, Cassou, Saint-Cirq, Saint-Denis [las Gourgues], Dolmayrac, Saint-Ferréol, Sainte-Foy de Jérusalem, Foulayronnes, Saint-Hilaire de Colayrac, Saint-Julien [de Terrefosse], Lacapelle-Regnaud, Saint-Martin [d'Andrenx], Mérens, Monbran, Monbusq, Monréal, Pauillac, Saint-Pierre de Gaubert, Sainte-Radegonde, Sainte-Ruffine, Serres.

Aiguillon. — (Le duc d'Aiguillon) : Saint-Félix d'Aiguillon, Saint-Avit, Coleignes, Saint-Cosme, Gouts, Granges, Saint-Jean d'Ambez, Lagarrigue, Sainte-Radegonde, Pélagat.

Allemans. — (Le marquis de Sonneville) : Allemans [du Drot].

Avit (Saint-). — (Le baron d'Uzech) : Saint-Avit.

Bajamont. — (Le marquis de Chazeron) : Bajamont, Saint-Arnaud, Saint-Pierre Lafeuille, Sauvagnas, Serres.

Barthélemy (Saint-). — (Le prince de Pons) : Agassas, Armillac, Béfferry, Biraguet, Montignac, Toupinerie.

Bauzel (Saint-). — (M. de Rébessac) : Saint-Bauzel, Souillas.

Beauville. — (Le marquis de Talleyrand) : Beauville, Saint-Amans, Angayrac, Bimon, Blaymont, Paon *ou* Pau, Saint-Victor.

Birac. — (M. Dallenet, secrétaire du Roy près le Parlement) : Birac.

Blanquefort. — (Le marquis de Beaucarré) : Blanquefort, Saint-Chaliès, La Sauvetat, Veyrines.

Bonnaguil. — (Le marquis de Beaucarré) : Bonnaguil.

Born. — (Le marquis de Castelmauron) : Born, Saint-

Amans, Barbas, Saint-Eutrope, Saint-Jean (annexe de Born), Lugagnac, Taradel, Saint-Vivien.

Bouynet [pour Boynet]. — (M. Dudon, avocat général au Parlement) : Bouynet, Envals, Laurès, Laussou, Piis.

Cahuzac. — (Le duc de Laroche-Foucauld) : Cahuzac, Dousains, Gassas, Saint-Grégoire, Lalandusse.

Cambes. — (M. de Timbrune-Valence) : Cambes.

Cancon. — (Le prince de Pons) : Cancon, Aiguesvives, Baugas, Millac, Monibal, Périllac, Roquadet.

Casseneuil. — (Le prince de Pons) : Casseneuil, Campagnac, Le Lédat, Las Pailloles, Mazerac, Sénezelles.

Castela (Le). — (M. le baron du Castela) : Le Castela.

Castelculier. — (Le duc d'Aiguillon, engagiste) : Castelculier, Saint-Amans de Castelculier, Saint-André [de Cabalsaut], Saint-Denis [las Gourgues].

Castelmauron. — (Le marquis de Castelmauron) : Castelmauron, Saint-Gervais, Saint-Rémy, Roubillon.

Castelnau. — (Le duc d'Aiguillon, engagiste) : Castelnau.

Castelsagrat. — (Le duc d'Aiguillon, engagiste) : Saint-Michel de Castelsagrat, Buzenou, Saint-Clair, Colonges, Gasques, Labruguède, La Chapelle des Bretous, Lagarde, Planels, Salles, Ségougnac.

Castets. — (Le marquis de Valence) : Castets.

Castillonnès : Saint-Pierre de Castillonnès, Cavarc, Celles, Saint-Didier, Ferransac, Lougratte, Saint-Martin, Saint-Maurice, Montauriol, Pompiac, Saint-Quentin, Roquadet, Valettes.

Cauzac. — (La comtesse de Châteaurenard) : Cauzac le Vieux, Sainte-Eulalie, Norpech, Saint-Victor.

Clairac. — (L'abbé de Clairac) : Clairac, Cambes, Coleignes, Colonges, Saint-Brice, Dimeuil, Lacépède, Lafitte, Marsac, Saint-Martin, Monbarbat, Saint-Pierre, Levaqué, Tinagues, Saint-Vincent.

Clermont-Dessous : Clermont-Dessous.

Clermont-Dessus. — (Le marquis de Clermont-Dugasquet) :

Sainte-Victoire de Clermont-Dessus, Coupet, Graissas, Saint-Martin, Saint-Pierre de Malaure, Sainte-Croix.

Combebonnet. — (La comtesse de Rastignac) : Combebonnet, Angayrac, Cambot, Gandaille, Saint-Pierre del Pech, Saint-Sixte.

Condesaigues. — (Le marquis de Fumel-Montaigu) : Condesaigues.

Cours. — (Le marquis de Lapoujade) : Cours.

Cuzorn. — (M. Escourre) : Cuzorn.

Dolmayrac. — (Le duc d'Aiguillon) : Dolmayrac, Saint-Cyprien (pour partie).

Dondas. — (Le chapitre de Sarlat) : Dondas.

Duras. — (Le duc de Duras) : Saint-Eyrard de Duras, Anzas, Baleyssague, Sainte-Colombe, Esclottes, Lubersac.

Escassefort. — (M. Dalesme) : Escassefort.

Espalais. — (M. d'Espalais) : Espalais.

Fauguerolles. — (Le marquis de Chazeron) : Fauguerolles, Boussort.

Fauillet. — (Le duc de La Force) : Fauillet, Magnon, Villotes

Frégimont : Frégimont, Saint-Barthélemy [de Bezombat], Saint-Salvy.

Frespech. — (Le baron de Raigniac, conseiller au Parlement) : Notre-Dame de Frespech, Saint-Amans, Caillavet, Cassignas, Saint-Clair, Sainte-Foy, Saint-Jean de Bourdiels, Massels, Sainte-Quitterie.

Ferrussac. — (Le baron de Ferrussac) : Ferrussac.

Fongrave. — (Les religieuses de Fontevrault) : Fongrave.

Front (Saint-). — (L'abbaye d'Eysses) : Saint-Front.

Fumel. — (Le comte de Fumel) : Fumel.

Ga[illegible]n. — (M. d'Albessard) : Galapian.

Gavaudun. — (Le marquis de Castelmauron) : Gavaudun, Laurenque, Salles, Vauris.

Golfech. — (Le commandeur de Malte) : Golfech.

Gontaud. — (Le duc d'Aiguillon, engagiste) : Gontaud, Bistauzac, Fauguerolles, Saint-Pierre de Nogaret.

Goudourville. — (M. Berdalle, ancien capitoul) : Goudourville.

Granges. — (Le duc d'Aiguillon, engagiste) : Granges.

Grateloup. — (Le comte de Lavauguyon) : Grateloup, Saint-Gayrand, Sainte-Marthe, Montardit (pour partie), Saint-Pierre des Pins, Varès.

Hauterive. — (M. de Raffin-d'Hauterive) : Hauterive.

Hautesvignes. — (Mme d'Albessard) : Saint-Étienne d'Hautesvignes.

Lacapelle-Biron. — (M. de Carbonnier, marquis de Lacapelle-Biron) : Lacapelle-Biron.

Lachapelle. — (Le duc d'Aiguillon, engagiste) : Lachapelle-Marmande.

Lacenne. — (Le duc d'Aiguillon, engagiste) : Lacenne.

Lacour. — (M. de Bosredon) : Lacour, Saint-Étienne [de Castanède], Saint-Julien [de Lamothe ou de Serres].

Lafox. — (Le marquis de Chazeron) : Lafox.

Lagarde : Lagarde.

Lalande. — (M. Berdolles, ancien capitoul) : Lalande.

Lamaurelle. — (M. de Raigniac) : Lamaurelle.

Laparade. — (Le duc d'Aiguillon) : Laparade, Saint-Jean de Roubillou, Sermet, Subrebos.

Laperche. — (M. Labrousse) : Laperche.

Laroque-Thimbaut. — (M. de Raffin-d'Hauterive) : Laroque-Thimbaut, Carpillou, Saint-Eutrope, Notre-Dame del Pech, Saint-Pierre.

Lastreilles. — (Le comte de Fumel-Montaigut) : Lastreilles.

Laugnac. — (Le marquis de Chazeron) : Laugnac, Marsac.

Lauzun. — (Le duc de Biron) : Lauzun, Bourgougnagues,

Saint-Colomb, Lamothe-d'Ales, Lavergne, Saint-Laurent, Maurillac, Montignac, Saint-Nazaire, Queyssel, Salabès, Sérignac, Sigalas.

Lavedan. — (Le comte de Fontenilles) : Lavedan (?).

Lévignac. — (Le duc de Biron) : Lévignac, Saint-Brice, Sainte-Croix, Saint-Pierre, Sivert.

Livrade (Sainte-). — (Le duc d'Aiguillon) : Sainte-Livrade, Saint-Étienne de Fougères.

Longueville. — (M. de Pichon) : Longueville.

Londres. — (Le duc d'Aiguillon) : Londres.

Lusignan. — (Le marquis de Lusignan) : Lusignan-Grand, Saint-Laurens [de Buzareignes], Lusignan-Petit, Maurignac.

Madaillan. — (Le duc d'Aiguillon) : Madaillan, Saint-Aignan, Cardonnet, Saint-Denis, Doulougnac, Fraisses, Saint-Julien, Lasfargues, Lusignan-Petit (pour partie), Saint-Martin [d'Andrenx], Paulliac (pour partie).

Malromé. — (M. de Malromé) : Malromé.

Marmande. — (Le duc d'Aiguillon, engagiste) : Marmande, Beyssac, Beaupuy, Bouillas, Coussan, Garrigues, La Madeleine, Massurt, Saint-Pardoux.

Marsac. — (M. de Bourran) : Marsac.

Maurin (Saint-) : Saint-Maurin, Saint-Julien de Lasserre, Saint-Pierre del Pech.

Miramont-d'Eymet.

Miramont. — (Le duc d'Aiguillon) : Miramont.

Monbahus. — (Le duc de Biron) : Monbahus.

Monbalen. — (M. de Chazeron) : Monbalen, Saint-Denis de Vitrac.

Monclar. — (Le duc d'Aiguillon, engagiste) : Monclar, Saint-Eutrope (annexe de Prélats), Saint-Jean, Saint-Pierre de Belvès, Pinel, Prélats, Villeneuve (?).

Monflanquin. — (Le duc d'Aiguillon, engagiste) : Monflanquin, Alayroux, Saint-André, Saint-Aubin, Saint-Avit, Boudy, Cailladèles, Calviac, Saint-Caprais, Corconac,

Crouzillac, Saint-Hilaire, Lacaussade, Lamothe-Fey, Saint-Pardoux, Saint-Paul, Roquefère, Savignac, Saint-Sernin, La Sauvetat-sur-Lède, Saint-Sulpice de Caillac, Saint-Sulpice de Rivelède, Tayrac, Villas.

Monpezat. — (Le duc d'Aiguillon) : Saint-Jean de Monpezat, Saint-Amans, Saint-André, Cugurmont, Saint-Cyprien (pour partie), Dominipech, Floirac, Sainte-Foy, Granges (pour partie), Lacépède, Lesterne, Saint-Maurice, Saint-Miar [Médard], Pagnagues, Pérignac, Quitimont, Saint-Sardos (pour partie), Le Temple (pour partie), Saint-Vincent.

Monségur. — (Le marquis de Fumel-Montaigut) : Monségur, Notre-Dame de Montéaujac, Saint-Pierre du Pin.

Monsempron. — (Le prieur de Monsempron) : Monsempron.

Montastruc. — (Le comte de Flamarens) : Montastruc.

Montaut. — (Le duc de Biron) : Montaut, Bournel.

Montégut. — (Le comte de Fumel-Montégut) : Montégut, Aurignac, Bonneval, Bournac, Sainte-Cécille, Saint-Martin de Goux, Saint-Michel, Pervillac, Saint-Vincent.

Monteton. — (M. Digeon) : Monteton.

Montjoy. — (Le duc d'Aiguillon, engagiste) : Montjoy, Campagnac, La Chapelle des Bretous, Sainte-Eulalie, Planets.

Montviel. — (M. d'Abzac, marquis de Montviel) : Montviel.

Moulinet. — (M. de Rolly) : Moulinet, Lasbardes, Lentignac, Loupignac, Monviel (?).

Nicole. — (Le duc d'Aiguillon) : Nicole.

Pauillac. — (Le comte de Fumel) : Pauillac, Bonnenouvelle, Gimbrède, Montagnac, Souliès.

Pardaillan. — (Le marquis de Sonneville) : Pardaillan.

Pastour (Saint-). — (Le duc d'Aiguillon) : Saint-Pastour, Aiguesvives, Baugas.

Penne. — (Le duc d'Aiguillon, engagiste) : Penne, Saint-Aignan, Allemans, Saint-Antoine, Auradou, Bonneval, Calvignac, Sainte-Foy des Cailles, Sainte-Foy de Penne, Hautefage, Saint-Hilaire, Saint-Just, Ladignac, Laval, Saint-Léger, Magnac, Saint-Marcel, Saint-Martin, Massoulès, Monmarès, Noaillac, Port-de-Penne, Saint-Silvestre, Saint-Thomas, Trémons, Trenteils.

Pommevic. — (Le Séminaire d'Agen) : Pommevic.

Port-Sainte-Marie. — (Le duc d'Aiguillon et le Chapitre de Saint-Caprais) : Port-Sainte-Marie, Bazens, Saint-Julien, Saint-Laurens, Saint-Avit de Mazères, Saint-Médard, Retombat (annexe de Bazens), Romas, Saint-Vincent, [Saint-Martin] de Mazères.

Praissas. — (Le marquis de Sonneville) : Praissas, Arpens, Castillon, Floirac, Sainte-Foy, Gaujac, Lesterne, Pédégat.

Pujols. — (M. de Gombaud) : Saint-Nicolas de Pujols, Cambes, Collongues, Sainte-Foy de Pujols, Le Mail, Noaillac, Rouets.

Puycalvary. — (Le comte de Cadrieu) : Puycalvary, Cazideroque, Trémons.

Puychagut. — (Mlle de Théobon) : Puychagut, Saint-Astier, Saint-Léger, Saint-Nazaire, Villeneuve.

Puydauphin. — (Le duc de Biron) : Puydauphin.

Puymiclan. — (Mme D'Albessard) : Notre-Dame de Puymiclan, Bourdel, Fruge, Nozières.

Puymirol. — (Le duc d'Aiguillon, engagiste) : Saint-Sernin de Puymirol, Saint-André [de Cabalsaut], Notre-Dame de Cabalsaut, Saint-Caprais [de Lerm], Campot, Saint-Christophe, Sainte-Croix, Saint-Damien, Fraysse, Saint-Jean de Thurac, Saint-Julien [de Boissaguel], La Madeleine, Saint-Martin [de l'Abelanède], Pervillac, Saint-Pierre de Clairac, Saint-Romain, Roudouloux, Tayrac, Saint-Urcisse.

Quissac. — (Le marquis de Montazet) : Quissac.

Rayet (Le). — (M. de Paty, conseiller au Parlement) : Le Rayet, Mouceyron, Saint-Grégoire.

Roquecor. — (Le marquis de Gironde et le marquis de Monclera) : Roquecor, Saint-Étienne, Delclos, Ferrussac, Saint-Julien.

Rouets. — (M. de Scorbiac) : Saint-Martin de Rouets.

Sardos (Saint-). — (Le duc d'Aguillon) : Saint-Sardos.

Sauvagnas. — (Le commandeur de Malte) : Sauvagnas.

Sauveur (Saint-). — (Le duc d'Aiguillon, engagiste) : Saint-Sauveur.

Sauvetat-de-Caumont (La). — (Le duc d'Aiguillon, engagiste) : La Sauvetat-de-Caumont, Aignac, Bouisset, Cadillac, Saint-Germain, Izaac, Moustiers, Saint-Pardoux, Puissarampion, Saint-Romain, Roumagne, Eyfoues [Yffour].

Sauvetat-de-Savères (La). — (Le duc d'Aiguillon et le Chapitre de Saint-Caprais) : La Sauvetat-de-Savères, Saint-Damien, Saint-Robert, Saint-Sixte, Saint-Martin.

Sauveterre. — (Le marquis de Losse) : Sauveterre.

Savignac. — (M. le marquis d'Hauterive) : Savignac, Saint-Vast [pour Sembas].

Seyches. — (M. de Pontac) : Seyches, Saint-Laurent de Lavergne, Saint-Pardoux, Peyrières, Les Vennes.

Soumensac. — (Deffieux de Chillaud, comte de Soumensac) : Soumensac.

Temple (Le). — (L'ordre de Malte) : Le Temple.

Théobon. — (Mlle de Théobon ou M. le marquis de Talleyrand) : Théobon, Bernac, Loubès, Montaillac, Uffert.

Tombebœuf. — (Le marquis de Tombebœuf) : Tombebœuf, Allemans, Saint-Hilaire du Brech, Carrou, Cours, Moirax, Tourtrès, Villebramar.

Tombebouc. — (Le comte de Fumel-Montégut) : Tombebouc, Allès, Bias, Cazeneuve, Sainte-Colombe, Laurier, Noaillac.

Tonneins-Dessus. — (Le duc de la Force) : Saint-Pierre de Tonneins-Dessus, Bugassat, Saint-Georges [de Rams], Unet.

Tonneins-Dessous. — (M. de Lavauguyon) : Notre-Dame de Tonneins-Dessous, Saint-Étienne [de Gajoufet], Saint-Germain de Rivière.

Tournon. — (Le duc d'Aiguillon, engagiste) : Tournon, Anthé, Ayrens, Bourlens, Cézerac, Couloussac, Courbiac, Dousse [pour Dausse], Sainte-Foy [d'Anthé], Saint-Georges, Lagardelle, Lamothe [d'Anthé], Lapoujade, Lucante, Masquières, Montayral, Moudoullens, Nagejouls, Péricard, Saint-Philippe, Sombal, Soussis, Thézac, Tourrel, Trémons, Valeilles.

Valence. — (Le marquis de Valence) : Valence.

Verteuil. — (Le marquis de Castelmauron) : Verteuil, Brugnac, Verdegas, Taradel, Montardy.

Villeneuve. — (Le duc d'Aiguillon, engagiste) : Sainte-Catherine de Villeneuve, Colonges, Courbiac, Saint-Étienne, Saint-Jean de Lerm, Lamothe-Fey, Sainte-Radegonde, Saint-Sulpice de Rivelède, Saint-Sulpice de Rivelot, Saint-Sernin, Soubiroux, Trémons.

Villeréal. — (Le duc d'Aiguillon, engagiste) : Villeréal, Devillac, Doudrac, Saint-Étienne, Estrades, Saint-Gatien, Saint-Germain, Saint-Martin, Mazières, Naresse, Parranquet, Parizot, Rives, Sainte-Sabine, Saint-Sernin, Saint-Silbournet, Trouillac.

Virazel : Virazel, Sainte-Abondance.

SÉNÉCHAUSSÉE DE LIBOURNE.

Juridiction de Sainte-Foy-la-Grande.

(Le duc d'Aiguillon, engagiste.)

Appelle.
Avit (Saint-).
Cabeauze.
Cablong.
Eynesse.
Foy (Sainte-).

Lèves (Les).
Ligneux.
Margueron.
Philippe (Saint-).
Riocaud.
Roquille (La).
Soulèges.
Toumeyragues.

SÉNÉCHAUSSÉE DE CONDOM ET BAILLIAGE DU BRULHOIS.

Table alphabétique des paroisses dépendant de la sénéchaussée de Condom.

Amans : Astaffort.
* Ambruch : (M. de Ferron).
Arquisam, succursale de Lamothe-Gondrin : Montréal.
* Astaffort : (le duc d'Aiguillon et le marquis de Fimarçon).
Auloue, succursale de Maignaut : (le grand Tauzia).
Aurens : Fimarcon.
* Ayzieu : (M. de Maniban, premier président du parlement de Toulouse).

Barbonvielle : Astaffort.
* Beaumont : (Despagnac, conseiller au parlement de Paris).
Belmont : Roquepine.
* Berrac : (M. de Cadreil).
Blaziert : Fimarcon.
* Bruch : (le duc d'Antin).

Cadignan : Caumont.
* Calonges : (marquise de Ribérac).
Canes : Condom.
Castelnau : Fimarcon.
Caubeyres : Damazan.
* Caumont : (le duc de La Force).
Caussens : Condom.
Cieuze : Mézin.
* Condom : (l'Évêque et le duc d'Aiguillon).
Condom (Saint-Pierre de) : Condom.

Corneilhan : Montréal.
* Courrensan : (M. Dupleix, lieutenant général civil).

* Damazan : (le duc d'Aiguillon).
* Dunes : (marquise de Dunes).

Eulalie de Condom (Sainte-) : Condom.
Eux (voir Heux).

* Fimarcon : (le marquis de Fimarcon).
Fontclaire : Damazan.
* Fourcès : (la marquise de Bonas et le marquis de Lille).
Fourques : Caumont.
* Francescas : (le duc d'Aiguillon et le marquis d'Aubeterre).
Franche-Comté (La) : Caumont.
Fréchou (Le) : (M. de Chazeron).

Gazaupouy : Fimarcon.
Genens : Montréal.
Georges (Saint-) : Fimarcon.
Germaine (Sainte-), succursale de Castelnau : Condom.
Goalard : Condom.
Gobbès : Fimarcon.
* Goulard : (M. de Montesquieu).
Grasimis : Condom.

Heux : Montréal et Larroque (pour partie).

Juin (Saint-) : Lagruère.

Lagarde : Fimarcon.
* Lagruère : (le duc d'Aiguillon).
Lamarque : Lagruère.
* Lamontjoie : (le duc d'Aiguillon et M. de Marin).
* Lamothe-Goas : (la comtesse de Goas).

Lannes : Mézin.
Laplaigne : Fimarçon.
* Larue : (le marquis d'Esclignac).
* Laroque-Engalin : (le marquis de Lusignan et M. Rocaing).
* Laroque-Verduzan : (M. de Verduzan, conseiller à la cour des Aides de Bordeaux).
Larressingle : Condom.
Laroumieu : Fimarçon.
Lartigue, succursale de Fourcès : Montréal.
Laspeyres : Fourcès.
Lialores : Condom.
* Lias : (M. de Lustrac).
* Ligardes : (le curé d'Aubeterre, M. de Campagnac, M. d'Aiguesmortes, M. de Bazignan et M. du Bouzet.
* Lisse : (M. Dubarbié, commissaire des guerres à Bayonne).
* Louspeyroux : (M. Larue).
Luzanet : Montréal.

Madeleine (La) : Damazan.
Madeleine (La), succursale de Labarrère : Montréal.
Mas de Fimarçon (Le) : Fimarçon.
Marsolan : Fimarçon.
Marthe (Sainte-) : Caumont.
Martin (Saint-) : Caumont.
Mazeret, succursale d'Andiran : Mézin.
* Mézard (Saint-) : (le marquis de Lussan).
Mézin : (le duc d'Aiguillon).
Monluc : Damazan.
* Montcassin : (M. de Castagnet, maître des requêtes).
* Montguilhem : (le duc d'Aiguillon et M. de Maniban).
* Montréal.

Orens (Saint-) : Condom.
Orens (Saint-) : Francescas.

Paraix : Astaffort.
* Poudenas : (le marquis de Poudenas).
Poumaro, succursale de Larroque : Condom.
Pouy, succursale d'Artigues : Montréal.
Pouy-Roquelaure : Roquepine.
Pujols : Condom.

Réaup : Mézin.
Routges : Montréal.
Rouilhan, succursale de Lamothe-Gondrin : Montréal.
* Roquepine : (le curé d'Aubaret).

* Saintarailles : (le marquis de Lusignan).
* Sendat (Saint-Martin du) : (M. de Morin).
Sauveur (Saint-) : Caumont.
Sixte (Saint-) : Dunes.
Sericy (Saint-) : Terraube.

* Taillebourg : (le duc de La Force).
* Tauzia (le grand) : (M. Dupin).
* Tauzia (le petit), sans église : (M. de Basignan).
* Terraube : (M. de Galard, marquis de Terraube).
Thens : Mézin.
* Thouars, succursale de Feugarolles : (M. le marquis de Lusignan).
* Torrebren : (M. Larrey, conseiller à la cour des aides de Montauban).
* Toujouze : (M. de Maniban).
* Trenqueléon (sans église) : (M. de Lille de Trenqueléon).
Tressens : Fimarcon.
Trignan : Mézin.

Vicnau : Condom.
* Villeneuve (de Mézin) : (le curé de Lamezan et M. de Noaillan du Cousso).

* Villeton : (le duc d'Aiguillon).
* Vopillon : (le curé de Lavauguyon).

Table des mêmes paroisses groupées par justices.

Ambruch. — (M. de Ferron) : Ambruch.
Astaffort. — (Le duc d'Aiguillon et le marquis de Fimarcon) : Astaffort, Amans, Barbonvielle, Paraix.
Ayzieu. — (M. de Maniban) : Ayzieu.

Beaumont. — (Despagnac, conseiller clerc au parlement de Paris) : Beaumont.
Berrac. — (M. de Cadreil) : Berrac.
Bruch. — (Le duc d'Antin) : Bruch.

Calonges. — (La marquise de Ribérac) : Calonges.
Caumont. — (Le duc de La Force) : Caumont, Cadignan, Fourques, La Franche-Comté, Sainte-Marthe, Saint-Martin, Saint-Sauveur.
Courrensan. — (Dupleix, lieutenant général civil au siège de Condom) : Courrensan.
Condom et Larressingle. — (L'Évêque et le duc d'Aiguillon) : Canes, Caussens, Sainte-Eulalie de Condom, Sainte-Germaine (succursale de Castelnau), Goalard, Grazimis, Larresingle, Lialores, Saint-Orens, Saint-Pierre de Condom, Poumaro (succursale de Larroque), Pujols, Vienau.

Damazan. — (Le duc d'Aiguillon) : Damazan, Caubeyres, Fontclaire, La Madeleine, Monluc.
Dunes. — (La marquise de Dunes) : Dunes, Saint-Sixte.

Fimarcon. — (Le marquis de Fimarcon, lieutenant général des armées du Roi) : Fimarcon, Aurens, Blaziert, Cas-

telnau, Gazaupouy, Saint-Georges, Gobbez, Lagarde, Laplaigne, Larroumieu, Marsolan, Le Mas, Tressens.
Fourcès. — (Le marquis de Bonas et le marquis de Lille) : Fourcès, Laspeyres.
Francescas. — (Le duc d'Aiguillon et le marquis d'Aubeterre) : Francescas, Saint-Orens.
Fréchou. — (M. de Chazeron) : Le Fréchou.

Goulard. — (M. de Montesquieu) : Goulard.

Lagruère. — (Le duc d'Aiguillon) : Lagruère, Lamarque, Saint-Juin.
Lamontjoie. — (Le duc d'Aiguillon et M. de Marin) : Lamontjoie.
Lamothe-Goas : (la comtesse de Lamothe-Goas).
Larée. — (Le marquis d'Esclignac) : Larée.
Laroque-Engalin. — (Le marquis de Lusignan et l'héritière de M. Rocaing) : Laroque-Engalin.
Laroque-Verduzan. — (M. de Verduzan, conseiller à la cour des Aides de Bordeaux) : Laroque-Verduzan, Eux (pour partie).
Lias. — (M. de Lustrac) : Lias.
Ligardes : (M. le comte d'Aubarède, M. de Campagnac, M. d'Aiguesmortes, M. de Bazignan et M. du Bouzet).
Lisse. — (M. Dubarbié, commandant des guerres à Bayonne) : Lisse.
Louspeyroux. — (M. Larue) : Louspeyroux.

Mas (Le).
Mézin. — (Le duc d'Aiguillon) : Mézin, Cieuze, Lannes, Mazeret (succursale d'Andiran), Réaup, Thens, Trignan,
Mézard (Saint-). — (M. de Lussan) : Saint-Mézard.
Montcassin. — (M. de Castagnet, maître des requêtes) : Montcassin.
Montguilhem. — (Le duc d'Aiguillon et M. de Maniban) : Montguilhem.

Montréal. — (Le duc d'Aiguillon) : Montréal, Arquisans (succursale de Lamothe-Gondrin), Corneilhan, Eux (pour partie), Genens, Lartigue (sucursale de Fourcès), Luzanet, La Madeleine (succursale de Labarrère), Pouy (succursale d'Artigues), Routgès, Rouilhan (succursale de Lamothe-Gondrin).

Poudenas. — (Le marquis de Poudenas) : Poudenas.

Roquepine. — (Le comte d'Aubaret) : Roquepine, Belmont, Pouy-Roquelaure.

Saintarailhes. — (Le marquis de Lusignan) : Saintarailhes.
Sendat (Le). — (M. de Morin) : Saint-Martin du Sendat.

Taillebourg. — (Le duc de La Force) : Taillebourg.
Tauzia (Le grand). — (M. Dupin) : Le grand Tauzia (sans église), Auloue (succursale de Maignan).
Tauzia (Le petit). — (M. de Basignan) : Le petit Tauzia (sans église).
Terraube. — (M. de Galard, marquis de Terraube) : Terraube, Saint-Sericy.
Thouars. — (Le marquis de Lusignan) : Thouars (succursale de Feugarolles).
Toujouze. — (M. de Maniban) : Toujouze.
Torrebren. — (M. Larrey, conseiller à la cour des Aides de Montauban) : Torrebren.
Trenqueléon. — (M. de Lille de Trenqueléon) : Trenqueléon (sans église).

Villeneuve. — (M. le comte de Lamezan et M. de Noailhan du Cousso) : Villeneuve.
Villeton. — (Le comte de Lavauguyon) : Saint-Christophe de Villeton.
Vopillon. — (Le duc d'Aiguillon) : Sainte-Catherine de Vopillon.

SÉNÉCHAUSSÉE DE BAZAS.

Table alphabétique des paroisses dépendant de la sénéchaussée de Bazas, appartenant aujourd'hui au département de Lot-et-Garonne.

Anzas : Duras.
Arthus : Mauvezin.

Baleyssagues : Duras.
Briolet : Cocumont.

Caubon : Castelnau-sur-Gupie.
* Castelnau-sur-Gupie : (le marquis de Crussol).
* Cocumont : (M. de Gasq, conseiller au Parlement).
Colombe (Sainte-) : Duras.
* Coutures : (l'Archevêque de Bordeaux).
* Duras : (le maréchal de Duras).

Esclottes : Duras.

Géraud (Saint) : Taillecavat.
Graspiron : Castelnau-sur-Gupie.

* Landeroit : (le maréchal de Duras).

* Mauvesin : (M. de Boisse).
* Monpouillan : (le marquis de Tombebœuf).

* Romestaing : (M. de Jonsac).

* Taillecavat : (le marquis de Crussol).

Table des mêmes paroisses groupées par juridictions.

Castelnau-sur-Gupie. — (Le marquis de Crussol) : Castelnau-sur-Gupie, Caubon, Graspiran.

Cocumont. — (M. de Gasq, président au Parlement) : Cocumont, Briolet.
Coutures. — (L'Archevêque de Bordeaux) : Coutures.

Duras (?). — (Le maréchal de Duras) : Duras, Anzas, Baleyssagues, Sainte-Colombe, Esclottes.

Landeroit. — (Le marquis de Duras) : Landeroit.

Mauvesin. — (Le marquis de Boisse) : Mauvezin, Arthus.
Monpouillan. — (Le marquis de Tombebœuf) : Monpouillan.

Romestaing. — (M. de Jonsac) : Romestaing.

Taillecavat. — (Le marquis de Crussol) : Taillecavat, Saint-Géraud.

SÉNÉCHAUSSÉE D'ALBRET.

Table alphabétique des paroisses dépendant de la sénéchaussée d'Albret.

' Andiran : (M. Brizac).
Arconques : Espiens.
Argentens : Nérac.
Artigues : Moncrabeau.
Asquets : Nérac.
' Autièges : (le duc de Bouillon). — Fieux (pour partie).

Barbaste : Lausseignan.
Béas (Le) : Lausseignan.
' Bologne : (M. de Montcassin).
Boussès : Durance.
Brazalem : Lavardac.
Bréchan : Lavardac (pour partie) et Nérac.
Brugnac : Verteuilh.

* Buzet : (M. de Flamarens).

* Calezun : (le duc de Bouillon).
* Calignac : (le duc de Bouillon).
Caprais (Saint-) : Le Mas-d'Agenais.
Cambes : Verteuilh.
* Cauderoue : (M. de Besoles).
Cirice (Saint-) : Moncrabeau.

* Durance : (le duc de Bouillon).

Espiassac : Moncrabeau.
* Espiens : (le duc de Bouillon).
* Estussan : (le duc de Bouillon).

* Fargues : (le duc de Bouillon).
Faubios : Calignac.
Feugarolles : (le duc de Bouillon).
* Fieux : (le duc de Bouillon).
Fonclaire : Buzet.

Gardelle : Calignac.
Gardère : Moncrabeau.
Gardère : Nérac.
Grezet (Le) : (voir Saint-Caprais du Grezet).
Guarlies : Fieux.
Gueyze : Bologne.

Julien (Saint-) : (le duc de Bouillon).

Lahitte : Moncrabeau.
* Lasserre : (M. de Joujac).
* Lavardac : (le duc de Bouillon).
* Lausseignan : (le duc de Bouillon).
* Levèze : (M. Boileau).
Limon : Lavardac.

Lussac : Buzet.

Marcadis : Moncrabeau.
* Mas (Le) : (le duc d'Aiguillon).
Marthe (Sainte-) : Vianne.
Martin (Saint-) : Bologne.
* Maure (Sainte-) : (M. de Montcassin).
Menaux : Feugarolles).
* Meilan : (M. Boileau).
Meulan (Le) : Nérac.
* Moncrabeau : (le duc de Bouillon).
* Montgaillard : (le duc de Bouillon).
* Monheurt : (le Roi).

* Nazareth : (le duc de Bouillon).
* Nérac : (le duc de Bouillon).

Ourens (Saint-) : Nérac.

* Pau (Saint-) : (M. Boileau).
Pé de Lanon (Saint-) : Puch.
Perdou (Saint-) : Nérac (pour partie) et Vianne.
Pompiey : Durance.
* Puch-de-Gontaut : (le Roi).
Puy-Fort-Éguille : (le duc de Bouillon).

Rouzac : Espiens.

* Simon (Saint-) : (M. Brossier).
Senestis : Le Mas-d'Agenais.
Serbat : Nérac.

* Taillebourg : (le duc de La Force) (?).
Taradel : Verteuil.
Tauziète : Nérac.
Tillet : Durance.

* Torrebren : (M. Larrey).

* Verteuilh : (M. de Belsunce).
Vialère : Moncrabeau.
Vianne : (le duc de Bouillon).

Table des mêmes paroisses groupées par juridictions.

Andiran. — (M. Brijac, seigneur) : Andiran.
Autièges. — (Le duc de Bouillon) : Autièges.

Bologne. — (M. de Moncassin) : Bologne, Gueyze, Saint-Martin.
Buzet. — (Le marquis de Flamarens) : Buzet, Fonclaire, Lussac.

Calignac. — (Le duc de Bouillon) : Calignac, Faubios, Gardèle.
Calezun. — (Le duc de Bouillon) : Calezun.
Cauderoue. — (M. de Besoles) : Cauderoue.

Durance. — (Le duc de Bouillon) : Durance, Boussès, Pompiey, Tillet.

Espiens. — (Le duc de Bouillon) : Espiens, Arconques, Rouzac.
Estussan. — (Le duc de Bouillon) : Estussan.

Fargues. — (Le duc de Bouillon) : Fargues.
Feugarolles. — (Le duc de Bouillon) : Feugarolles, Menaux.
Fieux. — (Le duc de Bouillon) : Fieux, Autièges (pour partie), Guarcie.

Julien (Saint-). — (Le duc de Bouillon) : Saint-Julien.

Lasserre. — (M. de Joujac) : Lasserre.
Lausseignan. — (Le duc de Bouillon) : Lausseignan, Barbaste, Le Béas.
Lavardac. — (Le duc de Bouillon) : Lavardac, Brazalem, Bréchan, Limon.
Levèze. — (M. Boileau) : Levèze.

Mas (Le). — (Le duc de Bouillon) : Le Mas, Saint-Caprais, Sénestis.
Maure (Sainte-). — (M. de Moncassin) : Sainte-Maure.
Meilan [pour Meylan]. — (M. Boileau) : Meilan.
Moncrabeau. — (Le duc de Bouillon) : Moncrabeau, Artigues, Saint-Cirice, Espiassac, Gardère, Lahitte, Marcadis, Vialère.
Monheurt. — (Le Roi) : Monheurt.
Montgaillard. — (Le duc de Bouillon) : Montgaillard.

Nazareth. — (Le duc de Bouillon) : Nazareth.
Nérac. — (Le duc de Bouillon) : Nérac, Argentens, Asquets, Bréchan, Gardère, Le Menlan, Saint-Ourens, Saint-Perdon, Serbat, Tauziète.

Pau (Saint-) : (M. Boileau).
Puch-de-Gontaud. — (Le Roi) : Puch, Saint-Pé de Lanon.
Puy-Fort-Eguille. — (Le duc de Bouillon) : Puy-Fort-Eguille.

Simon (Saint-). — (M. Brassier) : Saint-Simon.

Taillebourg (?). — (Le duc de La Force) : Taillebourg.
Torrebren (?). — (M. Larrey) : Torrebren.

Verteuil. — (M. de Belsunce) : Verteuil, Brugnac, Cambes, Taradel.
Vianne. — (Le duc de Bouillon) : Vianne, Sainte-Marthe, Saint-Perdon.

BAILLIAGE DU BRULHOIS (LAPLUME).

Table alphabétique des justices qui en dépendaient.

Aubiac.
Batx.
Baulens.
Brax.
Buscon (Le).
Caudecoste.
Colombe (Sainte-).
Cuq.
Daubèze.
Donzac.
Estillac.
Fals.
Goulard.
Laplume.
Layrac.
Loup (Saint-).
Moncaut.
Montagnac.
Montesquieu.
Moirax.
Nomdieu (Le).
Pergain (Le).
Plaisance.
Roquefort.
Saumont (Le).
Ségoignac.
Sérignac.
Taillac.

III.

CRÉATION ET DIVISIONS DU DÉPARTEMENT DE LOT-ET-GARONNE PENDANT LA PÉRIODE RÉVOLUTIONNAIRE.

On n'a rien publié jusqu'à ce jour sur la création du département de Lot-et-Garonne. L'opinion commune est que le département fut constitué dès l'année 1790 dans sa forme actuelle. Rien n'est plus faux, comme nous allons le voir.

Le bouleversement des divisions géographiques anciennes ne s'est pas opéré sans de nombreuses difficultés. Malgré tout, le nouveau groupement fut réalisé d'une façon assez logique. On reconstituait à peu près l'ancien Agenais en reprenant la plus grosse portion du Condomois. On gagnait sur le Bazadais ce qu'on perdait du côté de Sainte-Foy. On empruntait au Périgord une très faible lisière. Du côté du Quercy, les vieilles limites étaient respectées.

Tout cela n'alla pas sans tiraillement. Il fallait tenir compte, dans la mesure possible, des sympathies ou des antipathies de ceux qui, étant proches des limites, avaient leurs préférences pour tel pays ou tel chef-lieu de département. En ce qui touche les divisions intérieures, il y avait des compétitions locales. Toute ville aurait voulu devenir chef-lieu de canton, sinon de district. Pour faire apprécier dans quelle mesure les ambitions se faisaient jour, nous ne citerons qu'un seul trait : la ville de Clairac, assurément importante, mais qui, actuellement, n'est même pas un chef-lieu de canton, demandait à être le chef-lieu d'un département. Rien de moins.

Notre intention n'est pas d'entrer dans le détail des pourparlers et des correspondances qui précédèrent la décision. Les députés commissaires eurent le bon esprit de faire souvent la sourde oreille et de mener leur besogne honnêtement et rondement. Dans le projet qu'ils préparèrent et firent adopter, le Lot-et-Garonne fut divisé en neuf districts, subdivisé en soixante-douze cantons, plus tard soixante-treize.

Une fois ce travail fait, de grands débats furent soulevés. Les députés furent saisis notamment de deux propositions : l'une, populaire dans les assemblées, consistait à réduire, dans un but d'économie, les neuf districts au nombre de quatre; l'autre, émanant du comte de Fumel et soutenue par Mgr d'Usson de Bonnac, tendait au contraire à créer un dixième district, dont le chef-lieu eût été Tournon. La majorité ne fut pas acquise à ces projets de remaniements; il fallut s'en tenir au procès-verbal déjà signé.

Nous publions ci-dessous cette pièce qui établit les limites du département définitives jusqu'à nos jours, sauf du côté du Quercy, et les divisions intérieures, telles qu'elles ont subsisté pendant une partie de la période révolutionnaire.

On trouvera aussi aux Archives départementales une carte de Cassini sur toile, malheureusement fort dégradée, sur laquelle les commissaires ont tracé les limites du département et apposé leurs signatures. De belles cartes des districts, dressées par Lomet, complètent le dossier des pièces officielles manuscrites qui touchent à la création du département.

Il est bon de faire ressortir à grands traits les différences qui existent dans la constitution géographique du pays sous les trois régimes.

I. — Avant 1790, l'unité administrative et judiciaire inférieure est la juridiction : communauté et juge ordinaire. Les juridictions étaient royales ou seigneuriales. Le territoire qui devait composer le Lot-et-Garonne était alors réparti en juridictions, dont :

117 à 137 dans l'Agenais (1); 84 dans le Condomois; quelques-unes, en tout ou en partie, dans le Bazadais et dans le Périgord.

II. — Sous la Révolution, l'unité administrative et judiciaire inférieure est le canton : municipalité et justice de paix. Il y avait soixante-treize cantons. Au-dessus du canton est le district, création éphémère, ayant quelque peu d'analogie avec les anciennes subdélégations. Au point de vue administratif, le district possède un directoire et un conseil général; au point de vue judiciaire, un tribunal.

Au-dessus du district est le département, avec son directoire et son conseil général.

III. — Depuis 1801, l'unité administrative inférieure est la commune; l'unité judiciaire inférieure est le canton. Il y a trente-cinq cantons. Le nombre des communes a peu varié, les créations dépassant de peu les suppressions. On compte actuellement trois cent vingt-six communes.

Les sous-préfectures, au nombre de trois, sont, aux points de vue administratif et judiciaire, à peu de choses près, l'équivalent des districts; mais directoire et conseil général sont remplacés par les bureaux des sous-préfets, bien plus que par les conseils d'arrondissement. Il est inutile de définir les diverses fonctions des corps constitués sous le régime actuel, naturellement mieux connu de nous que les institutions antérieures.

Entre le régime ancien et le nouveau, le régime révolutionnaire est transitionnel. Coup sur coup, de nombreuses modifications furent apportées à la constitution du Lot-et-Garonne, en ce qui touche l'administration et les divisions intérieures.

En 1795, les districts furent supprimés.

Un arrêté de l'administration du département du 25 ven-

(1) Pour l'explication de ces différences dans le nombre des juridictions, voir une note à la page 65 des *Cahiers des doléances du Tiers-État du pays d'Agenais*. Paris, A. Picard; Agen, Michel et Médan, 1885.

démiaire an IV (17 octobre 1795) opéra des remaniements importants dans le nombre des municipalités.

Un arrêté de la même administration, du 5 nivôse an VI (25 décembre 1797), réduisit les cantons au nombre de cinquante et un. Cet acte est assez important pour mériter d'être reproduit. Nous en donnons le texte ci-dessous.

En vertu de la loi du 9 fructidor an IX (27 août 1801), le nom de canton fut maintenu aux arrondissements de justice de paix.

Un arrêté des consuls, du 7 brumaire an X (29 octobre 1801), réduisit à trente-huit le nombre des justices de paix ou cantons du Lot-et-Garonne.

La constitution du département fut dès lors définitive, sauf une réduction de territoire accidentelle. La création du département de Tarn-et-Garonne, en 1808, enleva au Lot-et-Garonne les cantons d'Auvillars, de Montaigut et de Valence-d'Agen.

On a visé, de 1790 à 1801, à donner une certaine égalité aux unités administratives et judiciaires. Les arrondissements, les cantons ont, à peu de choses près, une superficie territoriale équivalente. On a pu faire table rase des anciennes divisions beaucoup plus arbitraires au point de vue topographique et qui avaient seulement une raison d'être historique. Ainsi certaines juridictions : Penne, Montpezat, Montflanquin, etc., comprenaient de dix-huit à vingt-six paroisses, de huit mille à vingt-quatre mille carterées, tandis que d'autres, comme Lacène, Miramont-d'Aiguillon, etc., comprenaient seulement une paroisse et trois cent soixante à quatre cent soixante-dix carterées.

La diversité qui existe au point de vue du nombre, des superficies, des limites, entre les divisions sous l'ancien régime et les divisions actuelles, est grande; aussi les annalistes doivent-ils se proposer comme sujet de leurs études non l'histoire des communes telles qu'elles existent de nos jours, mais l'histoire des juridictions telles qu'elles existaient avant 1790. C'est à l'unité ancienne qu'ils doivent s'attacher, sauf à exposer la façon dont cette unité s'est dissoute ou fractionnée pour former les unités actuelles si différentes. M. de Bellecombe n'ayant laissé que des notes au sujet de la création du département et notamment des divisions du canton de Montpezat, au lieu de les reproduire, j'ai pensé qu'il serait plus utile de donner la pièce authentique qui suit et qui était, jusqu'à ce jour, inédite. — G. T.

DÉPARTEMENT DE LOT-ET-GARONNE

(lors de sa création, le 9 janvier 1790, divisé en neuf districts, et soixante-douze cantons) (1).

Ce département est borné : au nord, par le Périgord et le pays de Sainte-Foy-sur-Dordogne (2); au couchant, par le département de Bordeaux et celui des Landes; au midi, par l'Armagnac; et, au levant, par le Quercy.

Les paroisses qui forment les limites intérieures de ce département sont :

Du côté du Périgord et du pays de Sainte-Foy, celles de :

Loubès.	Saint-Quentin.
Bernac.	Saint-Dizier.
Soumensac.	Doudrac.
Cogulot.	Naresse.
Agnac.	Mousseyron.
Bourgougnague.	Tourliac.
Quayssaguet.	Parranquet.
Queissel.	Saint-Germain.
Gassas.	Saint-Martin.
Cahuzac.	Estrade.
Castillonnès.	Genibrède.

(1) Le texte est publié tel quel, sauf la rectification de quelques mauvaises formes de noms de lieu. On a écrit : Narais, Touriac, Mont-Saint-Pront, Le Port-d'Épine, Sainte-Ruffide, etc., etc., et nous corrigeons : Naresse, Tourliac, Monsempron, Le Port-de-Penne, Sainte-Ruffine, etc. — G. T.

(2) Il est convenu que ce pays, qui a voulu se séparer de l'Agenais et qui a ensuite changé ce vœu, aura la faculté de s'y réunir à l'avenir.

Bonne-Nouvelle.
Saint-Avit de Leyde.
La Capelle-Biron.
Saint-Chaliès.
Ayguepersc.
Sauveterre.

Du côté de l'ouest :

Saint-Léger.
Villeneuve-de-Puychagut.
Sainte-Croix.
Esclotes.
Saint-Colombe.
Ansas.
Baleyssagues.
Duras.
Civert.
Saint-Géraud.
Graspiron.
Castelnaud.
Lagupie.
Sainte-Bazeille.
Couthures.
Meilhan.
Saint-Sauveur.
Cocumont.
Romestaing.
La Couture.
Heulies.
Esquerdes.
Gouts.
Lubans.

Du côté des Landes et Armagnac :

Allons.
Houeillès.
Boussès.
Durance.
Saint-Pau.
Meylan.
Saint-Georges.
Saint-Simon.
Saint-Pierre de Boulogne.
Peyriac.
Gajo.
Louspeyroux.
Saint-Martin.
Villeneuve.
Fousseries.
Cazaux.
Lannes.
Marcadis.
Moncrabeau.
Espiessac.
Saint-Cirice.
Francescas.
Beaulens.
Bax.
Lamontjoie.
Daubèse.
Pachas.
Paraix.
Astaffort.
Cuq.

Lécluse.
Sistels.
Saint-Cirice.
Auvillars.
Saint-Michel.
Le Pin.
Merles.

Du côté du Quercy :

Lastreilles.
Cuzorn.
Condat.
Montayral.
Perricard.
Masquières.
Courbiac (?) (Trognac).
Sousis.
Couloussac.
Pervillac.
Saint-Martin.
Sept-Arbres.
Sainte-Cécile.
Aurignac.
Saint-Étienne.
Saint-Julien de Lamothe.
Pau.
Campagnac.
Saint-Julien de Lasserre.
Sainte-Eulalie.
Monjoi.
Busenon.
Castelsagrat.
Saint-Michel.
Colonges.
Sigognac.
Lalande.
Goudourville.
Pommevic.
Bayne.

Ce département est divisé en neuf districts, dont les chefs-lieux sont :

Marmande.
Casteljaloux.
Lauzun.
Tonneins.
Nérac.
Montflanquin.
Villeneuve.
Agen.
Valence.

District de Marmande (1).

Il sera borné : au nord, par le pays de Sainte-Foy; à l'ouest, par le département de Bordeaux; au midi, par celui

(1) Il a été convenu que Meilhan, mis dans le département de Bordeaux et qui devait être du district de Marmande, aura la faculté de s'y réunir.

de Casteljaloux et de Tonneins; et, au levant, par celui de Lauzun.

Il sera divisé en cinq cantons, dont les chefs-lieux sont :

Duras.
Seyches.
Marmande.
Sainte-Bazeille.
Meilhan.

Paroisses du canton de Duras :

Duras.
Saint-Léger.
Saint-Nazaire.
Villeneuve-de-Puychagut.
Saint-Astier.
Esclotes.
Savignac.
Lubersac.
Saint-Sernin.
Sainte-Colombe.
Baleyssague.
Saint-Ayrard.
Sainte-Foy-la-Petite.
Saint-Pierre.
Saint-Brice.
Civert.
Saint-Géraud.
Lévignac.
Monteton.

Paroisses du canton de Seiches :

Seiches.
Saint-Avit.
Escassefort.
La Capelle.
Saint-Martin.
Lasvennes.
Saint-Perdon.
Saint-Laurent.
Saint-Pierre.
Saint-Étienne.
Puymiclan.
Nozières.
Le Feuge-Rebec.
Bourdet.
Saint-Martin.
Cambes.

Paroisses du canton de Marmande :

Marmande.
Beaupuy.
Thivras.
Bayssac.
Masseurt.
Madeleine.
Bouillatz.
Garrigues.

Saint-Pardoux.	Virazeil.
Granon.	Samazan.
Longueville.	Sendex.
Birac.	Montpouillan.
Sainte-Abondance.	Coussan.

Paroisses du canton de Sainte-Bazeille :

Sainte-Bazeille.	Arthus.
Saint-Martin.	Graspiron.
Mauvezin.	Caubon.
Lagupie.	Saint-Sauveur.
Castelnaud.	Sainte-Croix.

Paroisses du canton de Meilhan :

Meilhan.	Saint-Sauveur.
Lasègue.	Cocumont.
Beauce de Meilhan.	Briolet.
Tarsac.	Goutz.
Couthures.	Sadirac.
Marcellus.	Saint-Sylvestre.
Gaujac.	

District de Casteljaloux.

Il sera divisé en six cantons, dont les chefs-lieux sont :

Casteljaloux.	La Bastide.
Damazan.	Bouglon.
Villefranche.	Houeillès.

Paroisses du canton de Casteljaloux :

Casteljaloux.	Saint-Gervais.
Beauziac.	Gassac.
Bouchet.	Lupiac.
Belloc.	Mouleyres.

Le Sendat.
Le Tren.
Saint-Martin-Curton.
Antagnac.
Heulies.
Coutures.

Paroisses du canton de Damazan :

Damazan.
Monluc.
Saint-Léger.
Saint-Léon.
La Madeleine.
Buzet.
Saint-Pierre de Buzet.
Prades.
Fontclair.
Ambrus.
Caubeyres.
Saint-Julien.
Fargues.

Paroisses du canton de Villefranche :

Villefranche.
Saint-Pierre de La Borde.
Anzex.
Le Peyré.
Lussac.
Moncassin.
Leyritz.
Courbian.
Notre-Dame-des-Prés.

Paroisses du canton de La Bastide :

Labastide.
Cavagnan.
Luzignan.
Veyries.
Saint-Geniès.
Martaillac.
Sainte-Gemme.
Baychac.
Ruffiac.
Poussignac.

Paroisses du canton de Bouglon :

Bouglon.
Argenton.
Grézets.
Uzan.
Bouglon-Vieux.
Guérin.
Samadet.
Figuiès.
Fontet.
Mazerolles.
Romestaing.
La Couture.
Esquerdes.

Paroisses du canton de Houeillès :

Pindères.
Dartigues.
Ariettes.
Lubans.
Allons.
Goutz-d'Allons.
Sauméjan.
Houeillès.
Esquiey.
Jautan.
Pompogne.

District de Lauzun.

Il est borné : au nord, par le Périgord; au levant, par les districts de Montflanquin et de Villeneuve; au midi, par celui de Tonneins et, au couchant, par celui de Marmande.

Il se divise en neuf cantons, dont les chefs-lieux sont :

Lauzun.
Cahuzac.
Castillonnès.
Monbahus.
Tombebœuf.
Saint-Barthélemy.
Miramont.
La Sauvetat.
Soumensac.

Paroisses du canton de Lauzun :

Lauzun.
Queysaguet.
Queyssel.
Sérignac.
Salabès.
Saint-Colomb.
Lamothe-Dalès.
Saint-Laurent.
Saint-Maurice.
Saint-Macaire.
Saint-Nazaire.
Ségalas.
Maurignac.
Montignac.
Lavergne.
Bourgougnague.

Paroisses du canton de Cahuzac :

Cahuzac.
Saint-Grégoire.
Lalandusse.
Saint-Martin de Cahuzac.
Douzains.
Gassas.

Paroisses du canton de Castillonnès :

Castillonnès.
Saint-Dizier.
Saint-Quentin.
Ferrussac.
Saint-Martin de Transfort.
Pompiac.
Valettes.
Celles.
Rocadet.
Lougrate.
Montauriol.

Paroisses du canton de Monbahus :

Monbahus.
Monviel.
Saint-Maurice de Monviel.
Lasbardes.
Lentignac.
Loupinat.
Gondon.
Roufiac.

Paroisses du canton de Tombebœuf :

Tombebœuf.
Tourtrès.
Villebramar.
Allemans.
Cabanes.
Saint-Pierre de Montastruc.
Saint-Étienne.
Saint-Martin.

Paroisses du canton de Saint-Barthélemy :

Saint-Barthélemy.
Biraguet.
Montignac.
Toupinerie.
Armillac.
Laperche.
Moiras.

Paroisses du canton de Miramont :

Miramont.
Béferry.
Peyrières.
Puysserampion.
Saint-Pardoux.
Izaac.

Paroisses du canton de La Sauvetat :

La Sauvetat.
Moustiers.
Pardaillan.
Auriac.

Roumagne.
Allemans-du-Drot.
Cogulot.
Cadillac.
Saint-Romain.
Iffour.
Aignac.
Boissel.

Paroisses du canton de Soumensac :

Soumensac.
Saint-Front.
Saint-Jean.
Malromé.
Bernac.
Loubès.
Uffert.
Montaillac.

District de Tonneins.

Il confronte : au nord, à celui de Lauzun ; à l'ouest, à ceux de Marmande et Casteljaloux ; au midi [et à l'est], à ceux de Nérac, Agen et Villeneuve.

Il est divisé en neuf cantons, dont les chefs-lieux sont :

Tonneins.
Le Mas.
Gontaud.
Verteuil.
Castelmoron.
Clairac.
Montpezat.
Aiguillon.
Puch.

Paroisses du canton de Tonneins :

Tonneins.
Fauillet.
Villotes.
Varès.
Marthe.
Magnon.
Saint-Étienne.
Saint-Georges.
Saint-Germain.
Lamarque.

Paroisses du canton de Mas :

Le Mas.
Taillebourg.
Sénestis.
Lagruère.
Saint-Juin.
Saint-Caprais.

Sainte-Marthe.
Saint-Sauveur.
Fourques.
Caumont.
Saint-Martin du Mas.

Paroisses du canton de Gontaut :

Gontaut.
Bistauzac.
Hautesvignes.
Saint-Pierre.
Agmé.
Fauguerolles.

Paroisses du canton de Verteuil :

Verteuil.
Saint-Jean.
Labretonie.
Agassas.
Taradel.
Carrou.
Brech.
Coulx.
Verdegas.
Brugnac.
Montardit.
Cambes.

Paroisses du canton de Castelmoron :

Castelmoron.
Saint-Eutrope.
Saint-Martin.
Prélats.
Roubillou.
Saint-Rémi.
Sermet.

Paroisses du canton de Clairac.

Clairac.
Subrebosc.
Saint-Jean.
Saint-Pierre.
Saint-Gayrand.
Marsac.
Laparade.
Lafitte.
Unet.
Tignagues.
Grateloup.

Paroisses du canton de Montpezat :

Montpezat.
Granges.
Saint-Jean.
Saint-Vincent.
Saint-Médard.
Pagnagues.

Saint-Maurice.
Lacépède.
Saint-André.
Saint-Amans.
Saint-Sardos.
Lussac.
Quittimont.
Sainte-Foy.

Paroisses du canton d'Aiguillon :

Aiguillon.
Saint-Vincent.
Dominipech.
Saint-Salvy.
Galapian.
Saint-Avit.
Saint-Jean.
Saint-Côme.
Sainte-Radegonde.
Pélagat.
Nicole.
Saint-Brice.
Coleignes.
Goux.
Quintran.
Lagarrigue.

Paroisses du canton de Puch :

Puch.
Vignes.
Lompian.
Razimet.
Monheurt.
Calonges.
Saint-Martin.
Villeton.
Saint-Christophe.

District de Nérac.

Il est divisé en neuf cantons, dont les chefs-lieux sont :

Nérac.
Lausseignan *ou* Barbaste.
Bruch.
Montagnac.
Lamontjoie.
Francescas.
Moncrabeau.
Mézin.
Sos.

Paroisses du canton de Nérac :

Nérac.
Argentens.
Cauderouc.
Calignac.
Bréchan.
Espiens.

Lavardac.
Lagrangerie.
Lalanne.
Nazareth.
Andiran.
Asquets.
Puyfortaiguille.
Fréchou.

Paroisses du canton de Lausseignan ou *Barbaste :*

Lausseignan *ou* Barbaste.
Estussan.
Vianne.
Sainte-Marthe.
Montgaillard.
Durance.
Tillet.
Calezun.
Xaintrailles.
Dumas.
Pompiey.
Le Béas.
Boussès (1).

Paroisses du canton de Bruch :

Bruch.
Saint-Martin.
Limon.
Brazalem.
Trenqueléon.
Feugarolles.
Meneaux.
Saint-Laurent.
Le Paravis.
Thouars.
Niolles.
Restaut.
Béquin.
Montesquieu.
Saint-Léger.

Paroisses du canton de Montagnac :

Montagnac.
Lareyre.
Mourens.
Saint-Loup.
Saint-Germain.
Saint-Genès.
Moncaut.
Fontarède.
Montaut.
Le Saumont.

(1) Les paroisses de Durance, Tillet et Boussès ont l'option de se réunir au district de Casteljaloux, en s'unissant au canton de Houeillès.

Signé : Brostaret, député de Nérac et Casteljaloux; Brunet de Latuque, député de Nérac et Casteljaloux.

Paroisses du canton de Lamontjoie :

Lamontjoie.
Daubèze.
Pachas.
Marmont.
Bax.
Caubiet.
Saint-Vincent.
Nomdieu.
Saint-Lary.
Cazaux.
Roussères.
Bonnefont.

Paroisses du canton de Francescas :

Francescas.
Beaulens.
Lasserre.
Saint-Orens.
Fieux.
Poussac.
Autièges.

Paroisses du canton de Moncrabeau :

Moncrabeau.
Vialère.
Saint-Cirice.
Gardère.
La Hitte.
Cazaux.
Artigues.
Pouy.
Marcadis.
Espiassac.

Paroisses du canton de Mézin :

Mézin.
Thenx.
Mazeret.
Comaleix.
Cazaugrand.
La Grangerie.
Saint-Julien.
Lisse.
Caplisse.
Réaup.
Saint-Lary.
Louspeyrous.
Flaris (pour Saint-Lary).
Fousseries.
Saint-Martin.
Saint-Aumély (pour Comaleix).
Cieuse.
Poudensan.
Poudenas.
Sainte-Catherine.
Arbussan.
Trignan.
Lannes.
Villeneuve.

Paroisses du canton de Sos :

Sos.
Saint-Georges.
Gueyze.
Meylan.
Saint-Pau.
Saint-Martin d'Albret.
Gajau.
Lannes (?) (pour Levès).
Saint-Étienne.
Peyriac.
Saint-Pierre de Boulogne.
Saint-Simon.

District de Montflanquin.

Il est borné : au nord, par le Périgord; au couchant, par les districts de Lauzun et de Villéneuve; au midi, par celui de Villeneuve; et, au levant, par le Quercy.

Il est divisé en huit cantons, dont les chefs-lieux sont :

Montflanquin.
Born.
Cancon.
Monségur.
Fumel.
Saint-Front.
Montagnac.
Villeréal.

Paroisses du canton de Montflanquin :

Montflanquin.
Saint-Caprais.
Saint-Hilaire.
Tayrac.
Roquefère.
Calviac.
Saint-Germain de Labarthe.
Corconac.
Croizillac.
La Sauvetat de Valens.

Paroisses du canton de Born :

Born.
Montaut-le-Jeune.
Bournel.
Villas.
Saint-Amans.
Piis.
Barbas.
Saint-Vivien.
Lugagnac.
Saint-Eutrope.
Saint-Just.
Montauriol.

Paroisses du canton de Cancon :

Cancon.
Périllac.
Milliac.
Saint-Blaise des Monts du Boudy.
Taradel.
Saint-Sulpice.
Cailladelles.
Castelnaud de Grattecambes.
Monibal.
Beaugas.
Saint-Paul le Vieux.
Saint-Paul le Jeune.

Paroisses du canton de Monségur :

Monségur.
Rouets.
Savignac.
Saint-Aubin.
Saint-Pardoux.
Lacaussade.
Le Pin.
Vauris.

Paroisses du canton de Fumel :

Fumel.
Monsempron.
Condezaygues.
Bonaguil.
Condat.
Libos.

Paroisses du canton de Saint-Front :

Saint-Front.
La Sauvetat de Blanquefort.
Saint-Chaliès.
Aygueperse.
Blanquefort.
Veyrines.
Sauveterre.
Lastreilles.

Paroisses du canton de Montagnac :

Montagnac.
Souliès.
Lauras.
Envals.
Laussou.
Génibrède.
Saint-Avit de Leyde.
La Capelle-Biron.
Laurenque.
Galayssac.
Salles.
Pauliac.
Bonnenouvelle.

Paroisses du canton de Villeréal :

Villeréal.	Saint-Germain.
Mazières.	Sainte-Sabine.
Doudrac.	Montseyroux.
Rives.	Tourliac.
Naresse.	

District de Villeneuve.

Il confronte : au nord, avec ceux de Monflanquin et de Lauzun; au couchant, avec celui de Tonneins; au midi, avec celui d'Agen; et, à l'est, avec le Quercy.

Il se divise en dix cantons, dont les chefs-lieux sont :

Sainte-Livrade.	Penne.
Casseneuil.	Hautefage.
Monclar.	Roquecor.
Villeneuve.	Montaigut.
Pujols.	Tournon.

Paroisses du canton de Sainte-Livrade :

Sainte-Livrade.	Saint-Caprais.
Allez.	Saint-Cyprien.
Saint-Germain.	Dolmayrac.
Le Temple.	La Maurelle.
Saint-Gervais.	Saint-Michel.
Caseneuve.	

Paroisses du canton de Casseneuil :

Casseneuil.	Mazerac.
Saint-Pierre.	Pailloles.
Ayguesvives.	Lédat.
Sénezelles.	Campagnac.
Saint-Pastour.	

Paroisses du canton de Monclar :

Monclar.
Saint-Eutrope.
Saint-Martin.
Saint-Jean.
Pinel.
Hauterive.
Saint-Étienne.
Fongrave.

Paroisses du canton de Villeneuve :

Saint-Jean.
Villeneuve.
Soubirous.
Saint-Sulpice-Rive-Lède.
Sainte-Radegonde.
Lamothe-Fey.
Monmarès.
Saint-Germain.
Monestès.
Trémons.
Saint-Sernin.
Bias.
Saint-Étienne.
Courbiac.
Saint-Sulpice-Rive-Lot.
Saint-Hilaire.
Colonges.

Paroisses du canton de Pujols :

Pujols.
Sainte-Foy.
Le Laurier.
Le Mail.
Doumillac.
Sembas.
Cambes.
Sainte-Colombe.
Noailhac.
La Cène.
Saint-Antoine.
Saint-Nicolas.

Paroisses du canton de Penne :

Penne.
Ladignac.
Trentels.
Saint-Aignan.
Moudoulens.
Trémons.
Saint-Marcel.
Sainte-Foy des Cailles.
Saint-Martin.
Allemans.
Saint-Sylvestre.
Port-de-Penne.
Puycalvary.
Noailhac.
Dausse.
Sainte-Foy de Penne.
Magnac.
Saint-Léger.

Paroisses du canton de Hautefage :

Hautefage.
Grézac.
Saint-Thomas.
Bonneval.
Saint-Just.
Sainte-Quitterie.
Massoulès.
Calvignac.
Auradou.
Pépinès.
Caillavet.
Massels.
Frespech.

Paroisses du canton de Roquecor :

Roquecor.
Valeilles.
Sembauzel.
Bournac.
Soulias.
Saint-Amans.
Ferrussac.
Le Claux.
Lacour.
Saint-Étienne.
Saint-Julien.

Paroisses du canton de Tournon :

Tournon.
Cézerac.
Montayral.
Saint-Vite.
Perricard.
Saint-Georges.
Anthé.
Thézac.
Bourlens.
Najejouls.
La Mothe.
Masquières.
Sainte-Foy d'Anthé.
Courbiac.

Paroisses du canton de Montaigut :

Montaigut.
Sousis.
Couloussac.
Goutz.
Saint-Vincent.
Aurignac.
Bonneval.
Saint-Philippe.
Pervillac.
Saint-Martin.
Sainte-Cécile.

District d'Agen.

Il est borné : au nord, par celui de Villeneuve; au couchant, par ceux de Tonneins et de Nérac; au midi, par l'Armagnac; et, à l'est, par le district de Valence.

Il se divise en huit cantons, dont les chefs-lieux sont :

Agen.
Port-Sainte-Marie.
Puymirol.
Prayssas.
Laroque.
Laplume.
Layrac.
Astaffort.

Paroisses du canton d'Agen :

Agen.
Artigues.
Pauliac.
Saint-Julien de Terrefosse.
Sainte-Foy de Jérusalem.
Saint-Arnaud.
Serres.
Mérens.
Foulayronnes.
Cayssac.
Monbran.
Cardonnet.
Monréal.
Saint-Hilaire de Colayrac.
Saint-Cirq.
Cassou.
Saint-Denis.
Saint-Ferréol.
Saint-Vincent des Corbeaux.
Sainte-Radegonde.
Saint-Pierre de Gaubert.
Sainte-Ruffine.
Saint-Sulpice de Boé.
La Capelette.
Dolmayrac.
Monbuscq.

Paroisses du canton de Port-Sainte-Marie :

Port-Sainte-Marie.
Cugurmont.
Pompéjac.
Frégimont.
Saint-Barthélemy.
Boussères.
Manères.
Bazens.
Gaujac.
Mazères.
Romas.
Maurignac.
Saint-Médard.
Clermont-Dessous.
Saint-Laurent.
Puymasson.
Lusignan-Grand.

Paroisses du canton de Puymirol :

Puymirol.
La Sauvetat.
Saint-Damien.
Margastau.
Saint-Caprais.
Saint-André de Cabalsaut.
Malbès.
La Madeleine.
Saint-Julien.
Saint-Amans de Castelculier.
Cabalsaut.
Saint-Pierre de Clairac.
Saint-Christophe.

Paroisses du canton de Layrac :

Layrac.
Amans.
Goulens.

Paroisses du canton d'Astaffort :

Astaffort.
Paraix.
Lasmartres.
Barbonvielle.

District de Valence.

Il est borné : au nord et au couchant, par ceux d'Agen et de Villeneuve; au midi, par l'Armagnac; et, à l'est, par le Quercy.

Il est divisé en huit cantons, dont les chefs-lieux sont :

Valence.
La Magistère.
Castelsagrat.
Saint-Maurin.
Beauville.
Auvillars.
Dunes.
Caudecoste.

Paroisses du canton de Valence :

Valence.
Coulonges.
Sigougnac.
Castels.
Cornillas.
La Lande.
Goudourville.
Golfech.
Pommevic.
Espalais.
Bayne.

Paroisses du canton de La Magistère :

La Magistère.
Saint-Romain.
Saint-Jean.
Grayssas.
Saint-Urcisse.
Sainte-Croix.
Saint-Martin de Lavelanède.
Saint-Pierre de Malause.
Clermont-Dessus.
Coupet.

Paroisses du canton de Castelsagrat :

Castelsagrat.
Sainte-Eulalie.
Monmaguéri.
Monjoi.
Buzenou.
Perville.
Lagarde.
Sals.
Saint-Clair.
Saint-Michel.
Gasques.

Paroisses du canton de Saint-Maurin :

Saint-Julien.
Saint-Maurin.
Saint-Sixte.
Gandaille.
Saint-Martin.
Cambot.
Saint-Pierre del Pech.
Tayrac.
Ferrussac.

Paroisses du canton de Beauville :

Beauville.
Blaymont.
Saint-Clair.
Saint-Victor.
Marcous.
Sainte-Eulalie.
Causac.
Bimont.
Engayrac.
Campagnac.
Dondas.
Pau.

Paroisses du canton d'Auvillars :

Auvillars.
Saint-Loup.
Marceau.
Casterus.
Saint-Cirice.
Candes.
Meslé.
Monbrison.
Saint-Michel.
Le Pin.

Paroisses du canton de Dunes :

Dunes.
Donzac.
Bonnefoy.
Le Cluzet.
Sistels.

Paroisses du canton de Caudecoste :

Caudecoste.
Gudech.
Saint-Denis.
Saint-Nicolas.
Saint-Sixte.
Fals.
Cuq.

Sans entendre rien préjuger à l'ordre des districts et cantons.

Signé : Le duc d'AIGUILLON, BRUNET-LATUQUE, BOURRAN, RENAUT, BROSTARET, FUMEL-MONSÉGUR, TERME, FOURNETS, curé de Puymiclan, ✝ J.-L., évêque d'Agen, DAUBERT.

Nous, commissaires soussignés, certifions que le présent procès-verbal est l'un de ceux déposés au Comité de constitution par les députés du département de Lot-et-Garonne, conformément au décret du 9 janvier 1799.

Signé : AUBRY-DUBOCHET, commissaire; de CERNON, commissaire; GOSSIN, commissaire; BUREAUX DE LURY, commissaire.

En marge : Vu et approuvé au Conseil d'État de Sa Majesté et signé par son ordre :

Le comte de SAINT-PRIET.

En note : Postérieurement au présent procès-verbal, on y ajouta le canton de Lévignac, ce qui porte le nombre des cantons du district de Marmande à six et le total à soixante-treize.

ARRÊTÉ DE L'ADMINISTRATION CENTRALE DU DÉPARTEMENT DE LOT-ET-GARONNE RELATIF AU PROJET DE RÉDUCTION DU NOMBRE DES CANTONS DE SON TERRITOIRE.

(Séance du cinquième nivôse, an VI de la République française.)

L'administration centrale, délibérant sur la lettre du ministre de l'Intérieur, en date du 7 frimaire, relative à la réduction des cantons;

Considérant qu'une réduction de cantons doit avoir pour objet d'accélérer la marche du gouvernement, en en simplifiant les rouages; de conserver le mouvement d'impulsion, parti du point central, que la multiplicité des cantons affaiblit; d'amener une diminution de dépenses, par celle du nombre des fonctionnaires publics, sans rester en deçà des bornes d'une juste et sage économie;

Que cette réduction doit être combinée d'après les localités et les bases fondamentales de la division du territoire, de manière que les administrés obtiennent pour résultat de cette opération de plus grands avantages, sans porter atteinte aux dispositions de l'acte constitutionnel;

Considérant que les raisons de localité sont d'offrir à un concours successif d'individus les moyens de faire décider les affaires auxquelles les relations habituelles et commerciales peuvent donner lieu, sans placer les fonctionnaires publics à des distances trop éloignées des chefs-lieux de leur administration;

Considérant que le territoire du département de Lot-et-Garonne est un des moins étendus de la République, et contient néanmoins un plus grand nombre d'arrondissements que les départements plus étendus;

Que la réduction projetée opérera une diminution de dépenses dont l'évaluation peut être portée, par aperçu, à 80.000 francs;

Considérant qu'il existe plusieurs communes à qui la population donne le droit d'avoir une administration municipale, dont la grande étendue du territoire doit nécessairement en mettre plusieurs parties hors la surveillance des magistrats; qu'il paraîtroit convenable de sous diviser ce territoire en plusieurs autres communes, dont chacune affectée à ses agents recevroit plus particulièrement la salutaire influence d'un magistrat, protecteur et défenseur de ses droits;

Que, d'un autre côté, il existe des arrondissements dont la trop grande division en communes nécessite une réunion entre elles;

Considérant enfin, que, dirigée par le seul motif du bien public, elle a dû s'empresser, pour répondre aux vues du ministre, de former un projet de réduction du nombre des cantons du territoire confié à son administration;

Qu'il a pu, qu'il a dû s'y glisser des imperfections, des erreurs même, qu'il est dans son intention de reconnoître et de corriger;

Que le moyen qui lui a paru le plus propre est d'appeler les renseignements des administrateurs municipaux; qu'elle espère que, dirigés par les mêmes vues du bien général, ils ne présenteront pas dans ces renseignements le tableau affligeant des intérêts particuliers cherchant à triompher des intérêts généraux;

Qu'ils se hâteront, par leur empressement à les fournir, de mettre l'administration centrale en situation d'offrir au ministre un travail digne de son objet, et, tellement combiné, qu'il n'ait besoin que d'être présenté par le Directoire pour être approuvé par le Corps législatif;

Sur le rapport, ouï et ce requérant le commissaire du Directoire exécutif, arrête, au nombre complet de ses membres, le projet suivant :

ARTICLE PREMIER.

Les cantons au nombre de soixante-treize, formant le territoire du département de Lot-et-Garonne, seront réduits à cinquante et un.

Les chefs-lieux sont :

Dans le ci-devant district d'Agen :

1° Agen : il comprend tout le territoire de la commune d'Agen, Bajamont excepté; Brax, Roquefort, le Buscon, distraits de Laplume. et tout le territoire compris entre le ruisseau dit Bourbon, du côté de Lusignan-Grand;

2° Puymirol : il comprend tout son territoire; Tayrac, Ferrussac, Cambot en dépendant autrefois et distraits actuellement du canton de Saint-Maurin; et Saint-Sixte, distrait également de Saint-Maurin;

3° Larroque : il comprend tout son territoire; Bajamont, distrait du canton d'Agen; Hautefage, Sembas et Saint-Antoine, distraits de Pujols;

4° Prayssas : il comprend tout son territoire; Lacépède, Lexterne, Cugurmont et Saint-Amans, distraits de Montpezat;

5° Le Port-Sainte-Marie : il comprend tout son territoire; Bruch; Feugarolles, Ménaux, Trenqualéon, Saint-Martin, distraits de Bruch; Nioles, Restaud, sections dépendantes de Bruch; et Béquin, section dépendante de la ci-devant municipalité de Montesquieu;

6° Laplume : il comprend tout son territoire, à l'exception de Roquefort, Brax, le Buscon, Sérignac, Sainte-Colombe et Moirax; Lamontjoie; Daubèze et le Nondieu, qui dépendent de Lamontjoie;

7° Layrac : il comprend tout son territoire; Gudech, Saint-Denis, autrefois en dépendant, distraits actuellement de Caudecoste; et Moirax, distrait de Laplume;

8° Astaffort : il comprend tout son territoire; Cuq et Fails, distraits du canton de Caudecoste.

Dans le ci-devant district de Nérac :

1° Nérac : il comprend tout son territoire; Limon, sorti de Bruch, et Lagrangerie, sorti de Vianne, canton de Barbaste, en deçà Baïse;

2° Mézin : il comprend tout son territoire, à l'exception de Louspeyroux; Pouy, Cazeaux, Mercadis et Artigues, sortis de Moncrabeau;

3° Sos : il comprend tout son territoire, et Louspeyroux, sorti de Mézin;

4° Francescas : il comprend tout son territoire; Moncrabeau, Viallères, Gardères, Saint-Cirice, Lahitte, sortis de Moncrabeau; et Bax, sorti de Lamontjoie;

5° Barbaste : il conserve tout son territoire, à l'exception de Lagrangerie;

6° Montagnac-sur-Auvignon : il comprend tout son territoire; Montesquieu et Saint-Léger, sortis de Bruch; Sainte-Colombe et Sérignac, sortis de Laplume.

Dans le ci-devant district de Casteljaloux :

1° Casteljaloux : il comprend tout son territoire; Anzex, Leyrits et Moncassin, sortis de Villefranche; Ruffiac et Poussignac, sortis de Labastide;

2° Damazan : il comprend tout son territoire; Thouars, sorti de Bruch; Puch, Monheur, sortis de Puch et Villefranche;

3° Houeillès : il conserve tout son territoire;

4° Bouglon : il comprend tout son territoire; Labastide et Cavagnan, sortis de Labastide.

Dans le ci-devant district de Marmande :

1° Marmande : il conserve tout son territoire;

2° Duras : il comprend tout son territoire; Saint-Front, sorti de Soumensac; Lévignac, Saint-Pierre et Saint-Géraud, distraits de Lévignac;

3° Seyches : il comprend tout son territoire, et Saint-Sauveur, sorti de Lévignac;

4° Sainte-Bazeille : il comprend tout son territoire, et Caubon, sorti de Lévignac;

5° Meilhan : il conserve tout son territoire.

Dans le ci-devant district de Tonneins :

1° Tonneins : il comprend tout son territoire, et Nicole, distrait d'Aiguillon;

2° Gontaud : il conserve tout son territoire;

3° Castelmoron : il comprend tout son territoire; Fongrave, sorti de Monclar; Saint-Gervais, sorti de Sainte-Livrade; Montpezat, Saint-Sardos et Granges, sortis de Montpezat;

4° Clairac : il conserve tout son territoire;

5° Le Mas : il comprend tout son territoire; Razimet, Calonges et Villeton, distraits de Puch;

6° Aiguillon : il conserve tout son territoire, à l'exception de Nicole.

Dans le ci-devant district de Lauzun :

1° Lauzun : il comprend tout son territoire, à l'exception de la section dite Lavergne; et Monviel, sorti de Monbahus;

2° Castillonnès : il comprend tout son territoire; Cahuzac, Lalandusse et Douzains, sortis de Cahuzac;

3° Miramont : il comprend tout son territoire; Lavergne, section, sorti de Lauzun; Saint-Barthélemy, Viraguet, Laperche, Moiras, Montignac, Toupineries et Armillac, sortis de Saint-Barthélemy;

4° La Sauvetat-du-Dropt : il comprend tout son territoire; Soumensac, Saint-Jean, Loubès et Bernac, sortis de Soumensac; Monteton, sorti de Lévignac;

5° Verteuil : il comprend tout son territoire; Tombebœuf, Montastruc, Villebrama et Tourtrès, sortis de Tombebœuf.

Dans le ci-devant district de Monflanquin :

1° Monflanquin : il comprend tout son territoire; Lacaussade et Savignac, sortis de Monségur; Montagnac-sur-Lède, Paulhiac et Laussou, sortis de Montagnac-sur-Lède; Saint-Eutrope et Piis, sortis de Born;

2° Cancon : il comprend tout son territoire; Monbahus, Saint-Maurice, et Moulinet, sortis de Monbahus;

3° Fumel : il comprend tout son territoire; Monségur, Saint-Aubin et Vauris, sortis de Monségur;

4° Saint-Front : il comprend tout son territoire; Gavaudun et Lacapelle, sortis de Montagnac-sur-Lède;

5° Villeréal : il comprend tout son territoire; Montaut Bournel et Villars, sortis de Born.

Dans le ci-devant district de Villeneuve :

1° Villeneuve : il comprend tout son territoire; Pujols et Lacenne, distraits de Pujols;

2° Casseneuil : il comprend tout son territoire; Monclar et Hauterive, sortis de Monclar;

3° Montaigut : il comprend tout son territoire; Roquecor, Ferrussac, Saint-Bauzel et Bournac, sortis de Roquecor;

4° Penne : il conserve tout son territoire;

5° Tournon : il conserve tout son territoire;

6° Sainte-Livrade : il conserve tout son territoire, moins Saint-Gervais, et tout le territoire compris entre le chemin du Temple.

Dans le ci-devant district de Valence :

1° Valence : il conserve tout son territoire;

2° Auvillars : il conserve tout son territoire;

3° Beauville : il comprend tout son territoire; Frespech, sorti d'Hautefage; Lacour et Saint-Amans, sortis de Roquecor;

4° Castelsagrat : il comprend tout son territoire; Saint-Maurin et Saint-Martin, sortis de Saint-Maurin;

5° Dunes : il comprend tout son territoire et Caudecoste;

6° Lamagistère : il comprend tout son territoire; Saint-Nicolas et Saint-Sixte, sortis de Caudecoste.

ART. II.

Les administrations municipales de Lauzun, de Tournon, de Villeneuve, de Clairac, de Nérac, de Tonneins, de Marmande, de Penne, et toutes autres qui sont formées d'un vaste territoire, proposeront leurs vues sur la division de leur territoire en plusieurs communes; celles divisées en plusieurs petites communes proposeront leurs vues pour leur réunion.

ART. III.

Les administrations municipales discuteront le projet de réduction dans une assemblée publique; il en sera dressé procès-verbal, pour être transmis à l'administration centrale; elles y joindront les mémoires qu'elles jugeront nécessaires à l'appui des demandes qu'elles croiront devoir former; les renseignements et mémoires devront être adressés d'ici au premier pluviôse.

Ils auront principalement pour objet :

1° D'établir des limites permanentes, avec indication des communes, ci-devant paroisses ou sections fractionnaires par ce nouveau plan de réduction;

2° D'indiquer partiellement la population de chaque fraction démembrée des cantons supprimés, réduits, pour les ajouter aux cantons conservés, afin d'avoir un état de population réelle des cantons conservés;

3° De fixer enfin l'administration centrale sur la convenance des réunions de territoire projetées à tel ou tel autre canton.

ART. IV.

Au 1er pluviôse, l'administration centrale rectifiera définitivement le projet présenté, d'après les renseignements et mémoires qui lui seront parvenus, et adressera son travail au Directoire exécutif, par l'intermédiaire du ministre de l'Intérieur.

Passé ce délai, nuls autres renseignements ni mémoires ne seront admis.

ART. V.

Le présent arrêté sera imprimé in-8°; il en sera envoyé

des exemplaires au ministre de l'Intérieur et aux administrations municipales.

Fait en séance à Agen, les jour, mois et an susdits.

Signé : LAMARQUE, président; COUTAUSSE, SENBAUZEL, R.-D. NOUBEL, LESPIAULT, administrateurs; C.-M. LAFONT, commissaire du Directoire exécutif; et DICHÉ, secrétaire en chef.

IV.

ÉTATS COMPARATIFS DE LA POPULATION DU LOT-ET-GARONNE EN 1841, DATE DU MAXIMUM, ET EN 1896.

Sous l'ancien régime, en Guienne, on n'a pas fait de dénombrement sérieux de la population. Depuis 1730, les intendants ont bien encouragé l'exécution de dénombrements partiels, et, en 1771, ils ont fait exécuter dans l'élection d'Agen des états comprenant pour chaque paroisse le nombre des feux, des naissances, des mariages, des décès (1); mais cette opération, faute de méthode, ne paraît pas avoir fourni des renseignements aussi précis que ceux obtenus de nos jours dans les recensements officiels.

Tout porte à croire qu'en dépit de plaintes déjà formulées sur la désertion des campagnes, la population Agenaise s'accroissait régulièrement, mais non dans une forte proportion, durant la dernière moitié du siècle dernier.

Le dénombrement exécuté dans le Lot-et-Garonne en 1806 accusa le chiffre de 352.444 âmes, ou mieux, par comparaison avec l'état actuel, de 326.127. Il faut, en effet, déduire le chiffre de la population des trois cantons qui, en 1808, devaient être rattachés au Tarn-et-Garonne.

M. Lafont du Cujula, qui publiait justement en 1806 son *Annuaire ou description statistique du Lot-et-Garonne*, établit, d'après l'étude de trois années et sur des chiffres, que la situation du département est bonne : « Les naissances », dit-il, « sont à la population totale comme 1 est à 33; les

(1) Archives départementales de la Gironde, C. 1290 à 1295. Voir aussi C. 524, 5[illegible] 1295.

« décès, comme 1 est à 43. Les naissances sont aux décès « comme 5 est à 4. »

Si larges qu'aient été les trouées faites dans les rangs par les guerres néfastes de l'Empire, la population, réparant ses pertes, continua à s'accroître jusqu'à l'année 1841, où elle atteignit le chiffre de 347.073 âmes.

Mais, au dénombrement qui suivit, en 1846, on fut surpris de constater une légère diminution. Le total était 346.260.

Dans le Tarn-et-Garonne, une décroissance s'était également produite. Le fait étant nouveau en France, le ministère crut à des erreurs de calcul. Les préfets des deux départements, après vérification, maintinrent leurs chiffres. Il fallait se rendre à l'évidence.

La décroissance devait d'ailleurs s'accentuer rapidement. Le dénombrement de 1896 accuse 284.612 habitants. En cinquante-cinq ans, de 1841 à 1896, la diminution est donc de 62.461 habitants, soit plus d'un cinquième de la population totale, plus de mille par an.

M. de Bellecombe a composé un tableau comparatif de la population des villes principales de l'Agenais en 1858 et en 1886. S'il avait eu à sa disposition les éléments qui existent aux Archives départementales, il aurait certainement choisi d'autres dates et complété le tableau. On nous approuvera sans doute de substituer à ces états partiels deux états d'ensemble rapprochés l'un de l'autre, celui du dénombrement de 1841, époque où la population du département atteignait le maximum, et celui de 1896, qui fixe l'état actuel de la décroissance.

Ces tableaux peuvent être utiles pour la statistique. Constatons seulement les faits qui sautent aux yeux.

Dans les chefs-lieux d'arrondissement, Nérac excepté, la population n'a pas cessé de s'accroître, mais au détriment des campagnes et non point par un excédent des naissances sur les décès.

Ce fait ne s'étend point généralement aux chefs-lieux de canton et aux villes les plus importantes. Tout au contraire :

les villes dont la population dépasse mille habitants étaient, en 1841, au nombre de soixante-seize; elles sont aujourd'hui réduites au nombre de quarante-trois.

Il appartiendra à d'autres de rechercher les causes des déplacements et celles de la diminution progressive de la population. Parmi les meilleurs ouvrages qui aient été faits sur ce sujet, citons : *Études démographiques sur l'arrondissement d'Agen*, par M. le docteur Paul Chaulet (1), et *Les actes de l'état civil de la commune de Sérignac (Lot)*, par M. Eugène Vigouroux (2). Ce dernier mémoire se rapporte à une région hors du Lot-et-Garonne, mais, il est vrai, tout proche de ses limites. Il se recommande par sa méthode. Enfin, l'auteur fait des observations et arrive à des conclusions qui peuvent être reconnues justes pour la majeure partie de nos communes rurales.

Dans le volume de l'*Enquête agricole* faite en 1866, on trouve aussi d'utiles renseignements sur les causes et les effets de la dépopulation des campagnes, qui était alors moins sensible qu'aujourd'hui (3). — G. T.

Arrondissement d'Agen.

Canton d'Agen.

1er Canton.

	1841	1896
Agen	14.987	22.730
Colayrac-Saint-Cirq	1.939	1.518
Foulayronnes	1.240	1.001
Passage (Le)	2.208	2.277
Saint-Hilaire	1.061	738
2me Canton.		
Bajamont	723	401
Boé	1.221	1.191

(1) Agen, Michel et Médan, 1880, in-18, 72 pages.

(2) *Revue de l'Agenais*, 1896, pp. 325, 431.

(3) *Enquête agricole, deuxième série : Enquêtes départementales, seizième circonscription : Dordogne, Lot-et-Garonne, Gironde.* Paris, imp. impériale, 1867, in-4°.

	1841	1896
Bon-Encontre	1.535	1.251
Pont-du-Casse	1.006	724

Canton d'Astaffort.

Astaffort	2.414	2.059
Caudecoste	1.116	831
Cuq	680	422
Fals	387	239
Layrac	2.7[illegible]6	2.586
Saint-Nicolas-de-la-Balerme	605	360
Saint-Sixte	791	474
Sauveterre	679	577

Canton de Beauville.

Beauville	1.567	1.044
Blaymont	660	444
Cauzac	800	465
Combebonnet	603	(1)
Engayrac	»	322
Gandaille	809	454
Saint-Martin	481	306
Saint-Maurin	1.436	991
Tayrac	728	507

Canton de Laplume.

Aubiac	720	437
Brax	517	401
Estillac	482	349
Laplume	1.707	1.305
Marmont-Pachas	319	179
Moirax	921	550

(1) De 1841 à 1896, il y a eu des créations et des suppressions de communes. De là des cases en blanc dans l'une ou l'autre colonne.

	1841	1896
Roquefort	306	292
Sainte-Colombe	1.375	845
Sérignac	794	720

Canton de Laroque.

Cassignas	361	237
Castella	528	343
La Croix-Blanche	760	527
Laroque	1.463	1.168
La Sauvetat-de-Savères	573	383
Monbalen	696	419
Saint-Robert	425	252
Sauvagnas	735	459

Canton de Port-Sainte-Marie.

Aiguillon	4.079	3.094
Bazens	641	502
Bourran	1.109	807
Clermont-Dessous	1.242	867
Frégimont	463	284
Galapian	628	461
Lagarrigue	»	275
Lusignan-Grand	549	295
Miramont-d'Aiguillon	401	»
Nicole	540	333
Port-Sainte-Marie	3.025	2.214
Saint-Salvy	570	331

Canton de Prayssas.

Cours	645	363
Granges	649	492
Lacépède	822	543
Laugnac	908	663
Lusignan-Petit	490	319

	1841	1896
Madaillan	1.183	676
Montpezat	1.543	969
Prayssas	1.803	1.181
Saint-Sardos	»	558

Canton de Puymirol.

Castelculier	810	701
Clermont-Dessus	869	514
Grayssas	460	241
Lafox	317	350
Puymirol	1.635	1.140
Saint-Caprais-de-Lerm	619	513
Saint-Jean-de-Thurac	672	425
Saint-Pierre-de-Clairac	1.140	620
Saint-Romain	649	408
Saint-Urcisse	505	271

Arrondissement de Marmande.

Canton de Bouglon.

Antagnac	402	367
Argenton	666	476
Bouglon	817	610
Grézet-Cavagnan	623	480
Guérin	475	353
Labastide-de-Castel-Amourous	1.081	459
Poussignac	419	391
Romestaing	517	445
Ruffiac	503	425
Sainte-Gemme-Martaillac	»	473

Canton de Castelmoron.

Brugnac	727	467
Castelmoron	2.379	1.649

	1841	1896
Coulx	763	553
Grateloup	626	457
Labretonie	498	339
Laparade	1.121	708
Saint-Gayrand	523	288
Verteuil	995	907

Canton de Duras.

Auriac	336	320
Baleyssagues	928	356
Duras	1.701	1.634
Esclottes	501	287
Loubès-Bernac	1.065	683
Moustier	606	422
Pardaillan	1.068	629
Saint-Astier	550	324
Sainte-Colombe-de-Duras	»	238
Saint-Jean-de-Duras	661	429
Saint-Sernin	1.018	647
Sauvetat-du-Drot (La)	730	785
Savignac	614	461
Soumensac	660	481
Villeneuve-de-Duras	686	484

Canton de Lauzun.

Agnac	709	430
Allemans	712	704
Armillac	478	243
Bourgougnague	569	374
Laperche	461	313
Lauzun	1.349	1.116
Lavergne	1.205	752
Miramont	1.636	2.034
Montignac-de-Lauzun	1.080	680

	1841	1896
Peyrières	479	290
Puysserampion	»	305
Roumagne	626	478
Saint-Colomb	1.235	708
Saint-Nazaire	505	369
Saint-Pardoux-Isaac	468	351
Ségalas	1.415	478
Sérignac	»	366

Canton de Marmande.

Agmé	329	232
Beaupuy	539	576
Birac	1.153	802
Fauguerolles	738	556
Gontaud	1.357	1.186
Hautesvignes	490	259
Longueville	854	315
Marmande	7.805	9.888
Sainte-Bazeille	2.800	2,079
Saint-Pardoux-du-Breuil	»	379
Saint-Pierre-Nogaret	1.022	740
Taillebourg	511	289
Virazeil	1.155	1.064

Canton du Mas-d'Agenais.

Calonges	1.000 (1)	781
Caumont	987	688
Fourques	1.975	953
Lagruère	1.250	679
Mas-d'Agenais (Le)	2.414	1.862
Sainte-Marthe	»	371
Samazan	1.019	1.015

(1) Ce chiffre rond est curieux, mais moins encore que la façon dont il est composé : sexe masculin, 500; sexe féminin, 500. L'égalité dans la proportion des sexes est un fait à peu près constant dans le Lot-et-Garonne.

	1841	1896
Sénestis	824	544
Villeton	764	611

Canton de Meilhan.

Cocumont	1.664	1.435
Couthures	1.391	910
Gaujac	700	527
Jusix	604	327
Marcellus	1.006	722
Meilhan	2.291	1.931
Montpouillan	791	635
Saint-Sauveur-de-Meilhan	690	512

Canton de Seyches.

Cambes	520	279
Castelnau-sur-Gupie	899	728
Caubon-Saint-Sauveur	606	383
Escassefort	758	513
Lachapelle	354	195
Lagupie	585	447
Lévignac	1.768	1.111
Mauvezin	795	649
Monteton	799	510
Montignac-Toupinerie	484	320
Puymiclan	1.222	923
Saint-Avit	498	274
Saint-Barthélemy	1.354	938
Saint-Géraud	»	141
Saint-Martin-Petit ou les Castons	511	329
Saint-Pierre-de-Lévignac	560	385
Seyches	1.328	1.084

Canton de Tonneins.

Clairac	4.842	3.203
Fauillet	1.127	849

	1841	1896
Lafitte	1.060	970
Tonneins	6.973	6.796
Varès	930	592

Arrondissement de Nérac.

Canton de Casteljaloux.

Anzex	567	510
Beauziac	471	421
Casteljaloux	2.585	3.578
La Réunion	589	444
Leyritz-Moncassin	706	509
Saint-Martin-Curton	759	794
Villefranche-du-Queyran	875	711

Canton de Damazan.

Ambrus	»	198
Buzet	1.807	1.512
Caubeyres	433	248
Damazan	1.789	1.573
Fargues	791	734
Monheurt	781	601
Puch	1.712	1.527
Razimet	431	353
Saint-Léger	527	324
Saint-Léon	540	371
Saint-Pierre-de-Buzet	651	338

Canton de Francescas.

Fieux	708	503
Francescas	1.200	874
Lamontjoie	941	739
Lasserre	363	203
Moncrabeau	2.370	1.755

	1841	1896
Nomdieu	675	444
Saint-Vincent-de-Lamontjoie	609	338

Canton de Houeillès.

Allons	757	883
Boussès	431	440
Durance	510	604
Houeillès	812	1.187
Pindères	550	595
Pompogne	504	457
Sauméjean	332	338

Canton de Lavardac.

Barbaste	1.715	1.933
Bruch	1.180	877
Feugarolles	1.648	1.146
Lavardac	1.738	2.530
Montgaillard	385	266
Montesquieu	1.399	956
Pompiey	278	243
Saint-Laurent	»	603
Thouars	419	401
Vianne	921	852
Xaintrailles	868	683

Canton de Mézin.

Gueyze	477	528
Lannes	942	732
Lisse	476	291
Meylán	303	268
Mézin	3.042	2.604
Poudenas	958	689
Réaup	929	767
Saint-Pé-Saint-Simon	685	756

	1841	1896
Sainte-Maure-de-Peyriac	961	726
Sos	1.345	1.251
Villeneuve-de-Mézin	241	195

Canton de Nérac.

Andiran	617	445
Calignac	742	596
Espiens	841	464
Fréchou	677	460
Moncaut	664	522
Montagnac-sur-Auvignon	1.204	713
Nérac	6.837	6.683
Fuy-Fort-Éguille	316	»
Saumont	390	268

Arrondissement de Villeneuve.

Canton de Cancon.

Beaugas	980	630
Boudy	448	301
Cancon	1.642	1.274
Casseneuil	1.921	1.648
Castelnaud	983	628
Monbahus	1.638	1.264
Monviel	315	176
Moulinet	642	456
Pailloles	406	279
Saint-Maurice	349	219

Canton de Castillonnès.

Cahuzac	635	443
Castillonnès	1.908	1.923
Cavarc	576	357
Douzains	688	457

	1851	1896
Ferrensac	660	421
Lalandusse	604	366
Lougratte	1.021	733
Montauriol	530	404
Saint-Quentin	581	364

Canton de Fumel.

Blanquefort	1.752	1.169
Condezaygues	515	412
Cuzorn	1.418	1.081
Fumel	2.597	3.828
Monsempron	818	1.088
Saint-Front	1.173	789
Sauveterre-la-Lémance	1.455	1.076

Canton de Monclar.

Caubel	642	389
Fongrave	828	547
Monclar	1.984	1.504
Montastruc	1.096	690
Pinel-Hauterive	521	322
Saint-Étienne-de-Fougères	658	557
Saint-Pastour	820	640
Tombebœuf	948	832
Tourtrès	608	327
Villebramar	534	314

Canton de Montflanquin.

Gavaudun	1.091	651
Lacapelle-Biron	1.107	828
Lacaussade	450	318
Laussou	600	468
Montflanquin	5.075	3.086
Monségur	482	358
Montagnac-sur-Lède	923	628

	1841	1896
Paulhiac	1.010	592
Saint-Aubin	736	581
Salles	781	523
Sauvetat-sur-Lède (La)	»	531
Savignac	625	434

Canton de Penne.

Auradou	641	352
Dausse	501	392
Frespech	576	367
Hautefage	1.164	709
Massels	323	176
Massoulès	»	252
Penne	4.605	2.535
Saint-Sylvestre	»	1.262
Trémons	658	444
Trentels	1.315	954

Canton de Sainte-Livrade.

Allez-et-Cazeneuve	472	370
Dolmayrac	1.076	710
Sainte-Livrade	3.209	2.565
Temple-sur-Lot (Le)	1.222	953

Canton de Tournon.

Anthé	»	420
Bourlens	»	447
Cazideroque	»	420
Courbiac	»	261
Masquières	»	348
Montayral	1.388	1.022
Saint-Vite	1.233	1.013
Thézac	»	333
Tournon-d'Agenais	4.986	1.077

Canton de Villeneuve.

	1841	1906
Lédat	763	517
Pujols	1.373	1.010
Saint-Antoine	678	452
Sainte-Colombe-de-Villeneuve	758	540
Sembas	508	308
Villeneuve-sur-Lot	12.337	13.561

Canton de Villeréal.

Bournel	726	463
Dévillac	377	235
Doudrac	380	232
Mazières-Naresse	506	301
Montaut	749	528
Parranquet	499	263
Rayet	485	302
Rives	650	402
Saint-Étienne-de-Villeréal	636	424
Saint-Eutrope-de-Born	1.862	1.150
Saint-Martin-de-Villeréal	410	262
Tourliac	422	213
Villeréal	1.687	1.617

TROISIÈME PARTIE.

FASTES DE L'AGENAIS.

Sous ce titre, M. de Bellecombe a groupé des documents de nature très diverse. Les listes de personnages originaires de l'Agenais qui sont parvenus à la célébrité ou qui ont exercé des charges importantes seront seules publiées et telles quelles. C'est un travail personnel, entrepris pour la première fois, qui attirera l'attention sur des oubliés et qui nous apprendra aussi combien d'agenais ont honoré leur pays, qu'ils avaient quitté pour remplir ailleurs de hauts emplois.

Les premiers essais de ce genre ne peuvent atteindre à la perfection. Si, d'une part, les listes offrent des lacunes, d'autre part, elles sont parfois trop complètes dans ce sens que l'auteur rattache à l'Agenais des personnages de la Gascogne, tels que Monluc; du Périgord, tels que les Gontaud-Biron, etc. La mère du premier était agenaise, et les seconds ont emprunté leur nom de Gontaud à une seigneurie agenaise. Les liens les plus faibles suffisent à l'auteur pour établir ses patriotiques revendications. Les érudits, plus difficiles, auront à faire des distinctions.

Il restera, à l'état de manuscrit, dans les registres de M. de Bellecombe, un grand nombre d'autres listes ou d'autres études moins achevées ou sur des sujets moins importants. Quelques-unes d'entre elles se rapportent aux séries chronologiques de la première partie.

En voici l'énumération :

État chronologique des fondations d'établissements religieux dans l'Agenais.

Abbés nés dans l'Agenais.

Chevaliers de l'Ordre du Saint-Esprit.

Grands-croix de Saint-Louis. Grands-croix de la Légion d'honneur.

Ordres du Temple et de Saint-Jean de Jérusalem. Prieurs et commandeurs des [illegible]blissements agenais (1).

Culte protestant en Agenais. Liste des ministres, de l'année 1534 jusqu'à nos jours; soixante-deux noms pour la période antérieure à 1789 (2).

Ancienne magistrature agenaise (1324-1789).

Magistrats et avocats agenais depuis la Révolution.

Liste des présidents de la Société d'Agriculture, Sciences et Arts d'Agen.

État du personnel du lycée d'Agen depuis l'origine.

Membres de la Société des gens de lettres, originaires de l'Agenais.

Trésoriers, receveurs généraux des finances de l'Agenais. Trésoriers payeurs du département de Lot-et-Garonne (1252-1889).

Ponts et Chaussées. Ingénieurs en chef du département (1802-1875).

Femmes célèbres de l'Agenais.

(1) Ces listes se trouvent dans l'*Histoire du Grand Prieuré de Toulouse*, par M. A. du Bourg, Paris, Toulouse, 1883, in-8°.

(2) Cette liste pourrait être facilement doublée, sinon triplée.

Un document de 1592, que j'ai publié dans les *Archives historiques de la Gironde*, t. 29, p. 253, fournit dix-huit noms.

Les archives de Tonneins (E. supplément, 2357-2359) donnent des indications sur neuf pasteurs des XVIIe et XVIIIe siècles; celles de Clairac (E. supplément, 2193-2200), sur dix-huit pasteurs, etc.

Liste des quatre-vingt-dix notables du département de Lot-et-Garonne, publiée en l'an IX.

Liste des trente contribuables les plus fort imposés du département de Lot-et-Garonne, arrêtée à Paris, le 21 août 1813.

Liste des quarante plus fort imposés en 1838 et 1848.

Index chronologique des portraits de personnages se rattachant à l'Agenais. Total : six cent quatre portraits. La plupart de ces portraits se trouvent dans la collection donnée aux Archives départementales par M. et Mme de Bellecombe.

Index des vues des villes, monuments et paysages de l'Agenais qui ont été publiées.

Tables chronologiques des principales villes ou communes de l'Agenais, dressées d'après les dates connues ou présumées de leur fondation.

Éphémérides ou calendrier historique de l'Agenais.

CLERGÉ.

Cardinaux nés dans l'Agenais.

1305. — Raymond-Bernard de Fargis *ou* de Fargues, neveu de Clément V, appelé aussi Raymond-Guillaume, doyen de Bayeux et abbé de Sainte-Croix de Bordeaux, mort en 1332.

1310. — Arnaud de Falguières, de Miramont, archevêque d'Arles et évêque d'Albe, mort en 1317.

1312. — Arnaud d'Aux, de Saint-Pierre-de-La-Romieu, évêque de Poitiers, mort le 24 août 1320.

1312. — Bernard de Garu ou de Garro, de Sainte-Livrade, neveu du pape Clément V, archidiacre de Coutances, mort vers 1320.

1453. — Louis d'Albret, fils de Charles II, de Casteljaloux, évêque de Cahors en 1460, mort à Rome, le 4 septembre 1465.

1500. — Amanieu d'Albret, fils d'Alain-le-Grand, neveu

de Louis, né à Casteljaloux, évêque de Pamiers, Pampelune, Oloron, Bazas, Vannes et Lescar; mort à Casteljaloux, le 4 septembre 1520.

Généraux d'ordre nés dans l'Agenais.

1301. — Bernard de Jusix, de Meilhan, général des Dominicains, ancien professeur de théologie à Agen, mort en 1304.

1466. — Guillaume de Fumel, général de l'ordre de Grandmont, démissionnaire en 1471.

1715. — Claude de Massac, de Clairac, général de l'ordre de la Trinité, docteur en théologie.

1754. — Marie-Louise de Timbrune-Valence, supérieure de l'ordre de Fontevrault, morte en 1765.

17... — Anne-Marie-Henriette de Fumel, supérieure générale de l'Instruction charitable de l'Enfant-Jésus.

182.. — Adèle de Batz de Trenquelléon, fondatrice de l'Institut des Filles de Marie, morte en 1828.

Archevêques nés dans l'Agenais.

1096. — Bernard de Sérillac, de la Sauvetat-de-Savères, premier archevêque de Tolède.

1235. — Raoul de Pins, évêque d'Agen, archevêque de Lyon.

1310. — Arnaud de Falguières, de Miramont, cardinal-archevêque d'Arles.

1306. — Bernard de Fargis *ou* de Fargues, évêque d'Agen, archevêque de Rouen.

1492. — Armand de Gontaud-Biron, évêque de Sarlat, archevêque de Nazareth.

1644. — Louis-Henri de Pardaillan de Gondrin, archevêque de Sens.

1758. — Antoine de Malvin de Montazet, de Quissac, archevêque de Lyon.

Évêques nés dans l'Agenais.

1020. — Arnaud Ier de Beauville, } évêques d'Agen.
1049. — Bernard de Beauville, }
1113. — Guillaume de Caumont, évêque de Cahors.
1128. — Raymond-Bernard du Fossat, évêque d'Agen.
1149. — Élie II de Castillon, évêque d'Agen.
1209. — Arnaud III de Rovingna, évêque d'Agen.
1220. — Arnaud de Pins, évêque de Bazas.
1227. — Hugues de Pardaillan, évêque de Tarbes, mort en 1245.
1260. — Guillaume d'Andiran, évêque de Comminges.
1266. — Guillaume de Pins, évêque de Bazas.
1274. — Raymond de Caumont, évêque de Rodez.
1307. — Arnaud d'Aux, cardinal-évêque de Poitiers.
1313. — Amanieu de Fargis *ou* de Fargues, évêque d'Agen.
1317. — Raymond de Galard, premier évêque de Condom.
1318. — Raymond de Roquecor, premier évêque de Sarlat.
1320. — Fort d'Aux, son neveu, évêque de Poitiers.
1355. — Bertrand de Fumel, évêque de Nevers, mort en 1360.
1340. — Pierre de Galard, évêque de Condom.
1363. — Guillaume de Durfort, évêque de Lombez.
1371. — Bertrand d'Allemans, évêque de Condom.
1381. — Bertrand de Raffin, évêque de Rodez.
1438. — Pierre de Durfort de Duras, évêque de Périgueux.
1446. — Pierre de Bonal, chanoine d'Agen, évêque de Sarlat en 1446, puis de Rieux en 1461.
1460. — Louis d'Albret, cardinal-évêque de Cahors.
1460. — Pierre Bérard, des seigneurs de Lafox, évêque d'Agen.
1471. — Jean de Montalembert, évêque de Montauban.
149.. — Amanieu d'Albret, cardinal-évêque de Lescar, Pampelune, Bazas, Pamiers, Oloron, Vannes, etc.
1491. — Jean de Pardaillan, évêque d'Oloron.

1509. — Bertrand de Lustrac, évêque de Lectoure.

1517. — Jean des Prez de Montpezat, évêque de Montauban.

1521. — Hérard de Grossolles Flamarens, évêque de Condom.

1523. — Jean de Pins, évêque de Rieux.

1548. — Jean de Lustrac, évêque de Périgueux.

1553. — Jean de Monluc, évêque de Valence, frère du maréchal.

1556. — Jacques des Prez de Montpezat, évêque de Montauban.

1564. — Robert de Gontaut-Biron, prieur de Sainte-Livrade, évêque de Condom, mort en 1569.

1571. — Jean de Monluc, quatrième fils du maréchal, évêque de Condom, démissionnaire en 1581.

1608. — Joseph d'Esparbès de Lussan, évêque de Pamiers.

1647. — Jean d'Estrades, évêque de Condom.

1672. — Léon Bacoüe, de Casteljaloux, évêque de Pamiers.

1679. — Henri-Ignace de Baglion de Saillant, d'Agen, évêque de Tréguier et de Poitiers, mort en 1698.

1682. — Michel de Cassagnet de Tilladet, évêque de Clermont.

1750. — Jean-Félix-Henri de Fumel, évêque de Lodève.

1764. — François de Narbonne-Lara, évêque de Gap et d'Évreux.

1764. — Germain Chataignier de la Châteignerie, né à Agen, en 1736, évêque de Saintes.

1772. — Emmanuel-Louis de Grossoles de Flamarens, évêque de Quimper et de Périgueux.

1776. — François de Bonnal, évêque de Clermont, député aux États-Généraux.

1870. — Édouard-Lucien-Théophronte Garrelon, de Casteljaloux, évêque *in partibus* du Malabar, mort en 1873.

1889. — Pierre-Frédéric Fallières, vicaire général de Bordeaux, évêque de Saint-Brieuc, né à Mézin.

1899. — Joseph Rumeau, né à Tournon, évêque d'Angers.

ROIS, GOUVERNEURS GÉNÉRAUX, AMBASSADEURS, MINISTRES ORIGINAIRES DE L'AGENAIS.

Rois.

55 ans avant J.-C. — Ollovicon, roi des Nitiobriges.
Teutomates, fils d'Ollovicon.
Adcantuan, roi des Sotiates de Sos ou de Lectoure.

Vice-rois.

1663. — Godefroy, comte d'Estrades, maréchal de France, créé vice-roi d'Amérique.

1686. — Louis de Durfort de Duras, comte de Ferenham et de Blanquefort, général en chef du roi Jacques II d'Angleterre, créé vice-roi d'Irlande.

Gouverneurs généraux.

IVe siècle. — Latinus Drepanius Pacatus, d'Agen, proconsul d'Afrique et préfet de Rome.

1783. — Guillaume-Léonard de Bellecombe de Perville, maréchal de camp, gouverneur de Pondichéry et de l'Ile-Bourbon, puis gouverneur de Saint-Domingue et des Iles-sous-le-Vent.

1792. — Jean-Baptiste Raymond, baron de Lacrosse, contre-amiral, préfet maritime, gouverneur et capitaine général de la Guadeloupe, de la Martinique et de Saint-Domingue.

Ministres des Affaires étrangères et Présidents du Conseil.

1771. — Armand-Emmanuel du Plessis de Vignerod de Richelieu, duc d'Aiguillon, baron de Montpezat, pair de France, ministre des Affaires étrangères jusqu'en 1775.

1789. — Paul-François de Quélen de Stuert de Caussade, marquis de Saint-Mégrin, duc de la Vauguyon, seigneur de

Tonneins, pair de France, ministre des Affaires étrangères du 11 au 16 juillet.

1883. — Arnaud-Clément Fallières, de Mézin, ministre de l'Intérieur et député du Lot-et-Garonne, président du Conseil et ministre des Affaires étrangères (29 janvier au 22 février 1883), ministre de l'Instruction publique et des Beaux-Arts (novembre 1883 à 1885), ministre de la Justice en 1886, président du Sénat en 1899.

Ministres d'État.

1804. — Bernard-Germain-Étienne de Laville-sur-Illon, comte de Lacépède, ministre d'État, grand maitre de l'Université, président du Sénat, grand chancelier de la Légion d'honneur, pair, etc.

1807. — Jean-Gérard de Lacuée, comte de Cessac, sénateur, pair, ministre d'État et de l'administration de la Guerre, etc.

Ministre des Finances.

1847. — Sylvain Dumon, d'Agen, avocat, ministre des Travaux publics en 1843, puis des Finances, député.

Ministres de l'Instruction publique et de la Justice.

1887. — Léopold Faye, de Marmande, député, sénateur, ministre de l'Instruction publique.

1894, 30 mai. — Jean-Claude-Georges Leygues, de Villeneuve-sur-Lot, député, de nouveau ministre en 1899.

1896, 29 avril au 1er décembre 1897. — Joas Darlan, maire de Nérac, député.

Ministre des Travaux publics.

1888. — Pierre Deluns-Montaut, d'Allemans-du-Drot, député, ministre des Travaux publics.

Ministre de l'Intérieur.

1895, 25 janvier, au 29 avril 1896. — Georges Leygues.

Grands officiers de la couronne, etc.

1311. — Pierre de Galard d'Aubiac, seigneur de Limeuil, grand maître des arbalétriers de France.

1450. — Jean Poton de Xaintrailles, maréchal de France et grand écuyer.

17... — Agésilan-Gaston de Grossoles, marquis de Flamarens, baron de Montastruc et de Buzet, grand louvetier de France.

1761. — Emmanuel-Joseph de Grossoles, marquis de Flamarens, son neveu, grand louvetier en 1761, mort en 1786.

1805. — Bernard-Germain-Étienne de Laville-sur-Illon, comte de Lacépède, d'Agen, grand chancelier de la Légion d'honneur.

Ambassadeurs.

1314. — Arnaud d'Aux, cardinal, légat du Pape, ambassadeur en Angleterre.

1536. — Jean de Monluc, évêque de Valence, ambassadeur en Turquie en 1526, à Rome en 1538, en Pologne en 1573.

1573. — Jean de Durfort, marquis de Duras, ambassadeur à Rome.

1652. — Godefroy, comte d'Estrades, maréchal de France, ambassadeur dans les Pays-Bas en 1667, à Nimègue en 1678.

1675. — Jean-François d'Estrades, son fils, abbé de Moissac, ambassadeur à Venise, puis en Savoie en 1679.

1752. — Emmanuel-Félicité de Durfort, duc de Duras, maréchal de France, ambassadeur en Espagne.

1776. — Paul-François de Quélen, duc de la Vauguyon, seigneur de Tonneins, pair de France, ambassadeur dans les Pays-Bas, puis en Espagne en 1785.

1799. — Jean-Baptiste-Raymond, baron de Lacrosse, contre-amiral, ambassadeur en Espagne.

1873. — Alexandre-Damase, comte de Chaudordy, ambassadeur en Suisse en 1873, en Espagne en 1874 et en Russie en 1881, directeur du ministère des Affaires étrangères, à Tours, en 1870, mort en 1899.

Ministres plénipotentiaires.

1826. — André Charles de Martin de Tyrac, comte de Marcellus, ministre plénipotentiaire à . . . . , sous-secrétaire d'État au ministère des Affaires étrangères.

1842. — Émile, baron de Langsdorff, de Fumel, ministre plénipotentiaire au Brésil, etc.

18. . . — Frédéric d'Aymar, marquis de Châteaurenard, conseiller d'État, ministre plénipotentiaire aux États-Unis (1864), à Dresde (1869).

1841. — Washington de Mendeville, né à Sos, le 16 novembre 1793, ministre plénipotentiaire au Chili et à l'Équateur.

Chargés d'affaires, consuls généraux, etc.

1806. — Damase de Raymond, d'Agen, chargé d'affaires à Raguse.

1808. — Nicolas, baron Massias, de Villeneuve, chargé d'affaires à Dantzick et en Allemagne.

1815. — Édouard de Galz, baron de Malvirade, de Marmande, consul général, chargé d'affaires en Russie, mort en 1843.

Sous-secrétaires, conseillers d'État, etc.

1424. — Amanieu II, baron de Montpezat.

1587. — Jacques de Durfort, marquis de Duras.

1663. — Godefroy, comte d'Estrades.

17. . . — Henri-Jacques de Caumont, duc de la Force.

. . . . . — Charles-Armand de Gontaut, maréchal de Biron.

17... — François de Bastard, premier président au parlement de Toulouse.

1799. — Pierre Paganel, secrétaire général du ministère des Relations extérieures, député.

181.. — Célestin-François de Paule, vicomte de Raymond, sous-intendant militaire, secrétaire-général du ministre de la Guerre.

1852. — Jean-Jules Bérard, député, conseiller d'État, etc.

DUCS ET PAIRS DE FRANCE DE L'AGENAIS.

Ducs d'Aiguillon.

1599. — Henri de Lorraine, duc d'Aiguillon, puis de Mayenne en 1611, mort en 1622.

1634. — Antoine de l'Age, marquis de Puylaurens, duc d'Aiguillon, mort en 1636.

1638. — Marie-Madeleine de Vignerod du Plessis-Richelieu, duchesse d'Aiguillon, morte en 1675.

1675. — Marie-Thérèze de Vignerod du Plessis-Richelieu, duchesse d'Aiguillon, morte en 1704.

1704. — Louis-Armand de Vignerod, duc d'Aiguillon, comte d'Agenais, mort en 1731.

1730. — Armand-Louis de Vignerod du Plessis-Richelieu, duc d'Aiguillon en 1730, pair de France en 1733, mort en 1750.

1750. — Armand-Emmanuel du Plessis de Vignerod-Richelieu, duc d'Aiguillon, ministre des Affaires étrangères, mort en 1788.

1788. — Armand-Désiré de Vignerod du Plessis-Richelieu, duc d'Aiguillon, pair en 1788, mort en 1800.

Ducs de Biron.

1598. — Charles Ier de Gontaut, duc de Biron, pair, maréchal et amiral de France, décapité en 1602.

1723. — Armand-Charles de Gontaut, son arrière-petit-neveu, maréchal de France, duc de Biron, pair de France en 1723, mort en 1756.

1730. — François-Armand de Gontaut-Biron, son fils aîné, pair par la renonciation de son père et duc de Biron, mort en 1739.

1739. — Jean-Louis de Gontaut, duc de Biron et pair après la mort de son frère, renonce à la pairie en 1740 et meurt en 1775.

1740. — Louis-Antoine de Gontaut, troisième frère, duc de Biron, pair en 1740, maréchal de France, mort en 1788.

1788. — Louis-Armand de Gontaut-Biron, son neveu, d'abord duc de Lauzun et de Gontaut, pair de France, général des armées républicaines, duc de Biron en 1788, décapité en 1793.

Ducs de Caumont La Force.

1621. — Jacques Nompar de Caumont, duc de La Force, pair de France en 1621, maréchal de France en 1622, mort en 1652.

1652. — Armand Ier de Caumont, duc de La Force, maréchal et pair de France en 1652, mort en 1675.

1675. — Henri Nompar Ier de Caumont, son frère, duc et pair en 1675, mort en 1678.

1678. — Jacques Nompar III de Caumont, son petit-fils, mort en 1699.

1699. — Henri Nompar II de Caumont, duc de La Force, membre de l'Académie française, son fils aîné, mort en 1726.

1726. — Armand II de Caumont, son frère, mort en 1758.

1758. — Jacques IV de Caumont, son fils aîné, mort en 1787.

1787. — Bertrand de Caumont, son parent, duc et pair en 1788, mort en 1808.

Ducs d'Albret et de Bouillon.

1641. — Henri de Bourbon, prince de Condé, créé duc d'Albret par Louis XIII.

1646. — Louis II de Bourbon, prince de Condé, duc d'Albret, dépossédé par Louis XIV en 1651.

1651. — Frédéric-Maurice de la Tour d'Auvergne, son fils, duc de Bouillon et d'Albret, mort en 1721.

1663. — Henri de la Tour d'Auvergne, vicomte de Turenne, maréchal de France, associé au duché d'Albret, tué en 1675.

1721. — Emmanuel-Théodose de la Tour d'Auvergne, fils de Godefroy-Maurice duc de Bouillon d'Albret, mort en 1730.

1730. — Charles-Godefroy de la Tour d'Auvergne, son fils, mort en 1771.

1771. — Godefroy-Charles-Henri de la Tour d'Auvergne, son fils, mort en 1789.

Ducs de Duras.

1676. — Jacques-Henri Ier de Durfort, duc de Duras en 1676, pair et maréchal de France, mort en 1704.

1686. — Jacques-Henri II de Durfort, son fils, duc et pair par la démission de son père, mort en 1697.

1697. — Jean-Baptiste Ier de Durfort, son fils, maréchal de France, démissionnaire en 1738.

1738. — Louis-Henri de Durfort, duc de Duras, son fils ainé, mort sans enfants en 1741.

1741. — Emmanuel-Félicité de Durfort, duc de Duras, son frère, pair et maréchal de France, mort en 1789.

1789. — Emmanuel-Céleste-Augustin de Durfort, son fils, mort en 1800.

Duc de Lauzun.

1688. — Antoine Nompar de Caumont, comte de Lauzun, créé duc en 1688, mais non pair de France, mort en 1728.

Ducs de Tonneins la Vauguyon.

1758. — Antoine-Jacques-Paul de Quélen de Stuert de Caussade, créé duc de la Vauguyon-Tonneins, mort en 1772.

1772. — Paul-François de Quélen de Stuert de Caussade, son fils aîné, duc de la Vauguyon-Tonneins en 1772, ministre, etc., mort en 1828.

Ducs et Pairs de France nés dans l'Agenais.

1621. — Jacques Nompar Ier de Caumont, duc de la Force, maréchal de France.

1676. — Jacques-Henri de Durfort, duc de Duras, maréchal de France.

1688. — Antonin Nompar de Caumont, duc de Lauzun.

1691. — Guy-Aldonce de Durfort-Duras, duc de Lorges-Quintin, maréchal de France.

1697. — Jean-Baptiste de Durfort, duc de Duras, maréchal de France.

1758. — Antoine-Jacques-Paul de Quélen de Stuert de Caussade, duc de la Vauguyon, seigneur de Tonneins.

1741. — Emmanuel-Félicité de Durfort, duc de Duras, maréchal de France.

1772. — Paul-François de Quélen de Stuert de Caussade, duc de La Vauguyon, seigneur de Tonneins.

Pairs de France agenais depuis la Révolution.

1804. — Bernard-Germain-Étienne de Laville-sur-Illon, comte de Lacépède, mort en 1824.

Jean-Gérard de Lacuée, comte de Cessac, mort en 1840.

Mathieu, comte Depère.

Cyrus-Alexandre, comte de Valence-d'Agen, mort en 1822.

1815. — Amédée Malo Bretagne de Durfort, duc de Duras, pair de France, mort en 1836.

1815. — Louis-Joseph Nompar de Caumont, duc de La Force, maréchal de camp, mort en 1838.

1819. — Aymard, marquis de Dampierre, de Sauveterre, mort en 1845.

1823. — Auguste de Martin du Tyrac, comte de Marcellus, mort en 1843.

1828. — Paul de Quélen, duc de La Vauguyon, pair de France, mort en 1839.

1839. — François-Philibert-Bertrand de Caumont La Force, pair en 1839, mort en 1854.

1840. —Armand-François-Maximilien de Lau, marquis de Lusignan de Xaintrailles, mort en 1844.

Sénateurs nés dans l'Agenais.

1804. — Bernard-Germain-Étienne de Laville-sur-Illon, comte de Lacépède, président du Sénat, d'Agen.

Jean-Gérard de Lacuée, comte de Cessac, de Lamassas, commune de Frespech, ministre et questeur du Sénat.

Mathieu, comte Depère, de Mézin, vice-président du Sénat.

1805. — Cyrus-Alexandre de Timbrune, comte de Valence-d'Agen.

SÉNATEURS ET DÉPUTÉS D'ORIGINE AGENAISE ÉLUS EN DEHORS DU DÉPARTEMENT.

Sénateurs.

1852. — Auguste-Luc Nompar de Caumont, duc de la Force.

1876. — Jean-Didier Baze, d'Agen, ancien député, sénateur inamovible et questeur du Sénat.

Paul de Chadois, de Saint-Barthélemy, sénateur inamovible.

Augustin Dumon, d'Agen, ancien député du Gers, sénateur inamovible.

Henri-Antoine Issartier, de Miramont, sénateur de la Gironde, mort en 1887.

DÉPUTÉS.

États généraux.

Armand-Jacques de Lau, marquis de Lusignan, de Xaintrailles, député de la noblesse de Gascogne en 1789.

François de Bonal, évêque de Clermont, député du clergé d'Auvergne en 1789.

Emmanuel, baron Pérès Lagesse, d'Agen, député du Tiers-état de Toulouse aux États généraux en 1789, à la Convention nationale en 1792, et aux Conseils des Cinq-cents et des Anciens, mort en 1803.

De 1790 à 1830.

Raymond Barennes, d'Agen, député de la Gironde à l'Assemblée législative et au Conseil des Cinq-cents, mort en 1800.

Charles-Auguste de Martin de Tyrac, comte de Marcellus, député de la Gironde en 1815, puis pair de France.

N... de Grossoles, marquis de Flamarens, né à Agen en 1761, député du Gers en 1820 et mort en 1837.

De 1830 à 1850.

Élie, marquis de Dampierre, de Sauveterre, député des Landes en 1848 et 1871; mort le 11 février 1896.

Jean-Philibert Delmas de Grammont, général de division, de la Sauvetat-du-Drot, député de la Loire en 1849.

Depuis 1870.

1871. — Martial Delpit, de Cahuzac, député de la Dordogne, mort en 1886.

Paul de Chadois, de Saint-Barthélemy, député de la Dordogne et sénateur inamovible en 1876.

Augustin Dumon, d'Aubiac, député du Gers, puis sénateur inamovible.

1876. — Eugène-René Eschassériaux, né à Agen, député de la Charente-Inférieure.

AGENAIS JUDICIAIRE.

Premiers présidents des parlements de France.

François de Bastard, de Sauveterre, seigneur de Lafitte, premier président du parlement de Toulouse en 1762, mort en 1769.

Jean Bérard, des seigneurs de Lafox, premier président du parlement de Bordeaux en 1485, mort en 1499.

Présidents à mortier.

Henri d'Augeard, baron de Virazeil, président à mortier au parlement de Bordeaux en 1714.

Jean-Baptiste d'Albessard, seigneur de Hautes-Vignes, président à mortier au parlement de Bordeaux en 1726.

Jean-Baptiste de Lalanne, président à mortier au parlement de Bordeaux en 1732.

Jean-Charles d'Augeard, président à mortier au parlement de Bordeaux en 1768.

Paul-Marie-Armand de Lavie, seigneur de Moulinet, président à mortier au parlement de Bordeaux en 1768.

Jacques-Armand-Henri d'Augeard, baron de Virazeil, président à mortier au parlement de Bordeaux en 1789.

Conseillers aux Parlements.

1542. — Charles de Malvin, conseiller au parlement de Bordeaux, mort en 1588.

1554. — Pierre de Sevin Mansencal, conseiller au parlement de Bordeaux.

1568. — Geoffroy de Malvin, conseiller lay au même Parlement, mort en 1616.

1570. — Florimond de Rémond *ou* Raymond, d'Agen, conseiller au même Parlement, mort en 1601.

1589. — Armand de Sevin de Lagarde, conseiller au parlement de Bordeaux.

1589. — Armand de Sevin de Pélissier, conseiller au parlement de Toulouse.

1612. — Pierre de Sevin, conseiller au parlement de Toulouse.

1636. — Claude de Sarrau de Montflanquin, conseiller au parlement de Paris, mort en 1651.

1686. — Jean-Joseph de Guyonnet, conseiller au Parlement.

1737. — Jean-Baptiste-Gaston de Secondat de Montesquieu, conseiller au parlement de Bordeaux.

1737. — Charles-Ignace Drouillet de Sigalas, conseiller au parlement de Bordeaux.

1768. — Jean-Jacques-Joseph de Lalyman Varennes, de Marmande, conseiller à la Cour des Enquêtes de Bordeaux, décapité en 1793.

1770. — Gaston-Jean-Baptiste de Raigniac, baron de Frespech, conseiller aux Enquêtes.

1779. — Louis-Joseph de Mothes de Blanche, conseiller à la Tournelle.

Arnaud-François-Martin Monsec de Raigniac, conseiller aux Enquêtes.

Joseph-Antoine Barret de Lavedan, conseiller à la Cour des Aides.

Pierre Lafon de Blagnac, conseiller à la Cour des Aides.

Antoine de Jacoubet, conseiller à la Cour des Aides.

Marc-Bertrand-François Lassus de Nestier, conseiller au parlement de Toulouse.

Procureur général.

Jacques de la Chaussade, seigneur de Calonges, procureur général au parlement de Bordeaux en 1483.

Avocats généraux.

Jean-Baptiste d'Albessard, le fils, seigneur de Hautes-Vignes, avocat général au parlement de Bordeaux en 1739.

Pierre-Raymond de Lalande, marquis de Castelmoron, avocat général en 1780.

Garde des Sceaux.

Jean-Baptiste de Cassius, garde des sceaux du parlement de Bordeaux en 1785.

PRÉFETS DES DÉPARTEMENTS FRANÇAIS NÉS DANS L'AGENAIS.

1800. — Emmanuel, baron Pérès Lagesse, né à Agen, préfet de Sambre-et-Meuse, à Namur.

1800. — Henri-Bécays-Ferrand de Lacaussade, de Montflanquin, lieutenant général, préfet de la Meuse-Inférieure, à Maëstrick.

1813. — Alexandre-Martin-René Bergognié, né à Agen en 1784, préfet du Jura et de la Haute-Loire.

1841. — Eugène d'Imbert de Mazères, du Port-Sainte-Marie, préfet de la Haute-Vienne.

Antoine Lefort, d'Agen, maire du premier arrondissement de Paris en 1832, mort en 1837.

1848. — Théodore Laroche, avocat, d'Agen, préfet de la Haute-Garonne, du Tarn et du Tarn-et-Garonne.

1848. — Alexandre-Armand Bost, de Fumel, préfet du Lot.

1853. — Jean-Jules Bérard, de Saint-Sardos, préfet de l'Isère, puis des Deux-Sèvres en 1857.

1865. — Camille-Evariste Bergognié fils, d'Agen, préfet de la Mayenne.

1871. — Eugène Dauzon, père du député Philippe, de Layrac, préfet des Ardennes, mort le 15 avril 1894.

188.. — Abdon-Étienne Béchade, né à Duras, le 7 janvier 1836, préfet de la Nièvre et de Maine-et-Loire, trésorier-payeur général à Nantes.

Félix-Jean Cassagneau, d'Astaffort, préfet de l'Indre.

Gustave-Adolphe-Henri Ducos, d'Agen, préfet du Jura, de l'Ardèche et de Constantine.

Jean-Louis-Aimé Lasserre, de Nérac, préfet. . . . .

Charles-Hyppolite Massat, de Marmande, préfet de l'Isère et des Côtes-du-Nord.

ARMÉE.

Grands officiers de la Couronne. — Maréchaux de France originaires de l'Agenais.

1454. — Jean Poton de Xaintrailles, seigneur de Tonneins, né à Xaintrailles.

1574. — Blaise de Montesquiou-Lasséran de Mansencôme, seigneur de Monluc.

1622. — Jacques Nompar de Caumont, duc de La Force, né à Caumont.

François d'Esparbès de Lussan, marquis d'Aubeterre, né à Lasserre, près Francescas, mort en janvier 1628.

1652. — Armand Nompar de Caumont, duc de La Force, fils de Jacques Nompar de Caumont.

1675. — Godefroy, comte d'Estrades, né à Agen.

1675. — Jacques-Henri de Durfort, duc de Duras, né à Duras.

1676. — Guy Aldonce II de Durfort-Duras, duc de Lorges, son frère, né à Duras.

1741. — Jean-Baptiste de Durfort, duc de Duras, né à Duras.

1748. — Guy-Michel de Durfort, duc de Lorges et de Randan.

1775. — Emmanuel-Félicité de Durfort, duc de Duras.

Grand maître des arbalétriers.

1311. — Pierre de Galard, seigneur de Limeuil et d'Aubiac, grand maître des arbalétriers de France.

Colonel général de dragons.

1668. — Antonin Nompar de Caumont, duc de Lauzun.

Grands dignitaires des armées étrangères.

1675. — François de Caumont, comte de Lauzun, feld-maréchal des armées impériales d'Allemagne.

1691. — Louis de Durfort de Duras, comte de Fersham et de Blanquefort, généralissime des armées du roi Jacques II, vice-roi d'Irlande.

Chevaliers agenais dont les noms figurent dans les archives des croisades.

Les chevaliers agenais qui se croisèrent pour la délivrance de Jérusalem et pour la conquête de la Palestine ne sont pas nombreux. Le Calo de Caumont indiqué comme chevalier croisé, est le Galo de Chaumont en Vexin qui fut un des compagnons d'Hugues de Vermandois.

Nous nous arrêterons donc aux quelques noms qui suivent :

1re croisade (1096). — Amanieu II d'Albret; Raymond-Bernard de l'Isle-Jourdain, des seigneurs de Dunes.

2e croisade (1124). — Guillaume de Gontaut.

6e croisade (1218). — Bernard de Durfort; Arnaud de Montaigut; Robert de Mauvezin *ou* Malvoisin.

7e croisade (1247). — André de Boisse; Bernard de Montaut. — (1252). — Gaston II de Gontaut-Biron; Guillaume II de Grossoles-Flamarens; Raymond de Grossoles.

8e croisade (1270). — Bernard de Pardaillan.

Templier né dans l'Agenais.

1153. — Bertrand de Blanquefort, fils de Geoffroy, seigneur de Blanquefort, grand maître de l'Ordre du Temple, mort en 1168.

Prieurs d'Agenais.

1215. — Guillaume-Amanieu de Bouglon.

1301. — Bertrand de Savignac, commandeur de Sauvagnas.

Maîtres de l'Ordre dans l'Agenais.

1176. — Gaston de Castelmoron, commandeur de Cours en 1175, commandeur d'Argentens et de Gimbrède en 1160.

1236. — Arnaud-Raymond de La Mothe.

1286. — Cénébrun de Pins, commandeur d'Argentens et de Gimbrède.

Commandeurs.

1300. — Jean de Caumont, commandeur de Cours.

1267. — Pierre d'Andiran, commandeur de Romestaing.

1272. — Pierre de Melignan *ou* Mébulian, commandeur de Cours.

HOSPITALIERS AGENAIS.

Grands maîtres de Saint-Jean-de-Jérusalem.

1297. — Odon de Pins, que l'on fait naître en Catalogne, mais qui doit appartenir aux de Pins, seigneurs de Monheurt, mort en 1300.

1355. — Raymond *ou* Roger de Pins, son neveu, mort en 1365.

Grands prieurs de Toulouse.

1332. — Aycard, de Miramont.

1380. — Pierre de Ferrand, commandeur de Golfech.

1475. — Pierre de Raffin.

1673. — François-Paul de Béon de Massés de Cazeaux.

1773. — René de Léaumont, commandeur d'Argentens.

Trésoriers généraux.

1421. — Étienne de Raffin.

1497. — Bertrand d'Esparbès de Lussan, receveur général de l'Ordre, commandeur du Temple du Breuilh et de la Cavalerie en 1508; commandeur d'Argentens en 1496.

Commandeurs.

1350. — Guillaume de Montaigut, commandeur de Barbefère.

1421. — Jean de Durfort, commandeur de Sauvagnas.

1488. — Erol d'Allaman, commandeur de Sauvagnas.

1511. — Robert de Durfort, commandeur de Golfech.

1531. — Guillaume de Roquefeuil-Bessols, commandeur de Golfech.

1571. — Mathurin d'Aux de Lescout, chevalier de Romégas, grand prieur de Toulouse, commandeur de Golfech.

1582. — Pierre d'Esparbès, grand prieur de Saint-Gilles, commandeur de Golfech.

1596. — Pierre de Saint-Pastou, commandeur de Gimbrède.

1650. — François-Charles d'Esparbès de Lussan, commandeur du Temple du Breuilh.

Chevaliers dont les noms sont conservés dans les Archives du grand prieuré de Saint-Gilles.

1481. — Bernard d'Esparbès de Lafitte, commandeur de Saint-Nazaire, présent au siège de Rhodes par Mahomet II.

1549. — Pierre de Durfort.

1554. — Jean de Gontaut Saint-Geniez.

1557. — Aymar de Pardaillan de Gondrin.

1567. — Bernard de Mellignan.

1609. — Jean de Timbrune-Valence.

1620. — Jean-Louis de Pardaillan de Gondrin.

1628. — Nicolas de Montaut-Castelnau.

1640. — Jean-Joseph de Secondat-Montesquieu.

1649. — Philippe-Timoléon de Montaut-Labat.

1663. — Claude de Durfort-Civrac.

1666. — Charles de Gontaut-Biron.

1677. — Henri de Timbrune-Valence.

1761. — Claude-Sylvestre de Timbrune-Valence, lieutenant général.

1773. — Jean-Chrysostôme de Sevin-Segonzac.

1774. — Pierre-Théobald de Sevin-Segonzac.

1786. — Louis-Benoit de Lustrac.

1789. — Pierre-Thérèse-François-Xavier de Sevin-Segonzac.

1789. — Caucabanes de Bazignan.

AGENAIS.

Gouverneurs et Grands sénéchaux des provinces.

1203. — Martin d'Algay, seigneur de Biron, sénéchal du Périgord.

1257. — Philippe de Favols, sénéchal du Quercy.

1270. — Jean de Lomagne d'Auvillars, sénéchal du Quercy.

1319. — Amanieu III du Fossat, baron de Madaillan, grand sénéchal de Guyenne et d'Aquitaine, maire de Bordeaux en 1311.

1334. — Pierre de Marmande, sénéchal du Périgord et du Quercy.

1344. — Bertrand de l'Isle-Jourdain, seigneur de Dunes, commandant de Bordeaux.

1364. — Amanieu V du Fossat, baron de Madaillan, sénéchal du Rouergue.

1419. — Alain d'Albret de Garro, sénéchal du Berry.

1437. — Jean Poton de Xaintrailles, depuis maréchal de France, sénéchal du Berry en 1437, puis du Limousin en 1453.

1494. — Gabriel d'Albret, grand sénéchal du Limousin.

1528. — Henri d'Albret, roi de Navarre, gouverneur d'Aunis et de Guyenne en 1528, puis du Languedoc en 1546.

1544. — Melchior des Prez de Montpezat, gouverneur du Poitou, puis de Guyenne en 1571.

1547. — Honorat de Savoie, marquis de Villars, baron de Montpezat, gouverneur du Languedoc en 1547, de Provence en 1566 et de Guyenne en 1570.

1556. — Antoine de Lomagne, vicomte de Terrides, gouverneur de Pignerol.

1563. — Blaise de Montesquiou de Monluc, lieutenant général en Guyenne et en Agenais.

1578. — Jean de Montesquiou-Monluc, son frère, évêque de Valence, gouverneur du Languedoc.

1579. — Armand de Gontaut, baron de Biron, maréchal de France, commandant de Bordeaux en 1577, gouverneur du pays d'Aunis en 1579.

1588. — Honorat de Montpezat, comte de Laugnac, gouverneur d'Anjou et du Maine.

1588. — Jean de Durfort, baron de Born, sénéchal du Rouergue.

1591. — Henri de Montpezat, comte de Laugnac, sénéchal du Périgord.

1592. — Emmanuel des Prez de Montpezat, marquis de Villars, gouverneur du Languedoc.

1593. — Jacques de Caumont, marquis, puis duc de La Force, maréchal de France, gouverneur de Béarn et de Navarre, puis de la Lorraine en 1627.

1594. — Charles de Gontaut, duc de Biron, amiral et maréchal de France, gouverneur de Bourgogne, puis de la Bresse en 1600.

1611. — Henri de Lorraine, duc de Mayenne et d'Aiguillon, gouverneur de Paris et de l'Ile-de-France, puis de Guyenne et de Gascogne.

1651. — François de Gontaut, comte de Biron, sénéchal du Périgord.

1654. — Godefroy, comte d'Estrades, commandant de Bordeaux, de Dunkerque, Bergues et Mardyck, maréchal de France.

1671. — Antonin Nompar de Caumont, duc de Lauzun, gouverneur du Berry.

1674. — Jacques-Henri de Durfort, duc de Duras, pair et maréchal de France, gouverneur de la Franche-Comté.

1689. — Guy-Aldonce de Durfort-Duras, duc de Lorges, maréchal de France, gouverneur de Guyenne.

1739. — . . . . de Belzunce de Castelmoron, sénéchal du Rouergue.

1753 (20 avril). — Armand-Emmanuel de Vignerod de Richelieu, duc d'Aiguillon, gouverneur de Bretagne et d'Alsace, le 1er mars 1762.

1755. — Louis-Antoine de Gontaut, duc de Biron, maréchal de France, gouverneur du Languedoc.

1755. — Jean-Baptiste de Durfort, duc de Duras, maréchal de France, gouverneur de la Franche-Comté.

1760. — Guy-Michel de Durfort, duc de Lorges, commandant de Bordeaux.

1783. — . . . . comte de Fumel, commandant de Bordeaux, lieutenant général en Guyenne.

17... — Jean de Batz, sénéchal du duché d'Albret.

1788. — Jean-Paul comte de Mellet, seigneur de Monbalen, gouverneur du Maine et du Perche, maréchal de camp.

178.. — Agésilan-Joseph, marquis de Flamarens, maréchal de camp, commandant du Bigorre.

17... — . . . . comte d'Esparbès, commandant de la Haute-Guyenne à Montauban.

178.. — . . . . comte de Gontaut, grand sénéchal de Bigorre.

Gouverneurs des Colonies.

1672. — Louis de Buade, comte de Frontenac, gouverneur général du Canada en 1672, rappelé en 1682, renvoyé comme gouverneur général en 1689, mort le 28 novembre 1698, âgé de 78 ans. Il était né en 1620, à Castillonnès.

1762. — Armand . . . . vicomte de Belzunce de Castelmoron, gouverneur de Saint-Domingue.

1764. — Guillaume-Léonard de Bellecombe, gouverneur de l'Isle-Bourbon en 1764, de Pondichéry en 1777, de Saint-Domingue en 1781, et des Iles-sous-le-Vent en 1782.

Lieutenants généraux nés dans l'Agenais ou ayant appartenu à l'Agenais jusqu'à la Révolution de 1789.

1650. — Jacques Stuert de Caussade, marquis de Saint-Mégrin, de Tonneins, tué en 1652.

1650. — Paul-Antoine de Cassagnet-Tilladet, marquis de Fimarcon.

1651. — Louis d'Esparbès de Lussan, marquis d'Aubeterre, sénéchal d'Agenais, mort en 1671.

1652. — Michel-François du Bouzet de Marin, marquis de Sainte-Colombe, maréchal de camp en 1646.

François II d'Esparbès de Lussan, vicomte d'Aubeterre, frère de Louis.

1652. — Jean Révérend de Bougy, mort à Calonges.

1653. — Charles de Rochefort Saint-Angel, marquis de Théobon.

1655. — Jean-Paul Ricard de Gourdon de Genouillac-Vaillac, comte et seigneur de Cancon.

Léon d'Esparbès de Lussan, chevalier d'Aubeterre, frère des précédents.

Armand Nompar de Caumont la Force, marquis de Montpouillan, mort en 1701.

1670. — Antonin Nompar de Caumont, duc de Lauzun, colonel général des dragons, mort en 1721.

1677. — François de Monestey, marquis de Chazeron, mort à Agen en 1699.

1678. — Jean-Baptiste de Cassagnet, marquis de Tilladet.

1678. — Isaac de Béon de Cazaux, gouverneur de Bergues, mort en 1681.

1688. — Gabriel de Cassagnet, marquis de Tilladet.

1693. — Jean-Raymond de Villardit, seigneur de Laugnac, en 1703.

1702. — Antoine-Louis de Pardaillan de Gondrin, duc d'Antin, pair de France, favori de Louis XV.

1704. — Louis, comte d'Estrades, fils du maréchal de France Godefroy.

Pierre d'Esparbès de Lussan, comte d'Aubeterre.

François Ricard de Gourdon-Genouillac, comte de Vaillac, baron de Cancon.

Jacques, marquis de Narbonne-Lara, seigneur d'Aubiac.

Jean de Vivans, marquis de Noaillac.

1710. — François Amable de Monestey de Chazeron, comte de Laugnac en 1719.

Louis Godefroy, comte d'Estrades.

1719. — Abraham-Antoine de Laffite de Pelleport, de Moncrabeau.

1720. — Louis-Alexandre, marquis de Cadrieu, seigneur de Puycalvary, en Agenais.

1734. — Jacques de Vassal, marquis de Montviel.

Antoine de Pardaillan de Gondrin, marquis de Bonas.

1738. — Charles-Gabriel de Belzunce, marquis de Castelmoron, sénéchal d'Agenais.

1744. — François-Charles de Monestey-Chazeron, comte de Laugnac.

1745. — Louis de Durfort, comte, puis duc de Lorges, né en 1714.

1748. — André-Paul-Jacques de Quelen, duc de la Vauguyon-Tonneins, pair de France.

Charles-Antoine de Gontaut-Biron, duc de Gontaut.

1758. — Joseph-Henri d'Esparbès de Lussan, comte d'Aubeterre.

Armand-Emmanuel de Vignerod du Plessis-Richelieu, duc d'Aiguillon, pair de France, ministre des Affaires étrangères.

1759. — Pierre-Charles d'Esparbès de Lussan, comte de Jonzac.

1760. — Antoine-Marie de Malvin, comte de Montazet.

1762. — Armand, vicomte de Belzunce, gouverneur de Saint-Domingue, mort en 1764.

1780. — Claude-Sylvestre de Timbrune, chevalier de Valence.

Nicolas de Grossoles-Flamarens, chevalier de Grossoles.

Antoine de Malvin, marquis de Montazet.

Jean-Jacques d'Esparbès, comte de Lussan.

Vincent-Sylvestre de Timbrune, comte de Valence.

Joseph, marquis de Fumel.

1781. — César-Jean-Baptiste de Timbrune-Valence, marquis de Timbrune.

1784. — François-Aymeri de Durfort, comte de Civrac.

A ajouter les Cassagnet de Tilladet-Fimarcon.

1689. — Jean-Jacques Ier, fils de Paul-Antoine de Cassagnet-Tilladet, marquis de Fimarcon.

1723. — Jean-Jacques II de Cassagnet-Tilladet, son fils, seigneur d'Astaffort.

1748. — Aymeri de Cassagnet-Tilladet-Fimarçon-d'Astaffort.

Maréchaux de camp depuis leur création en 1552 jusqu'en 1789.

1585. — Bernard de Béon de Massès, de Cuq, gouverneur de C. . . . . . , puis de Saintonge et d'Aunis en 1589, conseiller d'État, mort en 1608.

1585. — François de Cassagnet Saint-Orens.

1586. — Pierre de Peyronencq de Saint-Chamarand.

1589. — Armand du Bouzet de Roquepine, des seigneurs de Sainte-Colombe. .

1590. — Arnaud de Beauville de l'Estelle.

1594. — Jean de Gontaut, baron de Salagnac.

1595. — Antoine-Arnaud de Pardaillan de Gondrin, baron de Bruel, sénéchal d'Agenais.

1619. — Pierre d'Escodéca de Boisse, marquis de Pardaillan, gouverneur de Monheurt, assassiné en 1621.

1621. — Adrien de Montesquiou de Monluc, marquis de Cramail, petit-fils de Blaise de Monluc.

Jean de Gontaut, baron de Biron et de Saint-Blancard, deuxième fils d'Armand.

François II Nompar de Caumont, comte de Lauzun.

1628. — François, baron de Montferrand, des seigneurs de Cancon.

1637. — Guy Aldonce Ier de Durfort, marquis de Duras, mort en 1665.

1638. — Henri Nompar de Caumont, marquis de Castelnau, depuis duc de La Force.

1646. — Pierre de Caumont La Force, marquis de Cugnac.

1650. — Aymeri-François de Béon de Massès, comte de Lannemezan, tué au siège de Tournai en mai 1667.

1650. — Antoine-François de Gontaut, comte de Cabrières.

1651. — Louis-Gilles du Bouzet, marquis de Roquepine.

Philippe-Balthazar de Cadrieu.

Jules-César de Nort, comte de Savignac, d'Agen.

1652. — N.-Pierre . . . . de Lamothe de Vedel de Thermes, tué à Villeneuve en 1653.

Marc-Antoine de Pardaillan de Gondrin, seigneur de Savignac.

Marc de Cugnac de Pauillac, comte de Cauzac, mort en 1678.

1657. — Charles de Monlezun de Loupiac de Montcassin.

1670. — Gabriel de Grateloup.

1688. — Jean-François-Paul de Laffitte de Pelleport, de Moncrabeau.

Henri de Vivans, marquis de Noaillac.

1704. — Joseph de Gasquet, seigneur de Clermont-Dessus.

1719. — François de Loupiac de la Devèze.

1734. — Jean-Baptiste de Vassal, comte de Montviel.

173.. — Agésilan-Gaston de Grossoles, marquis de Flamarens, depuis grand louvetier.

1738. — Louis-Pierre-Joseph d'Esparbès de Lussan, comte de Jonzac.

1743. — Louis de Pardaillan, duc d'Antin, baron de Bruch.

1748. — Henri-Bernard-Emmanuel de Timbrune, marquis de Valence.

1749. — Louis III de Pardaillan, duc d'Antin et d'Épernon.

1761. — Jean-Baptiste de Lafargue, né à Lavardac, mort en 1771.

1762. — Jean-François, comte de Narbonne-Lara, né à Aubiac, le 27 décembre 1718, mort en 1781.

Louis-Guy Sacriste de Caumont, baron de Tombebœuf, marquis de Montpouillan.

1767. — François-Amable-Jules de Monestay, marquis de Chazeron, comte de Laugnac.

1770. — François Aymeri, chevalier de Durfort, puis marquis de Civrac, mort le 28 décembre 1773.

1776. — Pierre Sarrazin de Bellecombe.

1780. — Emmanuel-Joseph de Grossoles, marquis de Flamarens, grand louvetier.

Emmanuel-Céleste-Augustin de Durfort, duc de Duras, colonel général des gardes nationales de Guyenne et d'Agenais en 1789.

Agésilan-Joseph de Grossoles, comte, puis marquis de Flamarens en 1786, baron de Montastruc.

Guillaume-Léonard de Bellecombe, gouverneur des Iles-sous-le-Vent et de Pondichéry.

N. . . . . . . de Gontaut, comte de Saint-Geniez.

1781. — Thomas-Mathurin de Galibert de Saint-Avit.

Charles de Malvin, comte de Montazet.

Louis-Antoine de Belzunce de Castelmoron, brigadier de dragons en 1780.

1784. — Anne-Pierre-Henri, marquis de Fumel-Montségur, député aux États généraux.

Charles-Armand-Fidèle de Durfort, comte de Duras.

Thomas Duvigneau, d'Aiguillon.

1788. — Philibert de Fumel, marquis de Monségur.

Vincent-Aymeri-Louis-Henri de Durfort, comte de Civrac et de Blanzac.

Louis-Gabriel d'Albespeyres . . . . . , né à Sos en 1751.

1788. — Armand-Désiré de Vignerod du Plessis-Richelieu, duc d'Aiguillon.

Jean-Paul de Mellet, baron de Gontaut.

A ajouter : les Cassagnet de Tilladet et les Limouzin de Saint-Michel.

1780. — Auguste-Limouzin de Saint-Michel, né à Villeneuve, maréchal de camp, mort en 1786, à Villeneuve.

1791. — Léonard de Montalembert.

BRIGADIERS DES ARMÉES DU ROI DEPUIS LEUR CRÉATION, EN 1667, JUSQU'A LEUR SUPPRESSION, EN 1788.

Brigadiers d'infanterie.

1696. — Armand II de Belzunce, fils aîné du sénéchal d'Agenais, mort en 1712.

Jean-Vincent de Malartic, de Bazens, neveu d'Anne Maurès de Lartigue.

1702. — Comte de Castillon-Courbian.

1704. — Jean de Cadrieu.

1706. — Jean-Louis de Raffin d'Auterive *ou* Hauterive.

1713. — . . . . de Dampierre.

1721. — Bertrand de Montalembert de Roger.

1719. — Josias de Mazelières, baron de Réaup.

1742. — Pierre de Barailh.

1747. — François-Germain de Rouffiac.

1762. — Jean-Baptiste de Gironde.

1764. — De Gramont de Villemontès.

1779. — Jean-Antoine de Broous, vicomte de Cézerac, colonel d'infanterie.

1780. — N. . . . . de Podenas.

De Mondenard de Bierre.

1787. — Gilbert, comte de Gironde, colonel du régiment de Viennois.

1789. — Charles, marquis de Redon, colonel du régiment de Metz.

17... — André-Labat de Vivens, major au régiment de Brie.

17... — J.-R.-V. Sarrazin de Bellecombe, major au régiment du Médoc, colonel de la garde nationale d'Agen en 1791, mort en 1814.

Brigadiers de cavalerie.

1719. — François-Armand de Gontaut, duc de Gontaut, puis duc de Biron en 1730.

1744. — . . . . de Bonnaire.
1748. — Gilbert d'Escodeca, marquis de Boisse.
1758. — . . . . comte de Dampierre.
1759. — Louis-Joseph, comte de Fumel.
N. . . . . de Bonnaire.
1762. — Jean Gerbous de la Grange de Giac, de Nérac.
1768. — François-Louis de Fumel, comte de Montségur.

Brigadiers de dragons.

1746. — . . . . marquis de Narbonne.
1767. — Joseph d'Aymar, comte de Châteaurenard.
1780. — Armand, marquis de Belzunce de Castelmoron.

CAPITAINES ILLUSTRES DE L'AGENAIS JUSQU'AU COMMENCEMENT DU RÈGNE DE LOUIS XIV, EN 1667.

1311. — Amanieu III du Fossat, baron de Madaillan, maire de Bordeaux, sénéchal de Guyenne et d'Aquitaine, mort en 1350.

1322. — Raymond-Bernard Ier, baron de Montpezat, mort en 1324.

1334. — Guilhem III de Durfort, marquis de Samazan, sénéchal de Toulouse.

1345. — Walter *ou* Gautier de Mauny, gouverneur d'Aiguillon pour les Anglais.

1360. — Amanieu, seigneur d'Artigues, capitaine des compagnies franches.

1360. — Bernard de Durfort, dit de Penne, capitaine des compagnies franches.

André de Gontaud, gouverneur de Condom en 1358.

1378. — Galard III de Durfort, sénéchal de Guyenne.

1424. — Amanieu II, baron de Montpezat et de Madaillan, sénéchal d'Agenais pour la France.

1425. — Pons de Castillon, sénéchal d'Agenais pour l'Angleterre.

1425. — Galard V de Durfort, gouverneur de Calais, tué en 1477.

1426. — Naudonet de Lustrac.

1426. — Lancelot de la Barthe.

1426. — André de Ribet, dit le bâtard d'Armagnac, capitaine d'écorcheurs.

1435. — Raymond-Bernard II, baron de Montpezat et de Madaillan.

1451. — Pierre Poton de Xaintrailles, frère du maréchal.

1487. — Jean de Durfort, général en Lombardie, maire de Bordeaux.

1499. — De Raffin de Péricard, gouverneur sous François Ier.

1500. — Georges de Durfort, dit le Cadet de Duras à la grande barbe, gouverneur pour Henri d'Albret, roi de Navarre, mort en 1525.

1513. — Pierre de la Sarre, dit Clerguet, chef des paysans révoltés de l'Agenais.

1540. — Symphorien de Durfort, colonel des légionnaires de Guyenne.

1563. — Armand de Caumont, seigneur de Piles, gouverneur de Bergerac et chef des huguenots agenais.

15... — Géraud de Lomagne, vicomte de Sérignac, chef des protestants agenais.

15... — André-Gaston de Ferrand, baron de Mauvezin, dit le capitaine Peyrelongue, compagnon de Monluc.

15... — Marc-Antoine de Monluc, fils aîné du maréchal, tué en 1556.

15... — Charles-Bertrand de Monluc, second fils du maréchal, dit le capitaine Peyrot, tué en 1566.

15... — Fabien de Monluc, troisième fils du maréchal, tué en 1574.

1585. — Honorat de Montpezat, comte de Laugnac, capitaine des Quarante-cinq, sénéchal du Poitou, mort en 1615.

1576. — Jacques de Stuert de Caussade, marquis de Saint-Mégrin, seigneur de Tonneins, assassiné en 1578.

1585. — Arnaud de Cieutat, seigneur de Pujols, défenseur de Villeneuve.

1615. — Jean de Caumont la Force, marquis de Montpouillan, gouverneur de Tonneins, tué en 1621.

16.. — Jean-Jacques *ou* Jacob de Caumont la Force, marquis de Tonneins, son frère.

1630. — Jacques de la Chaussade, marquis de Calonges, gouverneur du Mas en 1615, général protestant au service des Pays-Bas en 1630.

1642. — François III, marquis de Lusignan, baron de Galapian, général des catholiques en Guyenne et en Agenais.

1651. — Théobon de Pardaillan *ou* Charles de Rochefort, marquis de Théobon, gouverneur de Montflanquin et de Villeneuve.

1650. — Charles-Henry de Durfort de Duras, comte de Mongonméry, maistre de camp, mort en 1660.

1650. — Frédéric-Maurice de Durfort, comte de Rozan, capitaine des chevau-légers, mort en 1660.

1660. — Charles-Louis de Durfort-Duras, baron de Pujols, son neveu, assassiné en 1662.

Godefroy de Durfort, comte de Rozan, son frère, mort en 1680.

164.. — François d'Estrades, père du maréchal, maistre de camp, mort en 1645.

1698. — Colinau Dufrandat, de Nérac, organisateur du costume de l'armée, maistre de camp, mort à Nérac.

Antoine de Lartigue, dit Artigueloube, seigneur de Bassabat, né à Mézin en 1485, colonel, mort en 1578, âgé de quatre-vingt-treize ans, ami de Monluc.

Pierre de Lartigue, dit Artiguedieu, ami de Monluc, capitaine célèbre, né à Mézin en 1481, mort en 1579 à l'âge de quatre-vingt-dix-huit ans, frère d'Antoine.

N. . . . . de Boissy-Dubois, né à Nérac, capitaine sous Henri III, tué à Taillebourg.

Jeannot de Pérès, capitaine, de Nérac, tué le 17 mars 1576.

Tobie de Lacrosse, capitaine, tué à Coutras, le 20 octobre 1587.

GOUVERNEURS DES PLACES FORTES DE L'AGENAIS PENDANT LES GUERRES DU XIVe SIÈCLE ET LES GUERRES DE RELIGION.

Gouverneurs d'Agen.

1560. — François Ier de Lusignan, gouverneur catholique.
1562. — Truelle, capitaine, gouverneur protestant.
1586. — Bernard du Bouzet de Roquepine.
1587. — Malhes.
Bernard de Besoles de la Graule.
1594. — François II de Lusignan, gouverneur d'Agen et de Puymirol.
1635. — Sembel, vice-sénéchal d'Agenais, gouverneur d'Agen.
1650. — François III de Lusignan.

Gouverneurs d'Aiguillon.

1340. — Jean de Dombry *ou* Gombry, gouverneur anglais.
1345. — Walter *ou* Gautier de Mauny, gouverneur anglais.
1450. — Bernard de Montpezat.
1499. — Amanieu de Malvin.
1512. — Charles de Malvin.
1563. — N. . . . de Malvin de Montazet.
1563. — Armand de Caumont, seigneur de Piles.

Gouverneurs du Port-Sainte-Marie.

1424. — Amanieu II, baron de Montpezat.
Simon de Laurière, baron de Moncaut, gouverneur de Layrac en 1574.

Gouverneurs de Puymirol.

1324. — Amanieu III du Fossat, baron de Madaillan.
1435. — Raymond Bernard II, baron de Montpezat.

156.. — N. Louis de Madaillan, compagnon de Monluc.
1590. — François II de Lusignan.

Gouverneurs de Madaillan.

1572. — Jean de Carbon de Montpezat.
Pierre d'Esparbès de Lussan, gouverneur de Castelculier en 1657.

Gouverneurs d'Auvillars.

1577. — Tappiac.
Lamothe-Bardigues.
1641. — Sylvestre d'Esparbès de Lussan.

Gouverneurs de Tonneins.

1574. — Jean du Bouzet de Roquepine.
1578. — Bernard du Bouzet de Roquepine et Jean du Bouzet de Podenas, son frère.
1603. — Jacques Bruet de Lagarde.
1620. — Jean de Caumont, marquis de Montpouillan.

Gouverneurs de Caumont.

1621. — D'Estourville.
Henri Nompar de Caumont, marquis de Castelnaud.

Gouverneurs de Clairac.

1578. — Baron d'Arros.
1621. — D'Orte.
1622. — Bachelier-Labarrière.
De Soyecourt.
De Bourmont.
Le capitaine Menoire.
1651. — Jean Labat de Vivens.

Gouverneurs de Montpezat.

1414. — John de Sconore, capitaine anglais.
1594. — Balthazar de Thoiras, seigneur de Cauzac.

Gouverneurs du Mas-d'Agenais.

1595. — Bernard du Bouzet de Roquepine.
1615. — De Labarthe.
162.. — Jacques de Lachaussade de Calonges.

Gouverneur de Meilhan.

1586. — De Melon.

Gouverneurs de Marmande.

1433. — Bernard de Sainte-Marie, pour Raymond-Bernard II de Montpezat.
Petit de Favols.
1593. — . . . . . . de Caumont, marquis de Castelnaud.

Gouverneurs de Monheurt.

1620. — Pierre d'Escodéca de Pardaillan de Boisse, assassiné en octobre 1621.
1622. — Antoine-Arnaud. . . ., marquis de Pardaillan et de Montespan.

Gouverneur de Damazan.

1586. — De Baudéan de Parabère.

Gouverneurs de Casteljaloux.

1563. — Dupleix.
1578. — De Savignan.
De Durfort de Rozan.

Gouverneurs de Nérac.

1574. — François d'Esparbès, aussi gouverneur de Mézin.
1621. — De Laporte.
Jean de Fabas, vicomte de Castets.
16.. — Carbon de Cours de La Salle.
16.. — François de Cours de La Salle.

Gouverneur de Moncrabeau.

1587. — Olivier du Bouzet de Roquepine.

Gouverneurs de Casseneuil.

1212. — Hugues de Rovignan.
Seguin de Balenex de Cahuzac.

Gouverneur de Monclar.

1374. — Rainfroy V de Montpezat.

Gouverneurs de Villeneuve.

1372. — Olivier de Maury.
1436. — Raymond-Bernard II de Montpezat.
1569. — Le capitaine Despeyroux, pour Monluc.
1585. — Nicolas de Cieutat, seigneur de Pujols.
Arnaud de Cieutat, son fils.
1590. — . . . . Foucaud, pour les Ligueurs.
1651. — Théobon de Pardaillan, défenseur de Villeneuve, avec Jean Malauzet, meurtrier du comte Lamothe-Vedel, qui assiégeait la ville en 1653.

Gouverneurs de Montflanquin.

1561. — Armand de Caumont de Piles, aussi gouverneur de Bergerac pour les protestants.
1574. — Gabriel de Montferrand, seigneur de Langoiran, pour les protestants.
1575. — Maximilien de Béthune, marquis de Rosny, depuis duc de Sully, pour Henri de Navarre.
1577. — François de La Tour d'Auvergne, vicomte de Turenne.
1579. — Jacques de Caumont, depuis duc de La Force.
1595. — Charles de Monluc.

1621. — Henri Nompar de Caumont, marquis de Castelnaud, depuis duc de La Force.
1651. — Théobon de Pardaillan.

Gouverneur de Penne.

1435. — Raymond-Bernard II de Montpezat.

Gouverneur de Sainte-Livrade.

1192. — Merchadier, célèbre capitaine d'écorcheurs, pour le roi Richard Cœur-de-Lion.

Gouverneur de Tournon.

1631. — Jean de Vivans de Pontenson, fils de Geoffroy, seigneur de Noaillac.

ARMÉE AGENAISE DEPUIS 1792 JUSQU'A NOS JOURS 1888.

Généraux en chef.

1792 (9 juillet). — Arnaud-Louis de Gontaut, duc de Lauzun, puis de Biron, général en chef de l'armée du Rhin le 9 juillet 1792, général en chef de l'armée des Côtes de La Rochelle le 15 mai 1793, exécuté le 31 décembre 1793.
1792 (octobre). — Cyrus-Marie-Alexandre de Timbrune, comte de Valence d'Agen, général en chef de l'armée des Ardennes en octobre 1792, mort le 4 février 1822.
18... — Joseph-César de Cantérac d'Andiran, capitaine général au service de l'Espagne, né à Casteljaloux, le 29 juillet 1786, mort au Pérou, le 18 janvier 1835.

Généraux de division et lieutenants généraux depuis 1792.

1792. — André-Joseph de Laffitte-Clavé, de Moncrabeau, inspecteur général des fortifications, mort en février 1792.

1795. — Jean Siscé, baron de Bressoles, d'Auvillars, mort en 1839.

1803. — Jacques-Henri-Ferrand Bécays de La Caussade, de Montflanquin.

1806. — Jean-Gérard de Lacuée, comte de Cessac, d'Agen, ministre de la direction de la Guerre.

1808. — Guillaume-Joseph Lafon de Blaniac, de Villeneuve-sur-Lot, mort le 28 septembre 1833.

1815. — Paul-François de Quélen de Stuert de Caussade, duc de la Vauguyon, ancien ministre de Louis XVI.

1815. — Jean-Laurent de Durfort de Civrac, duc de Lorges.

1815. — Pierre, comte de Pardaillan.

1815. — Joseph-Denis de Mazelières, né près de Nérac, en 1750, comte de Douault, maréchal de camp en 1815.

1816. — Paul de Quélen de Stuert de Caussade, comte, puis duc de La Vauguyon-Tonneins, mort en 1837.

1817. — François du Bouzet des Marins, vicomte de la Montjoie, né à Brives, en 1742, maréchal de camp en 1800, lieutenant général honoraire en 1807.

1826. — Jean-Baptiste-Pierre, baron Menne, d'Agen, lieutenant général honoraire, mort le 14 septembre 1839.

1852. — Émile de Tartas, de Mézin, né en 1796, député du Lot-et-Garonne, mort le 29 février 1860.

185.. — Jacques-Philibert Delmas de Grammont, de Lauzun, né à La Sauvetat-du-Drot, le 22 juillet 1792, mort le 14 juin 1862.

1865. — Jules-Barthélemy Granchamps, de Villeneuve, mort en 1877.

1870. — Jean-Gérard-Louis Béchon, de Caussade-du-Léger, mort le 4 novembre de la même année.

1880. — Dominique-Émile Frémont de Castelmoron, né à Marmande, le 9 octobre 1819.

1881. — Pierre-Jean-Baptiste-Marie-Ferdinand Bouneton, de Monclar, mort le 27 avril 1882.

Paul-Antoine-Arthur Nismes, de Barbaste, général de division.

Généraux de brigade, maréchaux de camp, etc.

1793. — Jean-Charles de Gerbous de Lagrange, né à Mézin, en 1740, maréchal de camp, mort le 8 avril 1813.

Antoine de Castillon de Mauvezin, né à Moncrabeau, général de brigade en 1793.

1793 (mars). — Jacques-Paul Vergnes, de Tonneins, né à Tonneins, le 19 avril 1755, mort en 1827.

1806. — Jean Sarrazin, de Penne, mort le 13 novembre 1848.

1807. — Antoine, baron Rigau, d'Agen, né le 14 mai 1758, mort à la Nouvelle-Orléans, le 4 septembre 1820.

1809. — Jean-Romain Beyssac, né à Marmande, le 2 septembre 1749, mort en . . . . . .

1809. — Pierre-Marie-Gabriel Vidalot, né au Sirat, en 1764, mort en 1843.

1815. — Amédée de Durfort, duc de Duras, pair de France, mort en 1836.

1815. — Jean, baron de Batz, ancien grand sénéchal d'Albret, mort en 1822.

1824. — André-Élisabeth-Jacques, baron Lafont de Cavaignac, député, de Layrac, mort en 1845.

182. . — François-Jacques Boudon, chevalier de Pompéjac, maréchal de camp honoraire, mort en 1830.

1825. — Jean-Scipion Goujet, né à Villeneuve, le 30 octobre 1770, mort le 25 juin 1827.

1830. — Jean-Baptiste-Gabriel-Marcelin Bory de Saint-Vincent, d'Agen, maréchal de camp du génie, député, mort le 23 décembre 1846.

183. . — Maurice Menne, d'Agen, frère du lieutenant général.

18. . — Jacques-Stanislas de Galz, baron de Malvirade, de Marmande, mort le 1er mars 1847.

1844. — Jacques Tempoure, né à Nérac, le 8 février 1790, mort le 20 juillet 1854.

18. . . — Thomas-Robert Radoult de Lafosse, de Ville-

neuve, député, né à Villeneuve, le 30 décembre 1783, mort le 12 novembre 1869.

1855. — François Lafage, de Gaujac, baron Leclerc d'Ostein, né en 1776, mort en janvier 1857.

Certaines biographies font naitre ce général à Pontoise.

1855. — Jean-Antoine-Édouard de Ferrabouc.

1870. — Jean Laboubée, d'Agen.

187.. — Octave, comte de Bastard, de Marmande, sénateur, mort en mai 1884.

Richard Bonnal, de Villeneuve.

Limousin de Saint-Michel fils, de Villeneuve.

Adjudants-généraux.

1792. — Étienne-Chopin de Labruyère, de Tonneins.

179.. — . . . . Vignes, de Sos.

179.. — . . . . Daurière, de Sainte-Livrade.

179.. — Louis Menoire, né le 11 août 1764, à Villeneuve, adjudant-général des armées républicaines, mort le 7 septembre 1820.

1815. — Joseph-Denis de Mazelières-Doazan, né à Nérac, le 1er février 1750, maréchal de camp en 1815, mort. . . . .

Joseph-Gabriel Bellegarrigue, né à Astaffort, le 12 octobre 1827.

Jean Gras, d'Agen, général de brigade.

Job-Gaspard-Charles Martial, né à Agen, le 13 septembre 1840, capitaine d'artillerie, général de brigade de dragons, mort le 29 avril 1896, à cinquante-cinq ans.

Édouard Hardy de Périni, né à Agen, le 24 octobre 1843, général de brigade en 1897.

MARINE.

Amiraux de France.

1569. — Honorat de Savoie, marquis de Villars, baron de Montpezat, maréchal de France en 1575, amiral le 28 septembre 1569.

1578. — Charles de Lorraine, duc de Mayenne, baron de Montpezat, amiral de France le 28 avril 1578.

1592. — Charles de Gontaut, duc de Biron, maréchal de France en 1594, amiral de France le 4 octobre 1592.

Vice-amiral de France.

1753. — Jean-André, marquis de Baraïlh, de Monclar, vice-amiral de France, mort en 1762.

Généraux des galères et chefs d'escadre.

156.. — Mathurin d'Aux de Lescout, chevalier de Romégas, lieutenant général des galères de l'ordre de Malte, mort à Rome, le 4 novembre 1585.

1675. — Gabriel de Caumont, comte de Monbahus, commandant les galères du Roi.

1729. — Henri de Timbrune, de Valence, commandeur de Malte, chef d'escadre.

1799. — Jean-Baptiste-Raymond, baron de Lacrosse, de Meilhan, contre-amiral, gouverneur de la Guadeloupe, sous-préfet maritime, mort en 1829.

18... — François-Casimir, baron de Bonnefous, né à Marmande, le 4 mars 1761, contre-amiral et préfet maritime, mort à Escassefort, le 15 juin 1838.

Capitaines de vaisseau.

1666. — Henri, chevalier de Béon, de Cuq.

1704. — Philippe-Timoléon de Montaut.

175.. — . . . . , chevalier d'Aux de Lescout, de Francescas.

Louis de Clavier, de Castillonnès, chef d'escadre, mort en 1770, dans l'Inde.

1777. — Antoine-François, vicomte de Beaumont, de Casseneuil.

178.. — François de Batz de Trenquelléon, de Feugarolles.

Louis de Clavier, capitaine de vaisseau, guillotiné en 1793.

1800. — Jean-Gilles Filhol de Camas, de Fumel, né en 1769, tué à Trafalgar en 1805.

182.. — Pierre-Marie-Joseph de Bonnefous-Beauregard, de Marmande.

184.. — Philippe-Jacques-Louis Garreau, de Beauville, capitaine de frégate.

186.. — Jean-Baptiste-Eugène Magen, d'Agen, né au Passage, le 8 avril 1820, capitaine de frégate.

18... — Guillaume-Hyppolite Berbinau, né à Duras, le 20 mars 1838, capitaine de frégate.

Paul-Jean-Louis de Gironde, capitaine de frégate.

Commissaires de la Marine.

1789. — Guillaume-François Ballias, de Galaut.

Alfred Fournié, de Clairac, capitaine d'infanterie de marine.

BELLES-LETTRES. — SCIENCES ET ARTS.
MEMBRES DE L'INSTITUT, ORIGINAIRES DE L'AGENAIS.

Académie française.

1635. — Jean de Silhon, né à Sos, conseiller d'État, mort à Paris, en février 1667.

1714. — Henri-Jacques Nompar de Caumont, duc de La Force, mort en 1726.

1756. — Antoine de Malvin de Montazet, de Quissac, archevêque d'Aix.

17.... — Emmanuel-Félicité de Durfort, duc de Duras, pair et maréchal de France, mort en 1789.

1803. — Jean-Gérard de Lacuée, comte de Cessac, lieutenant général, sénateur, pair de France, ministre de la Guerre, d'Agen, mort en 1841.

Académie des Inscriptions et Belles-Lettres.

1729. — Louis Jouard de Lanauze, de Villeneuve-d'Agen, jésuite, professeur d'humanités, né en 1696, mort en 1773.

Académie des Sciences morales et politiques.

1795. — Jean-Gérard de Lacuée, comte de Cessac.
1859. — Pierre-Sylvain Dumon, d'Agen, ancien député, ministre des Travaux publics et des Finances, mort en 1870.

Académie des Sciences.

1699. — Jean-Sylvain Régis, de la Sauvetat-de-Blanquefort, professeur de philosophie cartésienne, mort en 1707.
1741. — Antoine Ferrein, de Frespech, professeur de médecine au Collège de France, d'anatomie et de chirurgie au Jardin des Plantes, mort en 1769.
1795. — Bernard-Germain-Étienne de Laville-sur-Illon, comte de Lacépède, d'Agen, professeur au Muséum d'histoire naturelle, ministre, président du Sénat, pair de France, mort en 1825.
183.. — Jean-Baptiste-Gabriel-Marcelin Bory de Saint-Vincent, d'Agen, maréchal de camp du génie, etc., mort en 1846.
1828. — Étienne-Renaud-Augustin Serres, de Clairac, professeur d'anatomie comparée au Muséum d'histoire naturelle, mort en 1868.
1871. — Henri-Félix-Joseph de Lacaze-Duthiers, de Montpezat, professeur de zoologie au Muséum et à la Faculté des sciences, né en 1821.

Membres de l'Académie de médecine, à part les précédents.

Achille-René Baffos, de Montflanquin, mort en 1866.
Louis-Dominique-Jules Gavarret, d'Astaffort, professeur de physique médicale à la Faculté de Paris, né en 1809.

Jean-Jacques-Alexandre Laboulbène, d'Agen, professeur à la Faculté de médecine de Paris, né en 1825.

Jean-Baptiste-Vincent Laborde, né en 1830, à Buzet, professeur à l'École d'anthropologie.

BEAUX-ARTS.

Peinture.

Peintres agenais de Henri II à Louis XIII. — Jean Carros, Jacques, Tambouret *ou* Tabouret, dit Lacroix, Innocent Lacroix.

De Henri IV à Louis XIII. — Jean Reau, Jean de Haussy, peintre et graveur, Jean Roger, Bernard Hervieu, Jean Dinan, Jean Finoy, Madone de Charpaut *ou* de Laserre, Léonarde de Condé.

Sous Louis XIV. — Jean Benquet, fils de Vidau, natif de Blaziert en Condomois, reçu habitant d'Agen en 1662; Pierre Lacroix, originaire des environs de Paris, reçu habitant d'Agen en 1681; Dhostes, Balthazard Ayroard.

Sous Louis XIV et Louis XV. — Julien.

Sous Louis XV et Louis XVI. — Pierre-Evasius Viotti, natif de Casals en Italie, fixé à Agen en 1749; Blaise Laboubée, Mouilhart (1).

Dix-neuvième siècle. — Émile Sabatier, d'Agen, né en 1807, peintre d'histoire.

. . . . Quinsac, d'Agen, né vers 1812, peintre d'histoire.

A. . . . . Carrière, d'Agen, né vers 1825, peintre d'histoire.

Louis-Joseph-Aimé Bompar de Mélignan, de Mézin, peintre en miniature, mort en 1845.

(1) Les noms qui précèdent ont été donnés d'après des *Notes sur les peintres et les sculpteurs Agenais, du milieu du XVIe siècle à la fin du XVIIIe* (*Revue de l'Agenais*, t. XIII, p. 251). Cette liste est documentée. On fait remarquer que certains de ces peintres, employés par les consuls d'Agen à exécuter des armoiries, étaient peut-être plutôt des peintres en bâtiment que des artistes. — G. T.

Maurice Lespiault fils, de Nérac, dessinateur d'histoire naturelle, né en 1821.

Étienne Guary, d'Agen.

Gouzet, d'Agen.

Boyé, de Marmande.

André-Antoine Crochepierre, de Villeneuve.

Raphaël-Adrien Gourdon, d'Astaffort.

Gravure.

Charles Rion, d'Agen, graveur du Roi en 1634.

Jean Rion, d'Agen, son frère ou son fils.

Hélène Duchinska, de Tonneins (dessin).

Sculpture et céramique.

Bernard Palissy, de Lacapelle-Biron, modeleur et céramiste, mort en 1586.

Raulin, sculpteur, à Agen (première moitié du XVIIe siècle).

Launet, sculpteur, reçu habitant d'Agen en 1656.

Pierre Sicard, maître sculpteur, natif de Périgueux, reçu habitant d'Agen en 1674.

Claude Gailhard, sculpteur, natif de Saint-Félix-de-Cramail, reçu habitant d'Agen en 1682.

Jean-Pierre Boucaut, modeleur en plâtre.

Joseph Sicard, sculpteur, qui vivait encore en 1781.

Honoré Boudon de Saint-Amans aîné, d'Agen, céramiste, mort en 1858.

Augustin Fumadelles, né à Agen, le 13 août 1844, sculpteur, statuaire.

Gaston Bourdelles, né à Agen, le 30 août 1824, sculpteur et peintre.

P.-E.-Daniel Campagne, né à Gontaud, le 10 juillet 1851, sculpteur, statuaire.

Musique.

Claude Lamouroux père, d'Agen, auteur d'ouvrages sur la musique, mort en 1820.

Bernard-Germain-Étienne de Laville-sur-Illon, comte de Lacépède, auteur d'ouvrages sur la musique, mort en 1825.

Jean-Baptiste Mignot, musicien, d'Agen, mort en 1811.

Maurice Bourges, de Castelmoron, compositeur, mort en 1881.

Jeanne-Élisabeth-Marie de Coquet, d'Agen, compositeur, morte en 1885.

Paul-Léonce Blaquière, né à Clairac, le 11 février 1833, chansonnier et compositeur, mort en 1868.

Jean-Baptiste-Édouard Meindre, d'Agen, curé d'Artigues, compositeur, mort en 1887.

Théâtre.

Jean-Auguste-Hilarion Ballande, de Fumel, acteur de l'Odéon, etc., mort en 1886.

Ismaël Jammet, d'Agen, acteur et chanteur de l'Opéra comique, né en 1828.

Spécialités diverses.

Jean-Louis-Laurent-Justin Lafaugère, né à Agen, le 8 août 1782, maître d'armes, mort en 1852.

Charles Fournier de Saint-Amant, de Montflanquin, joueur d'échecs, mort vers 1876.

FIN

TABLE DES MATIÈRES.

TROISIÈME PARTIE.

FASTES DE L'AGENAIS.

AUCH. — IMPRIMERIE LÉONCE COCHARAUX, RUE DE LORRAINE.

www.ingramcontent.com/pod-product-compliance
Ingram Content Group UK Ltd.
Pitfield, Milton Keynes, MK11 3LW, UK
UKHW020309230726
13925UKWH00001B/300